KB023018

시험에 꼭 나오는

사자성어

시험에 꼭 나오는

사자성어

초　판 1쇄 인쇄일 | 2007년 03월 15일　　초　판 1쇄 발행일 | 2007년 03월 20일
개정판 4쇄 인쇄일 | 2015년 07월 01일　　개정판 4쇄 발행일 | 2015년 07월 10일

엮은이 | 편집부
펴낸이 | 강창용
책임기획 | 신선숙
디 자 인 | 가혜순
책임영업 | 최강규
책임관리 | 김나원

펴낸곳 | 느낌이있는책
출판등록 | 1998년 5월 16일 제 10-1588
주 소 | 경기도 고양시 일산동구 중앙로 1275번길 38-10 706호
전 화 | (代)031-932-7475
팩 스 | 031-932-5962
홈페이지 | http://feelbooks.co.kr
이메일 | mail@feelbooks.co.kr

ISBN 978-89-97336-80-7 02700

이 도서의 국립중앙도서관 출판예정도서목록(CIP)은 서지정보유통지원시스템 홈페이지(http://seoji.nl.go.kr)와 국가자료공동목록시스템(http://www.nl.go.kr/kolisnet)에서 이용하실 수 있습니다.
(CIP제어번호: CIP2014036949)

지록위마
指鹿爲馬

노이무공
勞而無功

동병상련
同病相憐

기린아
麒麟兒

시험에 꼭 나오는

사자성어

생
主

편집부 엮음

다다익선
多多益善

계륵
鷄肋

노심초사
勞心焦思

머리말

한자 학습의 필요성 증대

각종 국가고시를 준비하는 사람들이 늘어가는 만큼 한자와 사자성어에 대한 관심이 높아졌다. 수능시험에서도 매년 4~10 문항이 출제되고 있으며, 대기업의 입사시험, 또는 승진시험에서도 한문과목을 필수로 채택하고 있는 실정이다.

유래를 알아야 답이 보인다

과거 상황에 맞는 사자성어를 선택하는 단순 암기식 문제의 유형이 변하고 있다. 즉, 사자성어의 유래 및 생활 속에서의 다양한 활용을 묻는 문제로 그 수준이 높아지고 있는 것이다. 따라서 사자성어의 유래를 통해 그 숨은 뜻을 정확히 이해하고 있어야 한다.

시대적 요구에 부응한 편집

이에 본 교재는 관련 고사 및 출전에 나온 원말을 충실하게 실어 설명함으로써 단순 암기를 떠나 근본적인 이해가 가능하도록 편집했으며, 다양한 활용이 가능하도록 신문, 논문, 소설 등에 사용된 예를 실었다. 또한 실생활에 다양하게 사용되고 있는 생활용어를 부록으로 실음으로써 한자가 보다 생활에 다가갈 수 있도록 노력했다.

● 보기 쉽고, 찾기 쉬운 사전식 구성

출제 빈도가 높으면서 반드시 숙지하고 있어야 하는 사자성어를 사전식으로 구성하여 접근성을 높였다. 또한 현대적 감각과 참신한 디자인으로 지루하지 않도록 편집했다.

● 세상을 바라보는 지혜의 눈

사자성어를 익히는 목적은 각종 시험의 대비에만 있지 않다. 사자성어 속에는 오랜 세월 동안 우리 의식 속에 녹아 있는 선현들의 지혜가 숨어 있다. 따라서 사자성어를 익히는 것은 우리 자신을 제대로 아는 일이자 선현들의 지혜를 익히는 일이 된다.

이 교재를 가까이 두고 하루에 몇 개씩 차근차근 익혀나가자. 하루하루 사자성어를 익혀가는 동안 어느새 세상을 바라보는 지혜의 눈을 가지게 된 자신을 발견하게 될 것이다.

차례

ㄴ

ㅅ

ㅇ

ㅈ

ㅊ

ㅋ

ㅌ

ㅍ

ㅎ

일러두기

[유래] 자세한 풀이 및 관련 고사
[예문] 활용의 예
[유의어] 비슷한 말
[반의어] 반대말
[출전] 출처가 되는 서적 및 작품

ㄱ

가계야치 家鷄野雉

집 가 | 닭 계 | 들 야 | 꿩 치

집 안에서 기르는 닭과 산의 꿩이란 뜻으로, 후에 자기 집의 것은 하찮게 여기고 남의 집 것만 좋게 여긴다는 비유로 쓰이는 말

[유래] 진(晉)나라 유익(庾翼)의 서법(書法)은 왕희지(王羲之)와 같다고 이름이 나 있었는데도 불구하고 유익의 집안 사람들이 당시 유행하던 왕희지의 서법을 배웠다. 이에 유익은 지인에게 '아이들이 집안의 닭은 천하게 여기고 들판의 꿩만 사랑하여 모두 왕희지의 서법만 배우니, 이는 나를 그만 못하게 여긴 것이다'라고 편지에 썼다는 데에서 유래되었다.

[예문] 요즘 젊은이들은 국산은 싫어하고, 외제만 좋아하는 모습이 가계야치로구나.

[유의어] 가계야무(家鷄野鶩)

[출전] 〈태평어람(太平御覽)〉 권918

ㄱ

가담항설 街談巷說

거리 **가** | 이야기 **담** | 마을 **항** | 이야기 **설**

길거리나 마을에 떠도는 이야기들. 근거 없이 나도는 말

[유래] '소설은 패관으로부터 나왔으며 가담항설과 도청도설로 만들어졌다(小說者流 蓋出於稗官 街談巷說 道聽塗說之所造也)'라는 소설의 기원을 설명하는 과정에서 나온 말. 이때 패관은 한나라 때 민간에 떠도는 민요나 이야기를 채집하고 기록 정리하여 상부에 보고 하는 일을 맡은 하급관리를 말한다.

[예문] 가담항설을 채집하는 일은 산문문학의 발전에 중요한 역할을 한다.

[유의어] 도청도설(道聽塗說)

[출전] 〈한서(漢書)〉 예문지(藝文志)

가인박명 佳人薄命

아름다울 **가** | 사람 **인** | 엷을 **박** | 목숨 **명**

여자의 용모가 너무 아름다우면 운명이 기박함을 이르는 말

[유래] 중국 송대의 시인 소식(蘇軾)의 시제(詩題)로 '예로부터 미인은 운명이 박함이 많다'는 내용에서 비롯된 말이다.

[예문] 그 여배우를 보면 가인박명이라는 말이 틀리지 않음

을 느낀다.

[유의어] 미인박명(美人薄命), 홍안박명(紅顔薄命)

[출전] 소식(蘇軾)의 시(詩)

가정맹어호 苛政猛於虎

가혹할 가 | 정사 정 | 사나울 맹 | 어조사 어 | 범 호

가혹한 정치는 호랑이보다 더 사납다는 뜻으로, 가혹한 정치의 폐해가 큼을 비유한 말

[유래] 공자가 노나라의 가렴주구에 환멸을 느끼고 제나라로 가던 중 세 개의 무덤 앞에서 슬피 우는 여인을 만났다. 사연을 물으니 시아버지, 남편, 아들을 모두 호랑이가 잡아먹었다는 것이었다. 공자가 이곳을 떠나서 사는 것이 어떠냐고 하자 여인은 '다른 곳에 가서 무거운 세금을 내느니 여기서 사는 것이 차라리 낫다'고 답했고, 이에 공자가 '가혹한 정치는 호랑이보다도 더 무섭다'고 했다는 데에서 유래한다.

[예문] 현재는 민주주의를 바탕으로 하고 있지만 가정맹어호와 같은 정치가 남아 있는 곳도 있다.

[유의어] 가렴주구(苛斂誅求)

[출전] 〈예기(禮記)〉 단궁(檀弓)

ㄱ

각자위정 各自爲政

각각 **각** | 스스로 **자** | 할 **위** | 정사 **정**

사람이 제각기 행동하며 전체와의 조화나 협력을 고려하지 않으면 그 결과가 뻔하다는 말

[유래] 춘추시대 송(宋)나라 장수 화원이 정(鄭)나라와의 전투 전날, 양고기를 특별히 병사들에게 배급하면서 마차꾼들을 제외하여 다음 날 전투에서 마차꾼들이 마차를 엉뚱하게 몰아 전쟁에서 지게 되었다.

[예문] 국가 경영에 있어서 전체의 조화와 개개의 협력이 이루어지지 않고, 각자위정을 한다면 나라 꼴이 어찌 되겠는가?

[출전] 〈춘추좌씨전(春秋左氏傳)〉

각주구검 刻舟求劍

새길 **각** | 배 **주** | 구할 **구** | 칼 **검**

어리석어 시세에 어둡거나 완고한 것을 비유한 말

[유래] 전국시대 초(楚)나라의 한 젊은이가 양쯔강을 건너다가 강 한복판에 이르러서 그만 실수하여 손에 들고 있던 칼을 강물에 떨어뜨리고 말았다. 젊은이는 단검을 빼 들고 칼을 떨어뜨린 그 뱃전에다 표시를 했다. 배가 나루터에 닿자 그는 곧 옷을 벗어 던지고 표시를 한 뱃전 밑의 강물 속으로 뛰어들었다는 고사에서 유래한 말이다.

[예문] 저 사람은 융통성도 없고, 고루한 생각만 고집하니 각주구검일세.

[유의어] 미생지신(尾生之信), 수주대토(守株待兎)

[출전] 〈여씨춘추(呂氏春秋)〉

간뇌도지 肝腦塗地

간 간 | 뇌 뇌 | 칠할 도 | 땅 지

간과 뇌가 흙과 범벅이 된다는 뜻으로, 전란(戰亂) 중 참혹한 죽음을 형용한 말

[유래] 한(漢)나라 유경은 고조에게 오랜 전쟁으로 백성들의 간과 골이 땅바닥에 나뒹굴고, 아버지와 자식의 해골이 들판에 드러나게 된 것이 이루 헤아릴 수 없으니, 옛 진나라의 요충지인 함양(咸陽)을 도읍으로 정하도록 충고하였던 데에서 유래한 말이다.

[예문] 이스라엘과 팔레스타인의 전쟁은 간뇌도지의 상황까지 몰고 갈 정도로 극단으로 치닫고 있다.

[유의어] 일패도지(一敗塗地)

[출전] 〈사기(史記)〉 유경열전(劉敬列傳)

ㄱ

간담상조 肝膽相照

간 **간** | 쓸개 **담** | 서로 **상** | 비칠 **조**

서로 간과 쓸개를 꺼내 보인다는 뜻으로, 서로 진심을 터놓고 격의 없이 사귀는 것, 마음이 잘 맞는 절친한 사이를 뜻하는 말

[유래] 당송팔대가 중 당대의 두 명문대가이자 절친한 친구 사이였던 한유와 유종원. 유종원이 죽자 그의 묘비명에 한유가 진정한 우정에 대해 썼던 말에서 유래되었다.

[예문] 어린 시절부터 간담상조하던 벗이 떠나 쓸쓸하다.

[유의어] 피간담(披肝膽)

[출전] 한유(韓愈)의 '유자후묘지명(柳子厚墓誌銘)'

간담초월 肝膽楚越

간 **간** | 쓸개 **담** | 나라 이름 **초** | 나라 이름 **월**

간과 쓸개처럼 몸 안에 있고 서로 관계가 있더라도 마음이 맞지 않으면 초나라와 월나라처럼 서로 등지고 만다는 뜻. 서로 밀접한 관계일지라도 관점, 입장이나 견해가 다르면 서로 멀어지게 된다는 말

[유래] 공자(孔子)의 말 가운데 '서로 뜻이 다른 입장에서 보면 간과 쓸개도 초나라와 월나라와 같고, 같은 마음으로 보면 만물은 모두 하나다(自其異者視之 肝膽楚越也 自其同者視之 萬物皆一也)'라는 구절에서 유래되었다.

[예문] 여당과 야당은 정치적 상황에 따라 간담초월하는 사이가 될 수 있다.

[유의어] 간담호월(肝膽胡越)

[출전] 〈장자(莊子)〉 덕충부(德充符)

간어제초 間於齊楚

사이 **간** | 어조사 **어** | 제나라 **제** | 초나라 **초**

강한 제나라와 초나라 사이에 위치한다는 뜻으로, 약한 사람이 강한 사람들 틈에 끼어 괴로움을 받는다는 말

[유래] 전국시대에 강국이었던 제나라와 초나라 사이에 약한 등나라가 있었다. 맹자가 등나라를 갔을 때 등문공은 강국 사이에 끼어 있는 등나라는 어떤 나라를 섬겨야 하냐고 물었다. 맹자는 등문공에게 두 나라의 눈치를 보며 요행을 바라기보다는 왕도정치를 베풀어 백성들이 죽음으로써 끝까지 지키든지, 그렇지 않으면 떠나라고 했던 말에서 유래되었다.

[예문] 한반도 통일문제에 우리의 확실한 입장이 없다면 간어제초의 처지가 된다.

[유의어] 경전하사(鯨戰蝦死)

[출전] 〈맹자(孟子)〉

ㄱ

간장막야
干將莫耶

방패 **간** | 장수 **장** | 없을 **막** | 어조사 **야**

중국 춘추(春秋)시대 간장이 만든 두 자루의 명검(名劍). 또는 명검을 비유적으로 이르는 말

[유래] 오나라 왕 합려(闔閭)의 명으로 도공(刀工)인 간장(干將)이 그의 아내인 막야(莫耶)의 머리털과 손톱을 쇠와 함께 가마 속에 넣어 두 자루의 칼을 만들고 각각에 자신과 아내의 이름을 붙였다는 데에서 유래했다.

[예문] 무슨 일이든 포기하지 않고 열심히 하면 간장막야의 빛나는 성취를 이룰 수 있다.

[유의어] 명검(名劍)

[출전] 〈순자(荀子)〉 성악편(性惡篇)

갈택이어
竭澤而漁

마를 **갈** | 못 **택** | 말이을 **이** | 고기잡을 **어**

연못을 말려 고기를 얻는다는 뜻으로, 눈앞의 이익만을 추구하여 먼 장래는 생각하지 않는 것을 가리키는 말

[유래] 진나라와 초나라의 일대접전 끝에 진나라가 밀려 승리할 방법이 없자 진의 문공은 호언에게 승리할 방법을 묻자 속임수를 쓰는 것을 권했다. 이어 이옹의 생각을 묻자 이옹은 "못의 물을 모두 퍼내어 물고기를 잡으면 잡지 못할 리 없지만, 그 훗날에는 잡을 물고기가 없게 될 것이고, 산의 나무를 모두 불태워서 짐승들을 잡으면 잡지 못할 리 없

지만 뒷날에는 잡을 짐승이 없을 것입니다. 지금 속임수를 써서 위기를 모면한다 해도 영원한 해결책이 아닌 이상 임시방편의 방법일 뿐입니다."라고 대답하여 눈앞의 이익만을 위하는 것은 화를 초래한다고 충고했다.

[예문] 유행만 좇는 사업 확장은 갈택이어의 결과를 면치 못할 것이다.

[출전] 〈여씨춘추(呂氏春秋)〉

감탄고토 甘呑苦吐

달 **감** | 삼킬 **탄** | 괴로울 **고** | 토할 **토**

달면 삼키고 쓰면 뱉는다는 뜻으로, 제 비위에 맞으면 좋아하고 틀리면 싫어한다는 의미

[예문] 선거가 끝난 후 정치인들의 행동이 감탄고토와 다를 바 없다.

[유의어] 부염기한(附炎棄寒), 염량세태(炎凉世態)

[출전] 〈이담속찬(耳談續纂)〉

ㄱ

강노지말 強弩之末

굳셀 **강** | 쇠뇌 **노** | 어조사 **지** | 끝 **말**

힘찬 활에서 튕겨 나온 화살도 마지막에는 힘이 떨어져 비단조차 구멍을 뚫지 못한다는 뜻으로, 아무리 강한 힘도 마지막에는 결국 쇠퇴하고 만다는 의미

[유래] 흉노족이 화친의 약속을 어기고 무례한 행동을 해서 한나라 무제는 흉노정벌에 대해 대신들과 논의하는데, 어사대부 한안국이 "강한 쇠뇌에서 힘차게 나간 화살이라도 최후에는 힘이 떨어져 노나라에서 만든 얇은 비단 조차 뚫을 수가 없습니다. 마찬가지로 아무리 강한 군사력도 장도의 원정에는 여러 모로 군사력이 쇠퇴하는 법입니다."라며 원정을 반대했다.

[예문] 집강노지말이라더니, 집권 말기가 되자 레임덕 현상이 일어나고 있다.

[출전] 〈사기(史記)〉 한장유열전(韓長孺列傳)

강랑재진 江郎才盡

강 **강** | 사내 **랑** | 재주 **재** | 다할 **진**

강랑의 재주가 다했다는 뜻으로, 학문상에 있어 한 차례 두각을 나타낸 후 퇴보하는 것을 이르는 말

[유래] 중국 남북조 시대의 강엄(江淹)은 가난한 집안에서 태어나 피눈물 나는 노력 끝에 당대의 이름난 문장가가 되었고 광록대부(光祿大夫)까지 지냈다. 그런데 하루는 꿈에 곽박(郭璞)이란 자가 나타나 빌려갔던 붓을 달라

고 하기에 순순히 오색이 찬란한 붓을 내주었더니 그때부터 문장이 시들기 시작하였다고 한다.

[예문] 아무리 천재라도 노력하지 않으면 강랑재진처럼 쓸모없는 존재가 되고 만다.

[출전] 〈강엄전(江淹傳)〉

강안여자 强顔女子

강할 **강** | 얼굴 **안** | 여자 **여** | 자식 **자**

얼굴이 강한 여자라는 뜻으로, 수치심을 모르는 여자라는 말

[유래] 제나라에 세상에 둘도 없을 만큼 추녀가 있었다. 그녀는 서른이 되도록 결혼을 못하자 짧은 갈 옷을 입고 직접 선왕(宣王)이 있는 곳으로 가서 한번 만나보기를 청했다. 왕을 만난 여자는 후궁으로 삼아달라고 했고, 이에 선왕이 그 여자를 일러 "천하에서 가장 뻔뻔스런 여자다."라고 했다는 데에서 유래되었다.

[예문] 뇌물을 받고도 받지 않았다고 시치미 떼는 그들이야말로 강안여자다.

[유의어] 후안무치(厚顔無恥), 면장우피(面張牛皮)

[출전] 〈잡사(雜事)〉

ㄱ

개과천선 改過遷善

고칠 **개** | 허물 **과** | 옮길 **천** | 착할 **선**

지난 허물을 고치고 착하게 됨

[유래] 진 혜제(惠帝) 때 양흠 지방에 주처(周處)라는 사람이 있었는데, 일찍이 아버지를 여인 후 방랑생활을 하며 나쁜 짓만 골라 했다. 나중에 철이 들어 지난 허물을 과감히 고쳐 새로운 사람이 되겠다고 굳은 결심을 했지만 마을 사람들이 믿어주지 않았다. 실망한 그는 마을을 떠나 동오에 가서 학자 육기를 만났는데 "굳은 의지를 지니고 지난날의 과오를 고쳐서 새사람이 된다면(改過遷善) 자네의 앞날은 무한하네."라는 격려를 받고 용기를 얻어 이후 10여 년 동안 학문과 덕을 익혔고 마침내 학자가 되었다.

[예문] 범죄자들을 법으로만 다스릴 것이 아니라 개과천선할 수 있는 프로그램을 병행하는 것이 필요하다.

[유의어] 개과자신(改過自新), 방하도도(放下屠刀)

[출전] 〈진서(晉書)〉 본전(本傳)

개권유익 開卷有益

열 개 | 책 권 | 있을 유 | 더할 익

책을 읽으면 유익하다는 뜻으로, 독서를 권장하는 말

[유래] 송나라 태종(太宗)은 독서를 무척 좋아해서 학자 이방(李昉) 등에게 사서(辭書)를 편찬하도록 명했다. 7년 만에 〈태평어람〉이 완성되자 스스로 매일 세 권씩 읽도록 규칙을 정했다. 정무에 시달리느라 계획대로 읽지 못했을 때는 틈틈이 이를 보충했다. 이를 본 측근의 신하가 건강을 염려하자 태종은 "책을 펼치면 이로움이 있다. 나는 조금도 피로하지 않다."고 말했다.

[예문] 선생님은 개권유익이라는 말로 학생들에게 독서의 유익함을 강조했다.

[출전] 〈승수연담록(繩水燕談錄)〉

개문읍도 開門揖盜

열 개 | 문 문 | 읍할 읍 | 도둑 도

일부러 문을 열어놓고 도둑을 청한다는 뜻으로, 스스로 화를 불러들인다는 말

[유래] 오(吳)나라 손책(孫策)의 손에 살해된 허공의 식객들은 원수를 갚기 위해 손책의 얼굴에 상처를 입혔다. 손책의 상처가 악화되어 위독하자 유언을 받은 동생 손권은 깊은 슬픔에 빠져 일을 손에 놓았다. 이에 가신인 장소가 손책에

게 "하염없이 슬픔에만 잠겨 있으면 문을 열어놓고 도적을 청하는 격이 됩니다."라고 충고했다. 이에 손권은 즉시 눈물을 씻고 상복을 벗어 던진 후 군대를 순시했으니 이로써 삼국대립 시대를 맞이하게 되었다.

[예문] 을사오적이 한 일은 개문읍도의 꼴이 아니고 무엇이겠는가!

[유의어] 개문납도(開門納盜), 개문납적(開門納賊)

[출전] 〈삼국지(三國志)〉 오서(吳書) 손권전(孫權傳)

거안사위 居安思危

거주할 거 | 편안할 안 | 생각할 사 | 위태로울 위

편안할 때 위태로움을 생각하라는 뜻으로, 편안할 때 장래에 있을지도 모르는 위태로움을 대비하자는 말

[유래] 춘추전국시대에 정나라가 초나라의 침략을 받자 진나라는 11개국의 제후(諸侯)를 설득하여 정나라를 도왔고, 마침내 승리를 거뒀다. 강화 후 정나라가 진나라의 은혜를 감사하여 전차를 비롯한 많은 사례품을 보내오자 진나라 왕 도공은 사례품의 반을 싸움에 크게 공을 세운 충신 위강에게 주면서 그의 공을 치하하고 위로하였다. 위강은 "생활이 편안하면 위험을 생각하고, 생각하면 준비를 갖추어야 화를 면할 수 있다(居安思危 思則有備 有備無患)는 이치를 받아들이시기 바랍니다." 하고 왕에게 아뢰고 세 번이나 사양한 다음에야 겨우 그 하사품을 받았다.

[예문] 경제성장기에 거안사위를 고려한 정책을 마련했다면 외환위기는 없었을 것이다.

[유의어] 유비무환(有備無患)

[출전] 〈좌씨전(左氏傳)〉

거안제미 擧案齊眉

들 거 | 밥상 안 | 가지런할 제 | 눈썹 미

밥상을 눈 위로 받들어 올린다는 뜻으로, 즉 아내가 남편을 지극히 공경하여 받들어 올림을 일컫는 말

[유래] 집은 가난하지만 절개가 곧은 양홍(梁鴻)이란 사내는 몸이 뚱뚱하고 얼굴도 못난 맹광(孟光)과 결혼하였다. 양홍은 아내에게 함께 누더기 옷을 입고 산속으로 들어가 살 수 있는 여자가 되기를 원했고, 아내도 그 뜻을 따라 둘이서 산속으로 들어가 농사를 짓고 베를 짜면서 생활했다. 왕실을 비방하는 양홍의 시로 인해 장제(章帝)에게 쫓기게 되자 오나라로 건너가 고백통(皐伯通)이란 명문가의 방앗간에서 날품팔이를 하며 지냈는데, 양홍이 일을 마치고 돌아오면 아내는 밥상을 차리고 기다렸다가 눈을 아래로 깔고 밥상을 눈썹 위로 들어 올려 남편에게 공손히 바쳤다고 한다.

[예문] 요즘 시대에 거안제미의 아내를 바라는 것은 무리다.

[출전] 〈후한서(後漢書)〉 양홍전(梁鴻傳)

ㄱ

거어지탄 車魚之歎

수레 **거** | 물고기 **어** | 어조사 **지** | 탄식할 **탄**

수레와 고기가 없음을 탄식한다는 뜻으로, 사람의 욕심에는 한이 없음을 이르는 말

[유래] 전국시대 제나라 맹상군의 식객 중 풍환이라는 자는 별로 하는 일 없이 늘 대접 잘 안 해준다고 투덜거렸다. 처음엔 상에 고기가 없다고 노래했고, 행사(幸舍)로 옮겨 생선이 밥상에 나오게 된 뒤에는 출입할 때 타고 다닐 수레가 없다고 탄식한 고사에서 유래한 말이다.

[예문] 배부르면 눕고 싶고, 누우면 자고 싶은 것이 거어지탄이 아니겠는가.

[유의어] 계학지욕(谿壑之慾), 득롱망촉(得　望蜀)

[출전] 〈전국책(戰國策)〉

거일반삼 擧一反三

들 **거** | 한 **일** | 되돌릴 **반** | 석 **삼**

하나를 들어 세 가지를 돌이킨다는 뜻으로, 스승으로부터 하나를 배우면 다른 것까지도 유추해서 아는 것을 비유

[유래] 공자의 '발하지 아니하면 열어주지 아니하며, 애태우지 아니하면 말해주지 아니하고, 한 모퉁이를 돌 때 세 모퉁이로써 돌아오지 아니하면 다시 일러주지 아니한다(擧一隅 不以隅三 則不復也)'는 말에서 유래한다. 학문을 좋아하여 마음속으로부터 분발하여 의욕을 나타내는 제자들에게

그 다음 단계를 열어서 보여주며, 하나라도 알고 싶어 애태우는 제자에게 해답을 가르쳐주고, 하나를 들어주었을 때 세 가지를 이해할 만큼 무르익을 때까지는 다른 것을 가르쳐주지 않는다는 공자의 교육방법이었다.

[예문] 진정으로 우러나서 공부를 하면 거일반삼의 즐거움을 느낄 수 있다.

[유의어] 문일지십(聞一知十)

[출전] 〈논어(論語)〉 술이편(述而篇)

거자일소 去者日疎

갈 거 | 놈 자 | 날 일 | 성길 소

떠난 사람은 멀어진다는 말

[예문] 아무리 친한 벗이라도 자주 만나지 않으면 거자일소가 된다.

[유의어] 눈에서 멀어지면 마음에서 멀어진다.

[출전] 〈문선(文選)〉 잡지(雜詩)

ㄱ

거재두량 車載斗量

수레 **거** | 실을 **재** | 말 **두** | 헤아릴 **량**

수레에 싣고 말(斗)로 잰다는 뜻으로 물건이나 인재 등이 많아 귀하지 않음의 비유

[유래] 구원병 요청을 위해 오나라 중대부 조자가 위나라 사자로 가서 위왕 조비와 설전을 벌이던 중 조비가 "그대 같은 인재가 오나라에는 얼마쯤 되나?" 하고 묻자, 조자는 "나 같은 자는 수레에 싣고 말로 잴 정도입니다."라고 했다. 이에 조비는 "사신으로서 군주의 명을 욕되게 하지 않는다 함은 그대를 두고 하는 말일 것이오."라고 탄복했고, 배석한 위나라의 신하들도 감동하였다. 결국 조자의 활약으로 오나라는 위나라와 군사동맹을 맺게 되었다.

[예문] 수령 방백이란 자들은 자기들의 선성만 듣고는 바람처럼 뭉그러지지 않으면 항복해 버리는 자가 거재두량으로 많았는데……. – 박종화, 〈임진왜란〉

[유의어] 차재두량(車載斗量)

[출전] 〈삼국지(三國志)〉 오주손권전(吳主孫權傳)

건곤일척 乾坤一擲

하늘 **건** | 땅 **곤** | 한 **일** | 던질 **척**

하늘과 땅을 걸고 한 번 주사위를 던진다는 뜻으로, 운명과 흥망을 걸고 단판으로 승부나 성패를 겨룬다는 의미. 흥하든 망하든 운명을 하늘에 맡기고 결행함의 비유

[유래] 당나라의 대문장가인 한유가 항우(項羽)와 유방(劉邦)이 싸우던 홍구(鴻溝)라는 곳을 지나다 지은 시 '용피호곤할천원 억만창생성명존 수권군왕회마수 진성일척도건곤(龍疲虎困割川原 億萬蒼生性命存 誰勸君王回馬首 眞成一擲賭乾坤: 용은 지치고 범도 피곤하여 강과 들을 나누어 가졌다. 이로 인해 억만창생의 목숨이 살아남게 되었네. 누가 임금에게 권하여 말머리를 돌리게 하고, 참으로 한 번 던져 하늘과 땅을 걸게 만들었던고)'에서 유래한다.

[예문] 두 선수는 건곤일척의 혈투를 벌였다.

[유의어] 일척건곤(一擲乾坤), 재차일거(在此一擧)

[출전] 한유(韓愈)의 시 '과홍구(過鴻溝)'

걸견폐요 桀犬吠堯

홰 **걸** | 개 **견** | 짖을 **폐** | 요임금 **요**

개는 주인만을 알고 그 이외의 사람에게는 사정을 두지 않았다는 뜻

[유래] 중국 하나라 걸왕의 개는 포악한 제 주인만 따르고 어진 요왕을 보면 오히려 짖었다는 데에서 유래한다. 이는

ㄱ

인간도 상대의 선악(善惡)을 가리지 않고 자기가 섬기는 주인에게만 충성을 다한다는 뜻이다.

[예문] 독재자를 비호하는 자는 걸견폐요나 다름없다.

[출전] 〈사기(史記)〉 회음후열전(淮陰侯列傳)

검려지기 黔驢之技

땅이름 **검** | 당나귀 **려** | 어조사 **지** | 재주 **기**

당나귀의 뒷발질이란 뜻으로 서투른 짓거리, 또는 보잘것없는 솜씨와 힘을 비유적으로 이르는 말

[유래] 옛 중국의 어떤 사람이 검주(黔州)에 처음으로 나귀를 끌고 갔을 때, 그 울음소리가 너무 커서 범이 나귀를 보고 두려워하다가 나귀에게 별다른 힘이 없고 그 발길질도 신통하지 못함을 알고는 오히려 그 나귀를 잡아먹어 버렸다는 데에서 유래한다.

[예문] '빈 수레가 요란하다'는 속담처럼 검려지기와 같이 얕은 능력만 있는 사람이 많다.

[유의어] 검려(黔驢)

[출전] 유종원(柳宗元)의 〈삼계(三戒)〉

격물치지 格物致知

바로잡을 격 | 만물 물 | 이를 치 | 알 지
사물의 이치를 연구하여 지식을 명확히 밝힌다는 뜻

[유래] 격물(格物), 치지(致知), 성의(誠意), 정심(正心), 수신(修身), 제가(齊家), 치국(治國), 평천하(平天下)의 8조목으로 된 내용 중, 처음 두 조목을 가리키는데, 이 말은 본래의 뜻이 밝혀지지 않아 후세에 그 해석을 놓고 여러 학파가 생겨났다. 그중에서 대표적인 것이 주자학파와 양명학파이다. 주자의 격물치지가 지식 위주인 것에 반해 왕양명은 도덕적 실천을 중시하고 있어 오늘날 주자학을 이학(理學)이라 하고, 양명학을 심학(心學)이라고도 한다.

[예문] 조선의 유학자들은 학문탐구에서 독서나 탁상공론을 배격하고 격물치지를 중시했다.

[유의어] 격물궁리(格物窮理)

[출전] 〈대학(大學)〉

견리망의 見利忘義

볼 견 | 이로울 이 | 잊을 망 | 옳을 의
눈앞의 이익에 사로잡히게 되면 의리를 잊어버리게 된다는 뜻

[유래] 장자가 조릉(雕陵)의 정원으로 사냥을 갔을 때 큰 새를 활로 쏘려고 하는데 새가 움직이지를 않아 자세히 보니

그 새는 제비를 노리고 있었고, 그 제비 또한 매미를 노리고 있었다. 그러나 정작 매미는 위험한 줄 모르고 즐겁게 울고 있었다. 이를 본 장자가 생각에 잠겨 있는데 정원지기가 다가와 정원에 함부로 들어온 그를 책망했다. 즉 새와 제비, 매미, 그리고 장자 자신은 눈앞의 이(利)를 보고 미처 자신의 처지를 깨닫지 못했던 것이다.

[예문] 로또에 당첨되자 친구를 외면하다니! 그렇게 견리망의로 행동했다가는 언젠가 후회할 날이 있을 것이다.

[유의어] 당랑재후(螳螂在後), 당랑포선(螳螂捕蟬)

[출전] 〈장자(莊子)〉

견토지쟁 犬兎之爭

개 **견** | 토끼 **토** | 어조사 **지** | 다툴 **쟁**

개와 토끼의 다툼이란 뜻으로, 양자의 다툼에 제삼자가 힘들이지 않고 이익을 보는 것을 말한다.

[유래] 전국시대 제나라 왕에게 중용된 순우곤은 원래 해학과 변론의 뛰어난 세객이었는데, 왕이 위를 치려고 하자 순우곤은 '한자로라는 매우 발 빠른 명견이 동곽준이라는 썩 재빠른 토끼를 뒤쫓았는데 그들은 수십 리에 이르는 산기슭을 세 바퀴나 돌고, 가파른 산꼭대기까지 다섯 번이나 오르락내리락 하는 바람에 둘 다 지쳐 쓰러져 죽자 그것을 발견한 농부는 힘들이지 않고 횡재를 하였다. 지금 제와 위는

오랫동안 대치하는 바람에 군사도 백성도 지치고 쇠약하여 사기가 말이 아닌데, 서쪽의 진과 남쪽의 초가 이를 기회로 횡재를 거두려 하지 않을지 걱정이다'라고 진언을 했고, 왕은 그 뜻을 받아들여 위를 칠 생각을 깨끗이 버리고 오로지 부국강병에 힘썼다.

[예문] 약소국끼리 불필요한 경쟁을 벌이다가는 견토지쟁의 결과만 낳게 될 것이다.

[유의어] 방휼지쟁(蚌鷸之爭), 전부지공(田父之功)

[출전] 〈전국책(戰國策)〉 제책(齊策)

결초보은 結草報恩

맺을 결 | 풀 초 | 갚을 보 | 은혜 은

풀을 맺어 은혜에 보답한다는 뜻으로, 죽어서까지 은혜를 잊지 않고 갚는다는 의미

[유래] 중국 춘추시대 진의 위무자는 병이 들자, 아들 위과에게 자기가 죽으면 아름다운 후처, 즉 위과의 서모를 개가시켜 순사를 면하게 하라고 유언하였다. 그러나 병세가 악화되어 정신이 혼미해진 위무자는 후처를 같이 묻어 달라고 유언을 번복하였다. 하지만 위무자가 죽은 뒤 위과는 애초의 유언대로 서모를 개가시켜 순사를 면하게 하였다. 후에 위과가 전쟁에 나가 진의 두회와 싸워 위태로울 때 서모 아버지의 망혼이 나타나 적군의 앞길에 풀을 잡아매어 두회가

ㄱ

탄 말이 걸려 넘어지게 하였고, 결국 두회를 사로잡게 도와 주웠다.

[예문] 죽어 저승에 가서라도 결초보은하겠습니다.

[유의어] 결초함환(結草銜環), 명심불망(銘心不忘)

[출전] 〈춘추좌씨전(春秋左氏傳)〉

경구비마 輕裘肥馬

가벼울 **경** | 갖옷 **구** | 살찔 **비** | 말 **마**

가벼운 가죽옷과 살찐 말이라는 뜻으로, 중국에서 부유한 사람들이 외출할 때의 모습을 비유하여 이르는 말

[유래] '적이 제나라에 갈 때 살찐 말을 타고 가벼운 가죽옷을 입었다(赤之適齊也 乘肥馬 衣輕裘)'라는 구절에서 유래했는데, 공자는 그 주석에 '비마(肥馬)를 타고 경구(輕裘)를 입는다는 것은 부(富)를 뜻한다'고 했다.

[출전] 〈논어(論語)〉 옹야편(雍也篇)

경국대업 經國大業

다스릴 **경** | 나라 **국** | 큰 **대** | 업 **업**

나라를 다스리는 큰 사업이라는 뜻으로, 문학의 중요성을 강조한 말

[유래] 중국 문학에서는 조조, 조비, 조식을 삼조(三曹)로

칭하여 이들의 문학성을 인정하고 있다. 이들 삼부자는 중국 역사에 있어서도 적지 않은 비중을 차지하는 인물이지만, 문학을 특히 좋아하여 그 당시 문학 발전에도 많은 기여를 했다. 조비는 일찍이 문학의 중요성을 '문장은 나라를 다스리는 큰 사업이며, 영원히 이루어야 할 일이다'라고 정의했다.

[예문] 우리말을 사랑하고 발전시키는 것도 경국대업이라 할 수 있다.

[출전] 위문제(魏文帝)의 〈전론(典論)〉

경국지색 傾國之色

기울 **경** | 나라 **국** | 어조사 **지** | 색 **색**

임금이 혹하여 국정을 게을리 함으로써 나라를 위태롭게 할 정도의 뛰어난 미녀를 일컫는 말

[유래] 한무제 때 협률도위로 있던 이연년(李延年)이란 자가 무제를 위해 지어 바친 노래 가운데 절세의 미인인 자신의 누이를 가리켜 '한번 보면 성을 기울게(傾城)하고 두 번 보면 나라를 기울게(傾國) 한다'라고 묘사한 뒤부터 절세의 미인을 지칭하는 말로 쓰이게 되었다.

[예문] 그는 그녀의 경국지색과 같은 미모에 감탄했다.

[유의어] 경성지모(傾城之貌), 경성지색(傾城之色)

[출전] 〈한서(漢書)〉 이부인전(李夫人傳)

ㄱ

계구우후 鷄口牛後

닭 계 | 입 구 | 소 우 | 뒤 후

닭의 부리가 될지언정 소꼬리는 되지 말라는 뜻으로, 큰 단체의 꼴찌보다는 작은 단체의 우두머리가 낫다는 말

[유래] 전국시대에 입신(立身)하려는 야심을 가지고 있던 소진은 한나라의 선혜왕(宣惠王)을 만난 자리에서 "옛말에 차라리 닭의 입이 될지언정 소의 꼬리는 되지 말라(寧爲鷄口無爲牛後)고 하였으니 이번 기회에 남북으로 연합하는 합종책(合從策)을 써 진나라의 동진(東進)을 막아보십시오."라고 말했다. 마침내 선혜왕은 소진의 권유를 받아들였고, 훗날 소진은 6국의 재상을 겸임하게 되었다.

[예문] 대기업의 말단 사원으로 근무하다 창업을 해서 사장이 되니 계구우후가 따로 없다.

[유의어] 계시우종(鷄尸牛從)

[출전] 〈사기(史記)〉 소진열전(蘇秦列傳)

계군일학 鷄群一鶴

닭 계 | 무리 군 | 한 일 | 학 학

닭의 무리 속에 한 마리의 학이라는 뜻으로, 평범한 사람들 가운데 뛰어난 한 사람이 섞여 있다는 의미

[유래] 혜소가 낙양(洛陽)으로 가던 날, 그의 모습을 지켜보던 이가 다음 날 왕융에게 "어제 구름같이 많은 사람들 틈에 끼어서 궁궐로 들어가는 혜소를 보았는데 그 모습이 의젓하

고 늠름하여 마치 닭의 무리 속에 있는 한 마리의 학 같았습니다."라고 한 데에서 유래한다.

[예문] 많은 사람 틈에 섞이면 계군일학 격으로 그의 품위는 더욱 두드러져 보였다.

[유의어] 계군고학(鷄群孤鶴), 학립계군(鶴立鷄群)

[출전] 〈진서(晉書)〉 혜소전(乂紹傳)

계란유골 鷄卵有骨

닭 계 | 알 란 | 있을 유 | 뼈 골

운수가 나쁜 사람은 모처럼 좋은 기회를 만나도 역시 일이 잘 안 됨을 이르는 말

[유래] 조선 세종 때 영의정을 지낸 황희는 청렴하여 관복도 한 벌로 빨아 입고, 장마철에는 집에 비가 샐 지경으로 검소한 생활을 하였다. 이에 세종대왕은 황 정승의 생활을 안쓰럽게 여겨 궁리 끝에 하루 동안 남대문에 들어오는 물건을 모두 주겠다고 했으나 그날따라 폭풍우가 종일토록 치는 바람에 저녁 늦게야 달걀밖에 줄 수가 없었다. 게다가 달걀이 모두 곯아서 한 알도 먹을 수가 없는 것들뿐이었다. 그 후로 '청렴한 정승에게는 계란유골이라'는 말이 퍼졌다. 여기서 '골'은 '곯다'의 음을 그대로 따서(가차문자) '골'자를 쓴 것이지만, 간혹 '골'을 骨(뼈 골)로 보아 '계란에도 뼈가 있다'는 뜻으로 해석하기도 한다.

ㄱ

[예문] 계란유골은 조선에서 만들어진 머피의 법칙이다.

[관련속담] 재수 없는 포수는 곰을 잡아도 웅담이 없다.

[출전] 〈송남잡지(松南雜識)〉

계륵 鷄肋

닭 계 | 갈빗대 륵

닭의 갈비란 뜻으로, 큰 소용은 안 되나 버리기는 아까운 사물, 또는 몹시 허약한 몸을 이르는 말

[유래] 위(魏)나라 조조(曹操)와 촉(蜀)나라 유비(劉備)가 한중(漢中) 땅을 놓고 싸울 때, 조조는 진격이냐 후퇴냐 결정을 내릴 수 없는 곤경에 빠져 있었다. 밤늦게 찾아온 부하 한 사람에게 조조는 '계륵(鷄肋)'이라고만 했을 뿐 아무 말이 없었다. 이를 전해 들은 양수(楊修)만는 이내 조조의 속마음을 알아차리고 내일은 철수명령이 내릴 테니 준비를 했다. 즉, '닭의 갈비는 먹음직한 살은 없지만 그대로 버리기는 아까운 것이다. 결국 이곳을 버리기는 아깝지만 대단한 땅은 아니라는 뜻이니 버리고 돌아갈 결정이 내릴 것이다'라는 의미였던 것. 결국 양수의 말대로 조조는 며칠 뒤 철수명령을 내렸다.

[예문] 계륵도 잘 이용하면 뛰어난 상품이 될 수 있다.

[출전] 〈후한서(後漢書)〉 양수전(楊修傳)

계명구도 鷄鳴狗盜

닭 계 | 울 명 | 개 구 | 도둑 도

닭 울음소리를 잘 내는 사람과 개 흉내를 잘 내는 좀도둑이라는 뜻으로, 쓸모없는 기술도 유용할 때가 있다는 의미

[유래] 중국 제나라의 맹상군이 진(秦)나라 소왕(昭王)에게 죽게 되었을 때, 식객(食客) 가운데 개를 가장하여 남의 물건을 잘 훔치는 사람과 닭의 울음소리를 잘 흉내 내는 사람의 도움으로 위기에서 빠져나왔다는 데에서 유래한다.

[예문] 한 조직의 리더 역할을 하는 사람은 계명구도의 의미 정도는 알고 있어야 한다.

[출전] 〈사기(史記)〉 맹상군열전(孟嘗君列傳)

계찰괘검 季札掛劍

끝 계 | 편지 찰 | 걸 괘 | 칼 검

'계찰이 검을 걸어놓는다'는 뜻으로, 신의를 중히 여긴다는 말

[유래] 춘추시대 오(吳)나라 왕의 막내아들인 계찰(季札)은 처음으로 사신이 되어 여행하던 중 서(徐)나라에 들른 적이 있었다. 그때 서나라 왕은 계찰의 검을 가지고 싶었으나 차마 말을 할 수가 없었다. 계찰은 눈치를 챘지만, 그때는 사신으로 여행 중이라 검을 줄 수가 없어 일을 마치고 돌아오는 길에 주려고 했지만 서나라의 왕은 이미 세상을 뜬 후였다. 그래서 그 보검을 풀어 서나라 왕의 무덤 옆에 있는 나

무에 걸어 놓고 떠났다. 수행원이 이상히 여겨 묻자 계찰은 처음부터 그 검을 그에게 주려고 마음을 정한 이상 상대가 세상을 떠났다고 해서 자신의 마음에 거슬릴 수는 없다고 했다.

[예문] 진정한 의리는 눈에 보일 때보다 눈에 보이지 않는 계찰괘검과 같은 경우에 발휘된다.

[유의어] 계찰계검(季札繫劍), 일락천금(一諾千金)

[출전] 〈몽구(蒙求)〉

계포일락 季布一諾

끝 계 | 베 포 | 한 일 | 허락할 락

계포가 승낙한 한마디의 말이란 뜻으로, 한번 약속을 하면 반드시 지킨다는 의미

[유래] 초나라에 살던 계포(季布)는 젊었을 때부터 의협심이 강하고 한 번 한 약속은 반드시 지키는 인물이었다. 유방이 천하를 통일한 후 계포에게 천금의 현상금을 걸었지만 그를 밀고하는 사람은 전혀 없었을 뿐만 아니라, 오히려 그를 천거하여 중랑장이라는 벼슬을 주기도 했다. 하루는 조구라는 인물이 그를 찾아와 소개장을 써달라고 청탁을 했다. 평소에 권세욕이 너무 많은 조구를 탐탁하게 여기지 않았던 계포는 자신의 소개장을 받으려는 이유를 물었다. 조구는 "초나라 사람들은 황금 백 근을 얻는 것보다 계포의 한마디

승낙을 받는 것이 낫다고 합니다(季布一諾). 저에게 소개장을 써주신다면 당신께 누가 되지 않도록 최선을 다해 헌신할 것입니다"라고 말했다고 한다.

[예문] 정치인들은 계포일락의 자세를 가져야 할 것이다.

[유의어] 남아일언중천금(男兒一言重千金)

[출전] 〈사기(史記)〉 계포전(季布傳)

고굉지신 股肱之臣

넓적다리 **고** | 팔뚝 **굉** | 어조사 **지** | 신하 **신**

다리와 팔뚝에 비길 만한 신하, 또는 임금이 가장 신임하는 중신(重臣)

[유래] 어진 임금으로 알려진 순(舜)임금이 신하들을 둘러보며 "그대들과 같은 신하는 짐의 팔다리요, 눈과 귀로다. 내가 백성을 교화시키고 돕고자 하니 아울러 그대들도 도와주시오(臣作朕股肱耳目 予欲左右有民汝翼 予欲宣力四方汝爲). 나에게 잘못이 있으면 충고해주고 모든 동료들이 서로 공경하고 예의를 지켜주오. 그리고 관리는 백성의 뜻을 짐에게 전하는 것이 임무이니 올바른 이치로써 선양하고 뉘우치는 자가 있으면 용서하며 그렇지 않은 자는 처벌하여 위엄을 보이도록 하시오."라고 당부한 데에서 유래된 말이다.

[예문] 아무리 고굉지신이라 하여도 부정을 저질렀으면 그에 대한 책임을 져야 하는 법이다.

ㄱ

[유의어] 고굉(股肱), 고장지신(股掌之臣)

[출전] 〈서경(書經)〉 익직편(益稷篇)

고복격양 鼓腹擊壤

두드릴 고 | 배 복 | 칠 격 | 땅 양

배를 두드리고 발을 구르며 흥겨워한다는 뜻으로, 태평성대를 형용하여 이르는 말

[유래] 중국 요임금 때 한 노인이 배를 두드리고 땅을 치면서 요임금의 덕을 찬양하고 태평성대를 즐겼다는 데에서 유래한 말. 요임금은 백성들이 그 누구의 간섭도 받지 않고 스스로 일하고 먹고 쉬는, 이른바 무위지치(無爲之治)를 바랐던 왕으로 '요임금 덕택이다', '좋은 정치다'라고 사람들이 말하는 것보다, 백성이 정치의 힘을 의식하지 않고 즐겁게 살 수 있게 되는 것이 이상적인 정치라고 생각했다고 한다.

[예문] 고복격양은 요순시대에만 가능한 일이란 말인가!

[유의어] 격양가(擊壤歌), 격양지가(擊壤之歌)

[출전] 〈사기(史記)〉 오제본기편(五帝本紀篇), 〈십팔사략(十八史略)〉 제요편(帝堯篇), 〈악부시집(樂府詩集)〉 격양가(擊壤歌)

고성낙일 孤城落日

외로울 **고** | 성 **성** | 떨어질 **낙** | 날 **일**

쓸쓸한 심정이나 삭막한 풍경을 비유하여 하는 말로 멸망하는 날을 기다리는 초조한 심정을 일컫는 말

[유래] 당나라 시인 왕유(王維)가 위평사에게 보낸 시의 한 구절 '장군을 좇아 우현을 잡고자, 모래땅에 말을 달려 거연으로 향한다. 멀리서 짐작하노니 한나라 사신이 소관 밖에서, 외로운 성에 지는 해의 언저리를 수심으로 바라볼 것을(欲逐將軍取右賢 沙場走馬向居延 遙知漢使蕭關外 愁見孤城落日邊)…….'에서 유래한다.

[예문] 잘나가던 국회의원도 재선에 실패하니 고성낙일이 되었다.

[유의어] 고립무원(孤立無援), 사고무친(四顧無親)

[출전] 왕유(王維)의 시 '송위평사(送韋評事)'

고어지사 枯魚之肆

마를 **고** | 고기 **어** | 어조사 **지** | 마굿간 **사**

목마른 고기의 어물전이라는 뜻으로, 매우 곤궁한 처지를 비유하여 이르는 말

[유래] 장자가 가정형편이 어려워 식량이 떨어지자 감하후라는 사람에게 돈을 빌리러 갔는데, 그는 조세를 거둬들인 후에 은자 3백 냥을 빌려주겠다고 했다. 이 말은 들은 장자는 화를 내며 "어제 나는 길을 가다가 마른구덩이 속에 있는

물고기 한 마리를 보았는데, 그 물고기가 나에게 물 한 통을 간절하게 요청했습니다. 그래서 나는 남쪽의 여러 왕을 만난 후 돌아오는 길에 물을 길어와 고기를 구해주겠다고 했습니다. 그러자 물고기가 화를 내며 '당신이 물을 가져올 때가 되면 이미 난 어물전에 있을 것이오.'라고 하더이다."라고 했다.

[예문] 요즘 갈수록 경기가 어려워져서 고어지사의 형편에 놓인 사람들이 늘어나고 있다.

[유의어] 철부지급(轍鮒之急), 학철부어(涸轍鮒魚)

[출전] 〈장자(莊子)〉 외물편(外物篇)

고육지계 苦肉之計

괴로울 **고** | 고기 **육** | 어조사 **지** | 꾀할 **계**

제 몸을 괴롭혀가면서까지 어려운 상황에서 벗어나려고 하는 계책

[유래] 중국 삼국시대(三國時代) 오나라에 주유라는 지략이 뛰어난 장수가 있었다. 오와 위는 전쟁 중에 있었는데 오는 조조(曹操)의 수십만 대군을 이길 힘이 없었다. 이에 주유는 궁여지책 끝에 화공작전을 결심했다. 그리고 노장 황개와 작전을 짰는데, 이른바 거짓 항복을 하는 계책을 쓰기로 하고, 주유는 항복을 건의하는 황개를 곤장형에 처했다. 이 사실은 조조에게도 알려졌고, 황개는 심복 부하를 시켜 거

짓 항복 편지를 조조에게 전달했다. 편지를 읽어본 조조는 미리 보고를 받았기 때문에 전혀 의심치 않고 그를 받아들였다. 얼마 후 전투가 벌어졌을 때 황개는 인화물질을 실은 배를 조조군의 선단에 부딪히게 했다. 결국 조조군의 배는 화염에 휩싸였고, 전투는 오나라의 대승으로 끝났다.

[예문] 기업의 원가절감을 만회하기 위한 고육지계로 구조조정이 이루어졌다.

[유의어] 고육지책(苦肉之策)

[출전] 〈삼국지(三國志)〉 오지(吳志)

고주일척 孤注一擲

외로울 **고** | 물댈 **주** | 한 **일** | 던질 **척**

노름꾼이 노름에 계속하여 잃을 때 최후에 나머지 돈을 다 걸고 모험을 하는 일을 말하는데, 전력을 기울여 어떤 일을 모험하는 것을 비유함

[유래] 송나라 진종 때 거란이 공격해 왔는데 송나라는 계속하여 패배하기만 했다. 마침내 거란군이 송나라의 수도를 향해 다가오게 되자 진종은 대신들을 불러놓고 긴급회의를 열었다. 이때 당시 명재상으로 있던 구준이 황제가 직접 나가 지휘한다면 병사들의 사기진작으로 승리할 수 있을 거라 말해 황제는 구준의 의견에 따랐고, 결국 승리를 거두었다. 이로 인해 구준에 대한 신임은 남달랐는데, 왕흠약이라는 간신이 틈만 나면 황제에게 구준을 헐뜯었다. 왕흠약은

ㄱ

진종과 도박을 하면서 "만일, 돈을 잃게 되면 가지고 있는 돈을 한판에 다 거는 모험을 하게 되는데, 이것을 고주라고 합니다. 지난번 거란과의 싸움에서 구준이 폐하께 직접 독사(督師)가 되어 주시길 청한 일은 도박에서의 '고주일척'과 같은 것입니다."라고 구준을 모함한 데에서 유래되었다.

[예문] 노름에서의 고주일척은 패가망신의 지름길이다.

[출전] 〈송사(宋史)〉

고침안면 高枕安眠

높을 **고** | 베개 **침** | 편안할 **안** | 잘 **면**

베개를 높이 하여 편히 잘 잔다는 뜻으로, 아무 근심 없이 편안히 잠을 이룰 수 있는 상태

[유래] 전국시대 소진(蘇秦)과 장의(張儀)는 종횡가(縱橫家)로, 소진은 합종(合縱), 장의는 연횡(連橫)을 주장했는데, 여기서 합종이란 진(秦)나라 이외의 여섯 나라, 한(韓) · 위(魏) · 제(齊) · 초(楚)가 동맹하여 진에 대항하는 것이며, 연횡이란 여섯 나라가 각각 진과 손잡는 것이지만 실은 진에 복종하는 것이었다. 소진보다 악랄했던 장의는 진의 무력으로 이웃 나라를 압박했는데, 위를 침략한 후에는 위의 재상이 되어 애왕(哀王)에게 합종을 탈퇴하고 연횡에 가담할 것을 권했으나 받아들여지지 않았다. 그러자 진은 본보기로 한을 공격해 8만에 이르는 군사를 죽였다. 이 소식을 들은 애왕은 잠을 이루지 못했다. 기회를 얻은 장의는 애왕에

게 "만약 진나라를 섬기게 되면 초나 한이 쳐들어오는 일은 없을 것이며, 베개를 높이 하여 편히 잘 주무실 수 있고 나라도 아무런 걱정이 없을 것입니다."라고 말해 애왕은 결국 진과 화목하고 합종을 탈퇴했다.

[예문] 걱정거리가 다 사라졌으니 이제 고침안면해도 되겠구나.

[유의어] 고침이와(高枕而臥), 고침무우(高枕無憂)

[출전] 〈전국책(戰國策)〉 위책(魏策) 애왕(哀王), 〈사기(史記)〉 장의열전(張儀列傳)

곡격견마 轂擊肩摩

바퀴통 곡 | 칠 격 | 어깨 견 | 갈 마

수레바퀴통이 부딪치고 어깨가 스친다는 뜻으로, 번화가를 이름

[유래] 전국시대 각 나라의 군주는 권력을 강화해나갔으며 경제력을 넉넉하게 하고, 군사력을 튼튼히 하여 도시를 크게 번창시켰다. 그중 전국시대 제나라의 도읍이었던 임치(臨淄)는 수십만 명의 인구로 가장 번영하였는데, 이 말은 임치의 번화한 거리를 표현한 데에서 나온 말이다. 수레바퀴가 맞부딪치고 오고가는 행인들의 어깨가 서로 닿을 만큼 복잡하게 인파가 붐비는 시가(市街)를 말한다.

[예문] 요즘 도시의 번화가는 역사 속의 곡격견마와는 운치

ㄱ

에서 떨어진다.

[유의어] 거곡격 인견마(車轂擊 人肩摩), 견마곡격(肩摩轂擊), 인마낙역(人馬絡繹)

[출전] 〈전국책(戰國策)〉 제책(齊策)

곡고화과 曲高和寡

굽을 **곡** | 높을 **고** | 화답할 **화** | 적을 **과**

곡이 높으면 화답하는 사람이 적다는 뜻으로, 사람의 재능이 너무 높으면 따르는 무리들이 더욱 적어지는 것을 말한다.

[유래] 전국시대 말엽, 남방시인으로 손꼽히던 송옥(宋玉)의 문장은 꽤 유명하였으나, 그의 문장은 난해하여 제대로 이해하기 어려웠기 때문에, 그의 글을 칭찬하는 사람도 드물 수밖에 없었다. 초왕(楚王)이 그 연유를 묻자, 그는 "쉬운 노래를 부르면 많은 사람이 따라하고, 어려운 노래일수록 따라하는 사람이 적듯, 참새가 봉황의 뜻을 알지 못하며, 작은 물고기가 곤(鯤)이라는 큰 물고기를 알지 못합니다. 즉, 새 가운데만 봉황이 있고, 물고기 중에만 곤이 있는 것이 아닙니다. 그러므로 선비 중에도 이런 경우가 있지 않겠습니까?"라고 대답했다.

[예문] 사람의 취향에 따라 곡고화과 같은 고상한 것을 찾기도 하고, 통속적인 것을 찾기도 한다.

[유의어] 양춘백설(陽春白雪)

[출전] 송옥(宋玉)의 〈대초왕문(對楚王問)〉

곡돌사신 曲突徙薪

굽을 곡 | 굴뚝 돌 | 옮길 사 | 땔나무 신

굴뚝을 구부리고 굴뚝 가까이에 있는 땔나무를 다른 곳으로 옮긴다는 뜻으로, 화근을 미리 치움으로써 재앙을 미연에 방지한다는 말

[유래] 길 가던 한 나그네가 한 집 앞을 지나면서 우연히 그 집 굴뚝이 반듯하게 뚫려 있고 곁에는 땔나무가 잔뜩 쌓여 있는 것을 보았다. 나그네는 주인에게 '굴뚝의 구멍을 꼬불꼬불하게 만들고, 땔나무는 다른 곳으로 옮기도록 하라'고 했지만 주인은 나그네의 말을 귀담아 듣지 않았다. 그런데 어느 날 그 집에 큰불이 났고, 동네 사람들이 힘을 합해 집 주인을 구하고 진화했다. 주인은 잔치를 베풀어 생명을 구해준 사람들에게 감사하고, 나그네의 말을 되새기게 되었다.

[예문] 해마다 수해를 당한 후에야 곡돌사신을 떠올리는 것이 문제다.

[유의어] 유비무환(有備無患)

[출전] 〈한서(漢書)〉 곽광전편(藿光傳篇)

공자천주 孔子穿珠

구멍 **공** | 아들 **자** | 뚫을 **천** | 구슬 **주**

공자가 구슬을 꿴다는 뜻으로, 자기보다 못한 사람에게 모르는 것을 묻는 것이 부끄러운 일이 아님을 가르쳐주는 말

[유래] 공자가 진나라를 지나갈 때 어떤 사람에게 진기한 구슬을 얻었는데, 그 구멍이 아홉 구비나 되어서 실로 꿰려고 여러 가지 방법을 다 동원했지만 성공할 수 없었다. 문득 바느질을 하는 아낙네에게 그 방법을 물으니, 아낙은 꿀을 놓고 조용히 생각해보라고 했다. 잠시 후 그녀의 말의 의미를 깨닫고, 개미와 꿀을 이용해 구슬에 실을 꿸 수 있게 되었다. 이처럼 공자는 배우는 일을 매우 중요시했으며, 배움에 있어서는 나이의 많고 적음이나 신분의 높고 낮음에 관계하지 않았다. 그가 '세 사람이 길을 가면 반드시 나의 스승이 있다'라고 한 것 역시 그의 학문하는 태도를 잘 나타낸 말이다.

[예문] 모르는 것을 아는 척하기보다는 공자천주의 자세로 살아야 한다.

[유의어] 불치하문(不恥下問)

[출전] 〈조정사원(祖庭事苑)〉

공중누각 空中樓閣

빌 **공** | 가운데 **중** | 다락 **루** | 누각 **각**

공중에 떠 있는 누각이란 뜻으로, 헛된 구상이나 계획을 이르는 말

[유래] 심괄의 〈몽계필담〉에 '등주(登州)는 사면이 바다에 임하여 봄과 여름철에 저 멀리 하늘가에 성시누대의 모습을 볼 수 있다. 이 고장 사람들은 이것을 해시(海市)라 이른다'는 글이 있으니, 여기서 '해시'라는 것은 '신기루'를 가리킨다. 여기에 청(淸)나라의 학자 적호(翟灝)가 그의 저서에서 심괄의 글에 대해 덧붙여 "지금 언행이 허구에 찬 사람을 일컬어 '공중누각'이라고 말하는 것은 이 일을 인용한 것이다."라고 했다.

[예문] 현실에서 벗어난 이론은 공중누각과 같다.

[유의어] 사상누각(沙上樓閣), 신기루(蜃氣樓)

[출전] 심괄의 〈몽계필담(夢溪筆談)〉, 〈통속편(通俗篇)〉

공휴일궤 功虧一簣

공 **공** | 이지러질 **휴** | 한 **일** | 삼태기 **궤**

산을 쌓아 올리는데 한 삼태기의 흙을 게을리 하여 완성을 보지 못한다는 뜻으로, 거의 이루어진 일을 중지하여 오랜 노력이 아무 보람도 없게 됨을 비유적으로 이르는 말

[유래] 주나라 무왕이 은나라 주왕을 무찌르고 새 왕조를 연 다음, 그 위력이 사방의 이민족에게까지 떨치자, 서쪽에 있

는 여족(旅族)들이 무왕에게 오(獒)라는 진기한 개를 선물로 보내왔다. 신하들은 모두 왕의 위신에 맞지 않으니 선물을 받지 말라고 했지만, 무왕을 몹시 기뻐하며 국정을 멀리한 채 아주 소중히 길렀다. 그러자 무왕의 아우인 소공이 "슬프다. 임금 된 사람은 아침부터 저녁까지 잠시라도 게으름을 피워서는 안 된다. 아무리 사소한일이라도 이를 조심하지 않으면 마침내 큰 덕을 해치기에 이르게 된다. 예를 들어 흙을 가져다가 산을 만드는데, 이제 조금만 일을 계속하면 아홉 길 높이에 이르게 되었을 때, 이제는 다 되었다 하고 한 삼태기의 흙 운반하기를 게을리 하게 되면 지금까지 해온 일이 모두 허사가 되고 만다."라고 하며 무왕에게 충고했다고 한다.

[예문] 친일문제를 청산하지 못한 역사는 공휴일궤와 같다.

[출전] 〈서경(書經)〉 여오편(旅獒篇)

과유불급 過猶不及

지날 **과** | 오히려 **유** | 아니 **불** | 미칠 **급**

정도를 지나침은 미치지 못하는 것과 같다는 뜻으로, '중용의 중요함'을 이르는 말

[유래] 어느 날 제자인 자공이 공자에게 제자 자장과 자하 중 어느 쪽이 현명한지를 물었다. 공자는 두 제자에 대해 자장은 매사에 지나친 면이 있고, 자하는 부족한 점이 많은 것 같다고 했다. 자공은 그러면 자장이 더 나은 것인지 묻

자 공자는 "그렇지 않다. 지나침은 미치지 못한 것과 같다." 고 하면서 중용의 도(道)를 말했다.

[예문] 무엇이든 과유불급이라고 마음만 앞서다가는 후회하게 된다.

[유의어] 교각살우(矯角殺牛), 교왕과직(矯枉過直)

[출전] 〈논어(論語)〉 선진편(先進篇)

과전이하 瓜田李下

오이 **과** | 밭 **전** | 오얏 **리** | 아래 **하**

오이 밭에서 신을 고쳐 신지 말고, 오얏나무 아래서 갓을 고쳐 쓰지 말라는 뜻으로, 의심받을 짓은 처음부터 하지 말라는 말

[유래] 전국시대 제(齊)나라 위왕(威王) 때 간신 주파호(周破湖)가 국정을 제멋대로 휘둘러 나라꼴이 어지럽게 되자 후궁 우희(虞姬)가 위왕에게 주파호를 내치고 북곽 선생 같은 어진 선비를 등용하라고 했다. 이를 알게 된 주파호는 '우희와 북곽 선생은 전부터 서로 좋아하는 사이'라고 우희를 모함했다. 결국 왕은 우희를 옥에 가두고 문책했는데, 이때 우희가 자신에게 죄가 있다면 '오이 밭에서 신을 고쳐 신지 말고, 오얏나무 아래서 갓을 고쳐 쓰지 말라'고 했듯 의심을 피하지 못한 점이니 죽더라도 간신은 내치라고 충심어린 호소를 하자 이에 왕은 잘못을 깨닫고 주파호 일당을 삶아 죽인 후 어지러운 나라를 바로잡았다.

ㄱ

[예문] 과전이하는 현대의 공직자들이 꼭 지켜야만 할 자세다.

[유의어] 과전지리(瓜田之履)

[출전] 〈문선(文選)〉 고악부편(古樂府篇) '군자행(君子行)'

과혁지시 裹革之屍

쌀 **과** | 가죽 **혁** | 어조사 **지** | 시체 **시**

말가죽에 싼 시체라는 뜻으로, 전쟁에서 싸우다 죽은 시체를 이르는 말

[유래] 후한 광무제 때 복파장군(伏波將軍) 마원(馬援)은 지금의 월남인 교지(交趾)를 평정하고 수도 낙양(洛陽)으로 돌아왔을 때 많은 사람들로부터 용맹과 인격이 뛰어난 맹장이라는 찬사를 받았다. 그중 지모가 뛰어나기로 유명한 맹익(孟翼)이 판에 박은 인사말을 하자 마원은 이마를 찌푸리며 그를 나무라고, 이대로 영광을 누릴 수 있는 방법을 물었다. 맹익이 좋은 꾀가 생각나지 않는다고 하자 마원은 북쪽 변경이 시끄러우니 다시 정벌에 나설 것이며, '사나이는 변방 싸움터에서 말가죽으로 시체를 싸서 돌아와 장사를 지내는 것'이라고 대답했다는 데에서 유래되었다.

[예문] 전쟁을 일으킨 사람은 명분이 있겠지만 전장에서 싸우는 병사들은 과혁지시 신세가 될 뿐이다.

[출전] 〈후한서(後漢書)〉 마원전(馬援傳)

관중규표
管中窺豹

대롱 **관** | 가운데 **중** | 엿볼 **규** | 표범 **표**

대롱 속으로 표범을 엿본다는 뜻으로, 시야가 매우 좁음을 말함

[유래] 중국 동진(東晉)의 서예가, 왕희지의 제자들이 모여 놀음을 하고 있었는데, 왕희지의 아들 왕헌지는 노름을 잘 알지 못했으나 옆에서 훈수를 두었다. 왕희지의 제자들은 "이 아이는 대나무 대롱 속으로 표범을 보듯 표범 전체는 못 보고 표범의 얼룩 반점 가운데 하나는 볼 줄 안다."고 놀린 데에서 유래되었다.

[예문] 관중규표는 장님이 코끼리의 배를 만지는 것과 같은 표현이다.

[유의어] 좌정관천(坐井觀天)

[출전] 〈진서(晉書)〉 왕헌지전(王獻之傳)

관포지교
管鮑之交

대롱 **관** | 절인 고기 **포** | 어조사 **지** | 사귈 **교**

관중(管仲)과 포숙아(鮑叔牙) 사이와 같은 사귐이란 뜻으로, 시세(時勢)를 떠나 친구를 위하는 두터운 우정을 일컫는 말

[유래] 중국 제(齊)나라에서, 포숙은 자본을 대고 관중은 경영을 담당하여 동업하였으나, 관중이 이익금을 혼자 독차지하였다. 그런데도, 포숙은 관중의 집안이 가난한 탓이라고 너그럽게 이해하였고, 함께 전쟁에 나아가서는 관중이 3

번이나 도망을 하였는데도, 포숙은 그를 비겁자라 생각하지 않고 그에게는 늙으신 어머님이 계시기 때문이라고 그를 변명해주었다. 이와 같이 포숙은 관중을 끝까지 믿어주었고, 결국 관중도 일찍이 포숙을 가리켜 "나를 낳은 것은 부모이지만 나를 아는 것은 오직 포숙뿐이다(生我者父母 知我者鮑子也)."라고 말했다.

[예문] 관포지교라고 알려졌던 두 친구의 관계가 여자 문제로 하루아침에 멀어졌다

[유의어] 문경지교(刎頸之交), 금란지교(金蘭之交), 단금지교(斷金之交), 수어지교(水魚之交), 교칠지교(膠漆之交), 막역지우(莫逆之友)

[출전] 〈사기(史記)〉 관안열전(管晏列傳), 〈열자(列子)〉 역명편(力命篇)

괄목상대 刮目相對

비빌 괄 | 눈 목 | 서로 상 | 대할 대

눈을 비비고 본다는 뜻으로, 학식이나 재주가 전에 비하여 몰라볼 정도로 발전했다는 말

[유래] 중국 삼국시대에 오(吳)나라의 왕, 손권(孫權)이 그의 장수 여몽(呂夢)이 무술에는 능하나 학문을 너무 소홀히 하는 것을 나무라자 여몽은 이로부터 학문을 열심히 닦았다. 후에 노숙(魯肅)이 찾아가 전과 달라진 그의 높은 식견

에 놀라워하자 여몽은 "선비가 사흘을 떨어져 있다 다시 대할 때는 눈을 비비고 대하여야 합니다(士別三日 卽當刮目相對)."라고 한 것에서 유래되었다. 윗사람에게 쓰지 않는다.

[예문] 그는 피나는 노력의 결과 피아노 연주 실력이 괄목상대했다.

[유의어] 일장월취(日將月就), 일진월보(日進月步)

[출전] 〈삼국지(三國志)〉 오지(吳志)

광일미구 曠日彌久

빌 광 | 날 일 | 두루 미 | 오랠 구

오랫동안 쓸데없이 세월만 보낸다는 뜻

[유래] 전국시대 말엽, 연(燕)나라의 공격을 받은 조(趙)나라 혜문왕(惠文王)은 제(齊)나라에 사신을 보내어 3개 성읍을 할양한다는 조건으로 명장 전단(田單)의 파견을 요청했다. 그러자 조나라의 명장 조사(趙奢)는 "전단은 두 나라가 병력을 소모하여 피폐해지는 것을 기다리면서 오랫동안 쓸데없이 세월만 보낼 것이니 자신에게 일을 맡겨달라."고 항의했다. 그러나 전단에게 조나라 군사를 맡겼고, 결국 조사가 예언한 대로 두 나라는 장기전에서 병력만 소모하고 말았다.

[예문] 나이 들어 후회하지 않으려면 젊어서 광일미구하지

말아야 한다.

[유의어] 광일지구(曠日持久)

[출전] 〈전국책(戰國策)〉 조책편(趙策篇)

광풍제월 光風霽月

빛 **광** | 바람 **풍** | 갤 **제** | 달 **월**

맑은 날의 바람과 갠 날의 달이라는 뜻으로, 심성이 맑고 깨끗한 인품을 비유하는 말

[유래] 주돈이는 북송(北宋)의 유명한 유학자로 옛 사람의 풍모가 있으며 올바른 정치를 했는데, 송대의 대표적인 시인이었던 황정견이 주돈이의 인품을 평하여 "주돈이의 인품은 매우 고결하고 가슴속이 맑아서 맑은 날의 바람과 비 개인 날의 달과 같구나."라고 한 데에서 했다.

[예문] 광풍제월 같은 마음으로 살려면 욕심을 버려야 한다.

[유의어] 명경지수(明鏡止水)

[출전] 〈송서(宋書)〉 주돈이전(周敦頤傳)

교룡득수 蛟龍得水

교룡 **교** | 용 **룡** | 얻을 **득** | 물 **수**

교룡이 물을 얻는다는 뜻으로, 좋은 기회를 얻는 것을 비유한 말

[유래] 남조(南朝) 양(梁)나라에서 남벌(南伐)할 군인을 선발하자 양대안이라는 사람이 자원하였다. 말보다도 빨리 달리는 재주가 있던 그는 군주(軍主)로 특진되었다. 그는 동료들에게 "나는 오늘 마치 교룡이 물을 얻은 것 같다. 앞으로는 너희들과 자리를 같이할 수도 없을 것이다."라며 득의만면하였다고 한다.

[예문] 교룡득수와 같은 기회는 노력하는 사람에게 오는 선물과 같은 것이다.

[출전] 〈북사(北史)〉 양대안전(楊大眼傳)

교언영색 巧言令色

공교로울 **교** | 말씀 **언** | 하여금 **령** | 빛 **색**

남의 환심을 사기 위해 아첨하는 교묘한 말과 보기 좋게 꾸미는 표정을 이르는 말

[유래] 〈논어〉에서 공자가 거듭 말한 것으로 '교묘한 말과 아첨하는 얼굴을 하는 사람은 착한 사람이 적다'는 뜻이다. 즉, 말을 그럴 듯하게 꾸며대거나 남의 비위를 잘 맞추는 사람, 생글생글 웃으며 남에게 잘 보이려는 사람치고 마음씨가 착하고 진실한 사람은 적다는 뜻이다.

[예문] 사기꾼치고 교언영색에 능하지 않은 자가 없다.

[반의어] 강의목눌(剛毅木訥), 성심성의(誠心誠意)

[출전] 〈논어(論語)〉 학이편(學而篇), 양화편(陽貨篇)

교자채신 教子採薪

가르칠 **교** | 아들 **자** | 캘 **채** | 나무 **신**

자식에게 땔나무 해오는 법을 가르치라는 뜻으로, 무슨 일이든 장기적인 안목을 갖고 근본적인 처방에 힘쓰라는 말

[유래] 춘추시대 노나라의 어떤 아버지가 아들에게 하루는 땔나무를 해오라고 하면서 가까운 곳은 언제든지 나무를 해올 수 있지만, 멀리 떨어진 곳은 누구나 나무를 해가도 되니, 그곳의 땔감부터 가져와야 우리 집 근처의 땔감이 남아있을 거라고 말했다. 아들은 아버지의 깊은 생각을 이해하고 먼 곳으로 땔나무를 하러 떠났다.

[예문] 자녀교육에 있어서 물고기를 주기보다 교자채신 같은 물고기 잡는 방법이 더 필요하다.

[출전] 〈속맹자(續孟子)〉

교주고슬 膠柱鼓瑟

칠 교 | 기둥 주 | 탈 고 | 비파 슬

기둥을 풀로 붙여놓고 거문고를 탄다는 뜻으로, 어떤 규칙에 얽매여 변동을 모르는 것 또는 고집불통을 비유하는 말

[유래] 조나라 때 조사(趙奢)에게 병서에 밝은 괄(括)이라는 아들이 있었는데, 조사는 아들의 뛰어난 식견에 대해 이론만으로 장수가 된다면 조나라가 큰 변을 당하지 않을까 걱정하는 신중한 태도를 보였다. 훗날 진나라는 조나라를 침략한 후 조괄을 대장으로 끌어내려는 유언비어를 퍼뜨렸다. 조의 왕은 그 말에 혹했는데 인상여가 "그를 대장으로 임명하려는 것은 마치 기둥을 아교로 붙여 두고 거문고를 타는 것과 다름없습니다. 괄은 그의 부친이 물려준 책만 읽었을 뿐 상황의 변화에 적응할 줄을 모릅니다."하고 반대했다. 그러나 결국 왕은 그 말을 무시하고 괄을 대장으로 임명해 조사의 기우대로 되고 말았다.

[예문] 현실을 무시한 이론은 교주고슬과 같다.

[유의어] 교슬(膠瑟)

[출전] 〈사기(史記)〉 염파인상여전(廉頗藺相如傳)

교취호탈 巧取豪奪

교묘할 **교** | 취할 **취** | 호걸 **호** | 빼앗을 **탈**

교묘한 수단으로 빼앗아 취한다는 뜻으로, 정당하지 않은 방법으로 남의 귀중한 물건을 가로채는 것을 비유하여 이르는 말

[유래] 송나라에 유명한 화가 미불에게는 미우인(米友仁)이라는 아들이 있었는데, 아버지만큼이나 그림에 뛰어나 소미라는 칭호가 덧붙여졌다. 그런데 그가 옛 화가들의 작품을 수집하는 것을 좋아해 남이 가지고 있는 진품을 모사해 바꿔치기를 했다는 데에서 이 말이 유래했다. 한번은 그가 당나라 화가의 진품을 모사해 모사품은 주인에게 돌려주고 진품은 자기가 가졌는데, 며칠 후에 주인이 돌려달라고 찾아왔다. 미우인은 그의 변별력에 놀라 물었더니, "내 그림에는 소의 눈동자에 목동이 그려져 있는데, 당신이 내게 준 그림에는 없습니다."라고 해서 다시 작품을 돌려줄 수밖에 없었다.

[예문] 유명화가의 작품을 교취호탈하는 것은 그 화가에 대한 모독이다.

[유의어] 교투호탈(巧偷豪奪)

[출전] 〈청파잡지(淸波雜志)〉

교칠지심 膠漆之心

아교 **교** | 칠 **칠** | 어조사 **지** | 마음 **심**

아교와 옻칠처럼 끈끈한 사귐이란 뜻으로, 아주 친밀하여 떨어질 수 없는 교분을 이르는 말

[유래] 중국 당나라의 시인인 백거이가 친구 원미지(元微之)에게 '그대의 편지를 받지 못한 지도 2년이 되려고 하네. 인생이란 길지 않은 걸세. 그런데도 이렇게 떨어져 있어야 하니 말일세. 하물며 아교와 옻칠 같은 마음으로 북쪽 오랑캐 땅에 몸을 두고 있으니(況以膠漆之心 置於湖越之身) 나아가도 서로 만나지 못하고 물러서도 서로 잊을 수 없네'라고 써서 보낸 편지에서 유래한다.

[예문] 그 친구와 나는 교칠지심의 관계다.

[유의어] 교칠지교(膠漆之交)

[출전] 원미지(元微之)의 〈백씨문집(白氏文集)〉

교토삼굴 狡兎三窟

간교할 **교** | 토끼 **토** | 석 **삼** | 굴 **굴**

교활한 토끼는 숨는 굴이 세 개라는 뜻으로, 처세에 능한 사람의 행동을 비유, 또는 교묘한 지혜로 위기를 피하거나 재난이 발생하기 전에 미리 준비를 해야 한다는 말

[유래] 제(齊)나라의 재상(宰相)인 맹상군의 식객(食客)이었던 풍환(馮驩)은 맹상군의 심부름으로 설(薛) 땅으로 빚을 받으러 갔다가 차용증서만 불태우고 돌아온 후 '당신을 위

해 은의(恩義)를 사왔다'고 했다. 1년 뒤 제의 민왕으로부터 노여움을 산 맹상군이 재상에서 물러나 설로 은신하러 가자 그곳 사람들이 그를 따듯하게 맞아주었다. 그제야 풍환은 '토끼가 숨는 굴이 세 개이니 이제 한 개의 굴을 뚫어주었을 뿐, 나머지 두 개의 굴도 뚫어주겠다'고 약속했다. 결국 맹상군은 풍환의 도움으로 다시 재상의 자리에 오르게 해주고, 설 땅에 민왕의 선대의 종묘를 세우게 해 수십 년간의 화를 면하게 해주었다.

[예문] 바야흐로 새로운 시장을 찾는 교토삼굴의 전략이 필요한 때다.

[유의어] 유비무환(有備無患)

[출전] 〈사기(史記)〉 맹상군열전(孟嘗君列傳)

교학상장 教學相長

가르칠 교 | 배울 학 | 서로 상 | 길 장

가르치고 배우면서 서로 성장한다는 뜻

[유래] 〈예기〉에 있는 '좋은 안주가 있다고 하더라도 먹어 보아야만 그 맛을 알 수 있다. 또한 지극한 진리가 있다고 해도 배우지 않으면 그것이 왜 좋은지 알지 못한다. 따라서 배워 본 이후에 자기의 부족함을 알 수 있으며, 가르친 후에야 비로소 어려움을 알게 된다. 그러기에 가르치고 배

우면서 더불어 성장한다고 하는 것이다'라는 구절에서 유래한다.

[예문] 학교는 진정으로 교학상장의 전당이 되어야 한다.

[출전] 〈예기(禮記)〉 학기(學記)

구맹주산 狗猛酒酸

개 구 | 사나울 맹 | 술 주 | 실 산

개가 사나우면 술이 시어진다는 뜻으로, 한 나라에 간신배가 있으면 어진 신하가 모이지 않는다는 말

[유래] 송(宋)나라에 술을 만드는 재주가 뛰어나고 손님들에게도 공손히 대접했으며 항상 양을 속이지 않고 정직하게 술을 파는 자가 있었다. 그런데도 다른 집보다 술이 잘 팔리지 않아 마을 어른 양천에게 그 이유를 물었다. 양천은 그 술집에 있는 사나운 개 때문이라며, 개를 두려워해 술이 안 팔리고 맛은 점점 시큼해진다고 했다. 이와 같이 나라를 잘 다스릴 수 있는 어진 신하가 아무리 옳은 정책을 군주께 아뢰고자 해도 조정에 사나운 간신배가 떡 버티고 있으면 불가능함을 강조한 말이다.

[예문] 어떤 조직이든 발전하려면 구맹주산 같은 세력이 없어야 한다.

[출전] 〈한비자(韓非子)〉 외저설우(外儲說右)

ㄱ

구밀복검
口蜜腹劍

입구 | 꿀밀 | 배복 | 칼검

입 속에는 꿀을 담고 뱃속에는 칼을 지녔다는 뜻으로, 입으로는 친절하나 속으로는 해칠 생각을 가졌다는 말

[유래] 당(唐)나라 현종 때 이임보(李林甫)는 황제의 총애를 받는 환관에게 환심을 사 재상에 오른 후, 양귀비(楊貴妃)에게 빠진 현종을 부추겨 정사(政事)를 멀리하게 했을 뿐만 아니라 충신이나 자신의 권위에 위협이 되는 신하들을 가차없이 제거하는 등 조정을 좌지우지했다. 특히 정적을 제거할 때에는 먼저 상대방을 한껏 추켜올린 다음 뒤통수를 쳤기 때문에 그를 가리켜 '입으로 꿀 같은 말을 하지만 뱃속에는 무서운 칼이 들어 있는(口有蜜腹有劍) 자'라고 칭한 데에서 유래되었다.

[예문] 눈앞의 칭찬에 안도하면 구밀복검의 덫에 빠질 수 있다.

[유의어] 소리장도(笑裏藏刀), 소중유검(笑中有劍)

[출전] 〈신당서(新唐書)〉, 〈십팔사략(十八史略)〉

ㄱ

구반문촉 扣槃捫燭

두드릴 **구** | 쟁반 **반** | 만질 **문** | 촛불 **촉**

장님이 쟁반을 두드리고 초를 어루만져 본 것만 가지고 태양에 대해 말한다는 뜻으로, 확실하지도 않은 것을 가지고 이렇다 저렇다 함부로 논하거나 말하지 말라는 것을 빗대어 이르는 말

[유래] 태어나면서 장님인 사람이 어느 날 태양이 어떻게 생겼는지 궁금해 어떤 사람에게 물으니, 구리 쟁반처럼 생겼다고 해서 소경은 집으로 돌아와 쟁반을 두드려 보고 그 소리를 기억해두었다. 다른 날 길을 가다가 종소리를 듣고는 쟁반을 두드릴 때 나는 소리와 비슷해 종을 태양이라고 하였다. 어떤 이가 다시 태양은 촛불처럼 빛을 낸다고 하자, 손으로 초를 어루만져 보고는 그 생김새를 기억해두었다. 뒷날 우연히 피리를 만져보고는 초와 생김새가 비슷했으므로 이번에는 피리를 태양이라고 하였다.

[예문] 소문의 진상을 밝히다 보면 구반문촉에서 비롯된 경우가 있다.

[유의어] 군맹모상(群盲摸象), 군맹무상(群盲撫象), 군맹평상(群盲評象), 맹인모상(盲人摸象)

[출전] 소동파(蘇東坡)의 '일유(日喩)'

ㄱ

구사일생 九死一生

아홉 **구** | 죽을 **사** | 한 **일** | 날 **생**

여러 차례 죽을 고비를 겪은 후에 겨우 살아남

[유래] '선하고 아름다운 것이라면 아홉 번을 죽어 한 번을 살더라도 후회하지 않겠다'는 굴원의 글 '이소(離騷)'에서 처음 유래되었다. 이 표현은 '여러 번을 죽더라도 올바른 군주 아래에서 제대로 자신의 뜻을 한 번이라도 펼치고 산다면 후회 없을 것이다'라는 뜻을 내포하고 있다. 여기에 유량주가 〈문선〉을 편찬하면서 굴원의 글을 설명하면서 '아홉 번 죽어 한 번을 살아남지 않더라도'라는 구절을 사용했다.

[예문] 그는 징용에 끌려갔다가 광복이 되어 구사일생으로 살아 돌아왔다

[유의어] 만사일생(萬死一生), 십생구사(十生九死)

[출전] 〈사기(史記)〉 굴원열전(屈原列傳)

구상유취 口尙乳臭

입 **구** | 오히려 **상** | 젖 **유** | 냄새 **취**

입에서 아직 젖내가 난다는 뜻으로, 말과 하는 행동이 아직 어리다는 말

[유래] 한(漢)의 고조(高祖)는 위왕(魏王)이 반란을 일으키자 토벌대장으로 한신을 보내기로 한 다음 상대 장수가 누구냐고 물었다. 한 신하가 '백직(白直)'이라고 대답하자 유

방은 큰 소리로 웃으며 "겨우 백직이란 말이냐? 그놈은 아직 젖비린내가 나는 애송이가 아니냐?" 하며 비웃었다. 그리고 고조가 예상한 대로 한신은 힘들이지 않고 백직을 진압했다.

[예문] 요즘 직장이나 정치권에서 젊은 피를 수혈하겠다고 하는데 자칫 구상유취한 결과를 볼 수 있다는 것을 명심해야 할 것이다.

[유의어] 황구유취(黃拘乳臭)

[출전] 〈사기(史記)〉 고조기(高祖紀)

구약현하 口若懸河

입 구 | 같을 약 | 떨어질 현 | 강 하

입에서 나오는 말이 경사가 급하여 쏜살같이 흐르는 강과 같다는 뜻으로, 말을 끊지 않고 청산유수처럼 하는 것을 비유한 말

[유래] 서진에 사는 곽상이라는 대학자는 어려서부터 재능이 탁월하여 주위 사람들의 존경을 받았다. 그는 성인이 되어서도 노장학설을 좋아하여 연구와 집필 작업을 계속하였다. 곽상은 조정으로부터 관직의 요청을 몇 번 거절하다 황문시랑이라는 직책을 맡게 되었다. 그는 관직 생활에 있어서도 매사를 이치에 맞게 분명하게 처리하였고, 토론을 좋아했다. 그의 말이 논리정연하고 언변이 뛰어난 것을 지켜보던 왕연은 "곽상이 말하는 것을 들으면 마치 산 위에서 곧

ㄱ

장 떨어지는 물줄기가 그치지 않음과 같다."고 말한 데에서 이 말이 유래되었다.

[예문] 구약현하하는 사람과 입씨름을 할 생각을 버려라.

[유의어] 현하지변(懸河之辯)

[출전] 〈진서(晉書)〉 곽상전편(郭象傳篇)

구우일모 九牛一毛

아홉 **구** | 소 **우** | 한 **일** | 털 **모**

아홉 마리의 소 가운데에서 뽑은 한 개의 털이라는 뜻으로, 많은 것 중에 아주 적은 것을 비유하는 말

[유래] 이능(李陵)을 변호하여 거세의 형벌을 받고 천하의 웃음거리가 된 사마천(司馬遷)이 "설사 내가 복종하여 죽임을 당할지라도 아홉 마리 소에서 한 개의 터럭을 잃는 것과 같고 벌레가 죽는 것과 다르지 않다."라고 한 데에서 비롯되었다.

[예문] 정치권의 비자금 가운데 밝혀진 것은 구우일모에 지나지 않는다.

[유의어] 대해일적(大海一滴), 창해일속(滄海一粟), 창해일적(滄海一滴)

[출전] 사마천(司馬遷)의 〈보임안서(報任安書)〉

구이지학 口耳之學

입 **구** | 귀 **이** | 어조사 **지** | 배울 **학**

들은 것을 새기지 않고 그대로 남에게 전하기만 할 뿐 조금도 제 것으로 만들지 못한 학문

[유래] 순자(荀子)의 '구이지학(口耳之學)은 소인의 학문으로 귀로 들은 것이 입으로 나온다. 입과 귀 사이는 네 치여서 일곱 자의 몸도 채우지 못한다'라는 글귀에서 유래된 말이다.

[예문] 주입식 교육은 자칫 구이지학으로 흘러가기 쉽다.

[유의어] 도청도설(道聽塗說)

[출전] 〈순자(荀子)〉 권학편(勸學篇)

구인득인 求仁得仁

구할 **구** | 어질 **인** | 얻을 **득** | 어질 **인**

인을 구하여 인을 얻었다는 뜻으로, 자신이 원하거나 갈망하던 것을 얻는다는 말

[유래] 백이와 숙제가 무왕의 행위를 비판하며 주나라 땅에서 나는 것은 그 무엇도 먹지 않겠다고 결심하고는 수양산(首陽山)으로 들어가 고사리를 캐먹고 살다가 굶어죽은 것에 대해 공자가 이들의 행동을 두고 "백이와 숙제는 자신들이 인을 구하려고 하여 인을 얻었으니 무슨 원한이 있겠는가?"라고 평가한 데에서 유래한 말이다.

ㄱ

[예문] 구인득인의 덕목을 아는 리더가 있는 조직이 필요하다.

[출전] 〈사기(史記)〉

구화지문 口禍之門

입 구 | 재앙 화 | 어조사 지 | 문 문

입은 재앙을 불러들이는 문이라는 뜻

[유래] 후당(後唐)에 풍도라는 정치가가 지은 '설시(舌詩)'에 '입은 재앙을 불러들이는 문이요, 혀는 몸을 자르는 칼이로다. 입을 닫고 혀를 깊이 감추면 가는 곳마다 몸이 편안하리라'라는 구절이 있다. 풍도는 이 시에서처럼 말조심을 처세의 기본으로 삼아 난세에서 영달을 거듭했던 인물이다.

[예문] 요즘 유명인들이 말을 아끼지 않 아 구화지문의 곤경에 처하기도 한다.

[유의어] 사불급설(駟不及舌)

[출전] 풍도의 '설시(舌詩)'

국사무쌍 國士無雙

나라 국 | 선비 사 | 없을 무 | 쌍 쌍

나라 안에 견줄 만한 자가 없는 인재라는 뜻으로, 국내에서 가장 뛰어난 인물을 일컫는 말

[유래] 한(漢)나라 명신 소하(蕭何)가 한신(韓信)을 한고조 유방(劉邦)에게 추천할 때, "한신만은 국사로서 둘도 없는 사람입니다."라고 한 데에서 비롯되었다.

[예문] 우리나라에도 한신과 같은 국사무쌍한 인물이 있을까?

[유의어] 고금무쌍(古今無雙), 국토무쌍(國士無雙), 동량지기(棟梁之器), 일세지웅(一世之雄), 천하무쌍(天下無雙)

[출전] 〈사기(史記)〉 회음후열전(淮陰侯列傳)

군맹무상 群盲撫象

무리 군 | 소경 맹 | 어루만질 무 | 코끼리 상

여러 소경이 코끼리를 어루만진다는 뜻으로, 사물을 자기 주관과 좁은 소견으로 그릇되게 판단한다는 말

[유래] 인도의 경면왕(鏡面王)이 어느 날 맹인들에게 코끼리라는 동물을 가르쳐주기 위해 그들을 궁중으로 불러 모았다. 소경들에게 코끼리를 만져보게 한 후 코끼리가 어떻게 생겼는지 물으니 소경들의 대답은 각기 자기가 만져 본 부위에 따라 달랐다. 즉, 진짜 실체는 보지 못한 채 자신들의 생각만 옳다고 다퉜다는 데에서 유래한 말이다.

[예문] 눈에 보이는 것만으로는 군맹무상과 같은 오류를 범할 수 있다.

[유의어] 군맹모상(群盲摸象), 군맹평상(群盲評象)

[출전] 〈열반경(涅槃經)〉

군자불기 君子不器

임금 **군** | 아들 **자** | 아니 **불** | 그릇 **기**

군자는 그릇이 아니라는 뜻으로, 참된 인물은 편협하지 않다는 것을 의미

[유래] 공자가 한 말로 "군자란 그 크기가 물건을 담는 데 불과한 그릇이 아니라는 말이다. 지식이 좀 있다고 해서 누구나 군자는 아니다. 지식과 아울러서 인격도 동시에 갖추고 덕을 실천하는 참된 인물이 군자다. 오기와 아집, 편견과 독선을 부리는 그런 편협한 사람은 결코 군자가 아니다. 융통성이 풍부하고 포용력이 많은 인물이 참된 인물인 것이다. 성인군자라고 할 때 성인이나 군자나 모두 참된 인물을 말한다."라는 데에서 유래되었다.

[예문] 예나 지금이나 덕을 실천하는 사람이야말로 군자불기라 할 수 있다.

[출전] 〈논어(論語)〉 위정편(爲政篇)

ㄱ

군자삼락 君子三樂

임금 **군** | 아들 **자** | 석 **삼** | 즐길 **락**

군자에게는 세 가지 즐거움이 있다는 말

[유래] 전국시대, 철인(哲人)으로서 공자의 사상을 계승 발전시킨 맹자는 군자에게는 세 가지 즐거움이 있다 했는데 첫째 즐거움은 양친이 다 살아 계시고 형제가 무고한 것이요, 둘째 즐거움은 우러러 하늘에 부끄러움이 없고 구부려 사람에게 부끄럽지 않은 것이요, 셋째 즐거움은 천하의 영재를 얻어서 교육하는 것이라 했다.

[예문] 군자삼락은 인간이 살아가는 데 누구나 절감하는 부분이다.

[유의어] 익자삼요(益者三樂)

[출전] 〈맹자(孟子)〉 진심편(盡心篇)

군자표변 君子豹變

임금 **군** | 아들 **자** | 표범 **표** | 변할 **변**

표범의 털가죽이 아름답게 변해가는 것처럼 군자가 자기 잘못을 고쳐 선(善)해진다는 뜻

[유래] 주역의 64괘(卦)의 하나에 혁괘(革卦)가 있는데 그 효사에, '대인호변(大人虎變) 군자표변(君子豹變) 소인혁면(小人革面)'이라는 말이 있다. 이는 소인 위에 군자가 있고 군자 위에 대인이 있다고 본 것이다. 군자가 잘못을 고쳐

세상을 새롭게 바꾸는 것이 가을에 새로 난 표범의 털처럼 아름답다는 뜻으로, 이는 지도적 위치에 있는 사람은 변해야 할 때 과감히 변해서 새로운 요구에 부응해야 한다는 의미다.

[예문] 정치 리더의 때늦은 군자표변은 불신만 낳는다.

[유의어] 대인호변(大人虎變), 소인혁면(小人革面)

[출전] 〈주역(周易)〉

굴묘편시 掘墓鞭屍

굴 **굴** | 무덤 **묘** | 채찍 **편** | 주검 **시**

묘를 파헤쳐 시체에 매질을 한다는 뜻으로, 통쾌한 복수나 지나친 행동을 일컫는 말

[유래] 춘추시대 오자서(伍子胥)는 초(楚)나라 평왕(平王)의 태자 건(建)의 태부(太傅)요 충신이었던 오사(伍奢)의 아들이었다. 건의 소부(少傅)였던 비무기(費無忌)가 오사를 시기하여 평왕에게 참소하자, 평왕은 오사와 큰아들 오상(伍尙)을 죽이고 자서까지 죽이려 하였으나, 그는 재빨리 오나라로 망명하였다. 그 후 그는 뜻을 이루어 초나라로 쳐들어가 이미 죽은 평왕의 무덤을 파헤치고 시체에 철장(鐵杖) 300을 치는 등 분을 풀었다는 데에서 유래했다.

[예문] 철전지 원수라 해도 굴묘편시 같은 복수는 도의적으로 지나친 감이 있다.

[출전] 오자서(伍子胥)의 고사

권선징악 勸善懲惡

권할 **권** | 착할 **선** | 징계할 **징** | 악할 **악**

착한 일을 권장하고 악한 일을 징계함

[유래] '춘추시대의 말은 알기 어려운 것 같으면서도 알기 쉽고, 쉬운 것 같으면서도 뜻이 깊고, 완곡하면서도 정돈되어 있고, 노골적인 표현을 쓰지만 품위가 없지 않으며, 악행을 징계하고 선행은 권한다. 성인이 아니고서야 누가 이렇게 지을 수 있겠는가'라는 구절에서 비롯되었다.

[예문] 고대 소설의 주제는 권선징악이 대부분이다.

[유의어] 파사현정(破邪顯正)

[출전] 〈춘추좌씨전(春秋左氏傳)〉

권토중래 捲土重來

말 **권** | 흙 **토** | 거듭할 **중** | 올 **래**

흙먼지를 일으키며 다시 쳐들어온다는 뜻으로, 한 번 실패한 사람이 세력을 회복해서 다시 공격해 온다는 말

[유래] 한나라 유방과의 격전에서 최후를 마친 초의 항우가 '자신의 본거지인 강동(江東)지역으로 후퇴해서 재기를 노

렸다가 다시 유방과 대결했더라면 어떻게 되었을까'하고 아쉬워한 것을 두목이 시로 표현한 데에서 유래한 말이다.

[예문] 그는 입사 시험에서 낙방한 뒤 권토중래의 마음으로 외국어 학원에 등록했다.

[유의어] 와신상담(臥薪嘗膽)

[출전] 두목(杜牧)의 시 '제오강정(題烏江亭)'

귀마방우 歸馬放牛

돌려보낼 **귀** | 말 **마** | 놓을 **방** | 소 **우**

전쟁에 이용한 말과 소를 숲이나 들로 돌려보내어 다시 쟁기나 수레를 끌게 한다는 뜻으로, 전쟁이 끝나고 평화가 왔음을 의미함

[유래] 〈상서〉 무성편(武成篇)에 주(周)나라 무왕(武王)이 상(商)나라의 주임금을 쳐부수고 나라를 잘 다스리게 된 과정을 '임금은 아침에 주(周)나라로부터 출발하여 상(商)나라를 치러 갔었다. 그 넷째 달 초사흗날 왕은 상나라로부터 와서 풍(豊)에 이르러 무력(武力)을 거두고 문교(文教)를 닦아, 말은 화산의 남쪽 기슭으로 돌려보내고 소는 도림의 들에 풀어놓아, 천하에 다시 쓰지 않을 것을 보이었다'고 기록하고 있다.

[예문] 남북이 통일되면 귀마방우하는 시절이 될 것이다.

[출전] 〈상서(尙書)〉 무성편(武成篇)

귀이천목 貴耳賤目

귀할 **귀** | 귀 **이** | 천할 **천** | 눈 **목**

글자 그대로 귀를 귀하게 여기고 눈을 천하게 여긴다는 뜻으로, 먼 곳에 있는 것을 괜찮게 여기고, 가까운 것을 나쁘게 여기는 보통 사람들의 풍조를 가리키는 말

[유래] '세상 사람들은 옛 것을 귀하게 여기고, 지금 것을 비천하게 여긴다. 또 먼 곳의 소문은 귀하게 여기고, 가까운 데에서 제 눈으로 본 것을 천한 것으로 여긴다'는 말에서 유래되었다.

[예문] 요즘 신세대들을 보면 오히려 귀이천목이 요구되고 있는 실정이다.

[유의어] 귀고천금(貴古賤今)

[출전] 〈환자신론(桓子新論)〉

귤중지락 橘中之樂

귤나무 **귤** | 가운데 **중** | 어조사 **지** | 즐거울 **락**

좁은 곳에서 즐거움을 가진다는 뜻으로, 바둑의 별칭이기도 한 말

[유래] 옛날 중국 어느 농가에서 기르던 수백 년 묵은 귤나무가 한 해 유난히 큰 열매를 맺었는데, 좋은 징조로 여겨 정성스레 가꾼 후 그 귤을 잘랐더니 속에서 신선이 바둑에 심취해 있더라는 고사에서 유래했다.

[예문] 가까운 기우들과의 귤중지락에 도취되어 시간 가는

줄 몰랐다.

[유의어] 귤중지선(橘中之仙)

[출전] 〈유괴록(幽怪錄)〉

귤화위지 橘化爲枳

귤나무 귤 | 될 화 | 할 위 | 탱자 지

귤이 변하여 탱자가 되었다는 뜻으로, 경우에 따라서 사람의 성질도 변함을 말함

[유래] 춘추시대 제나라의 명재상 안자의 명성에 모욕을 주기 위해 초나라 왕이 그를 초청해 주연을 베풀다 제나라 도둑을 데려왔다. 그리고 제나라 사람은 도둑질을 잘한다고 말했다. 그러자 안자는 "귤이 회남에서 나면 귤이 되지만, 회북에서 나면 탱자가 된다고 들었습니다. 잎은 서로 비슷하지만 그 과실의 맛은 다릅니다. 그 까닭은 물과 땅이 다르기 때문입니다. 제나라에서 나고 성장한 자는 도적질을 하지 않는데 초나라로 들어오면 도적질을 합니다."라는 말로 초왕의 조롱하였다.

[예문] 서구 문물의 유입은 전통적 사회에서 살던 사람들을 귤화위지로 바꾸어놓았다.

[유의어] 남귤북지(南橘北枳)

[출전] 〈안자춘추(晏子春秋)〉 내잡(內雜)

금란지교 金蘭之交

쇠 **금** | 난초 **란** | 어조사 **지** | 사귈 **교**

다정한 친구 사이의 정의(情義)나 교제(交際)

[유래] 공자가 "군자의 도는 혹은 나가 벼슬하고, 혹은 물러나 집에 있으며, 혹은 침묵을 지키지만, 혹은 크게 말한다. 두 사람이 마음을 하나로 하면 그 날카로움이 쇠를 끊고 마음을 하나로 하여 말하면 그 향기가 난초와 같다."라고 한 데에서 나온 말이다.

[예문] 그 친구와의 오랜 우정은 믿음을 바탕으로 한 금란지교에 있다.

[유의어] 금석지계(金石之契), 금석지교(金石之交), 단금지계(斷金之契)

[출전] 〈역경(易經)〉 계사전(繫辭傳)

금미지취 金迷紙醉

쇠 **금** | 미혹할 **미** | 종이 **지** | 취할 **취**

지극히 사치스런 생활

[유래] 당나라 말엽의 명의(名醫), 맹부(孟斧)의 고사에서 유래한 말이다. 맹부는 독창(毒瘡)치료에 뛰어나서 자주 황궁에 들어가 황제의 병을 진료하였다. 황제를 진료하는 시간과 횟수가 많아지자, 그는 황궁내부 구조에 대해서도 잘

알게 되었다. 훗날 맹부는 사천(四川)지방으로 옮긴 후 황궁을 모방하여 자신의 거처를 장식하였는데, 방 안의 기물들을 모두 금종이로 포장해 해가 비칠 때면, 방 안은 온통 금빛으로 눈을 뜰 수 없을 지경이었다. 어느 날, 한 친구가 그를 방문했다 돌아가면서 "이 방에서 잠시 쉬었는데, 그만 금종이에 정신이 미혹되고 취해 버렸다."고 말했다.

[예문] 금으로 된 화장실을 만들었다는 기사를 보고 금미지취가 떠올랐다.

[유의어] 지취금미(紙醉金迷)

[출전] 〈청이록(淸異錄)〉

금상첨화 錦上添花

비단 금 | 위 상 | 더할 첨 | 꽃 화

비단 위에 꽃을 더한다는 뜻으로, 좋은 일에 겹쳐 또 좋은 일이 일어난다는 의미

[유래] 당송(唐宋) 8대 문장가의 한 사람인 왕안석(王安石)의 칠언율시(七言律詩)에 나오는 구절로 '좋은 모임에 잔 속의 술을 비우려 하는데 아름다운 노래는 비단 위에 꽃을 더한다(嘉招欲覆盃中 麗唱仍添錦上花)'에서 비롯하였다.

[예문] 논술에서 논리적인 전개와 더불어 독창성이 보이면 금상첨화라 할 수 있다.

[반의어] 설상가상(雪上加霜)

[출전] 왕안석(王安石)의 시 '즉사(卽事)'

금성탕지 金城湯池

쇠 금 | 성 성 | 끓을 탕 | 연못 지

쇠로 만든 성과 그 성을 둘러싸고 있는 끓는 연못이라는 뜻으로, 방어시설이 아주 튼튼한 성을 말함

[유래] 진시황제 사후 혼란기를 틈 타 옛 조(趙)나라 땅에서 무신군(武信君)이라는 사람이 반란을 일으켜 주변의 성(城)들을 차례로 평정하려고 했다. 이때 무신군의 모사 괴통이 '무력으로 범양을 굴복시켜 모질게 하면 변방에 있는 성들 모두 범양처럼 될 것을 두려워하여 끓어오르는 못에 둘러싸인 무쇠 성(金城湯池)처럼 방어하게 될 것'이라고 충고했다. 결국 무신군을 괴통의 충고를 받아들여 사신을 보내 화친을 맺음으로써 범양은 물론 인근 30여 성의 항복을 받아냈다.

[예문] 5.18 광주민주투쟁은 금성탕지 같았던 군부독재를 뒤엎은 이름 없는 민초들의 위업이다.

[유의어] 금성철벽(金城鐵壁), 난공불락(難攻不落), 철옹성(鐵甕城), 탕지철성(湯池鐵城)

[출전] 〈한비자(韓非子)〉, 〈관자(管子)〉, 〈사기(史記)〉, 〈한서(漢書)〉 괴통전(蒯通傳)

ㄱ

금슬상화 琴瑟相和

거문고 **금** | 비파 **슬** | 서로 **상** | 화할 **화**

거문고와 비파가 서로 조화를 이룬다는 뜻으로, 부부의 사이가 원만하게 조화를 이룬다는 것을 비유한 말

[유래] 아내와 자식이 화합하는 것이, 거문고와 비파를 연주하는 것과 같고, 형제가 모두 화합하여 화락하고 즐겁다는 말에서 유래되었다.

[예문] 요즘처럼 이혼율이 높아지는 때는 금슬상화하는 부부들의 모습이 새롭다.

[유의어] 여고금슬(如鼓琴瑟), 원앙지계(鴛鴦之契), 금슬지락(琴瑟之樂)

[출전] 〈시경(詩經)〉 소아(小雅) 상체편(常棣篇) · 국풍(國風) 관저편(關雎篇)

금의야행 錦衣夜行

비단 **금** | 옷 **의** | 밤 **야** | 다닐 **행**

비단옷을 입고 밤길을 간다는 뜻으로, 아무 보람 없는 행동이나 아무리 잘해도 남이 알아주지 못한다는 말

[유래] 항우(項羽)가 진(秦)나라를 쳐부수고 유명한 아방궁(阿房宮)을 비롯하여 모든 궁전을 모조리 불 지른 다음 고향으로 돌아가려 하자, 부하 한 사람이 "이곳 진나라 땅은 사방이 험한 산으로 막히고, 땅이 기름지니 여기에 도읍을 정하면 천하를 잡을 수가 있습니다."라고 권하였으나 항우는

불탄 그곳이 싫었고, 또 고향에 돌아가 뽐내고 싶은 마음에서 "부귀를 하고 고향에 돌아가지 않는다면 마치 비단옷을 입고 밤길을 가는 것과 같으니 누가 알아 줄 사람이 있겠는가."라고 말했다.

[예문] 타향에서 부귀영화를 누린다 해도 고향에 돌아가지 못하면 금의야행에 다를 바 없다.

[유의어] 수의야행(繡衣夜行), 의금야행(衣錦夜行)

[출전] 〈사기(史記)〉 항우본기(項羽本紀)

금의환향 錦衣還鄕

비단 **금** | 옷 **의** | 돌아올 **환** | 고향 **향**

출세하여 고향으로 돌아옴

[유래] 초(楚)와 한(漢)의 전쟁이 한창일 때 유방(劉邦)이 먼저 진(秦)나라의 도읍인 함양(咸陽)을 차지하자, 화가 난 항우(項羽)가 대군을 몰고 홍문(鴻門)까지 진격하였다. 이때 유방은 장량(張良)과 범증(范增)의 건의로 순순히 항우에게 함양을 양보하였다. 함양에 입성한 항우는 한생의 간언에도 불구하고 그곳이 마음에 들지 않아 고향인 팽성(彭城)에 도읍을 정하려 하였다. 한생을 죽이고 팽성으로 천도한 항우는 함양을 차지한 유방에게 해하(垓下)에서 크게 패함으로써 천하를 넘겨주고 만다. '금의환향'으로 자신의 공덕을

고향 사람들에게 널리 알리기는 하였지만 천하를 잃고 말았다.

[예문] 세계청소년선수권대회에서 정상에 오른 야구 청소년 대표 팀이 오늘 새벽 금의환향했습니다.

[출전] 〈사기(史記)〉 항우본기(項羽本紀)

기린아 麒麟兒

기린 기 | 기린 린 | 아이 아

슬기와 재주가 남달리 뛰어난 젊은이

[유래] 기(騏)는 수컷, 인(麟)은 암컷으로, '인'에 대한 기록은 〈시경〉과 〈춘추〉에도 있어 춘추전국시대 이전부터 쓰였음을 알 수 있다. 전한(前漢) 말 경방(京房)의 저서 〈경씨역전〉에는 '인'은 몸이 사슴 같고 꼬리는 소와 같으며, 발굽과 갈기는 말과 같고, 빛깔은 5색이라고 기록되어 있다. 그 공상적 요소가 한대 이후에 더욱 추가되어, 봉황과 마찬가지로 기린이 출현하면 세상에 성왕(聖王)이 나올 길조로 여겼다. 또 '인'은 이마에 뿔이 하나 돋아 있는데, 그 끝에 살이 붙어 있어 다른 짐승을 해치지 않는다고 해서 어진 짐승의 상징으로 여겼다.

[예문] 1903년은 1920~30년대 한국문단을 주름잡던 기린아들이 많이 태어난 해이다.

[출전] 〈경씨역전(京氏易傳)〉

기복염거 驥服鹽車

천리마 **기** | 복종할 **복** | 소금 **염** | 수레 **거**

하루에 천리를 달리는 준마가 헛되이 소금 수레를 끈다는 뜻으로, 유능한 사람이 천한 일에 종사함을 의미

[유래] 주나라 때 사람 백락은 말을 감정하는 명인으로 백락일고(伯樂一顧)라는 말이 생겨나게 한 사람이다. 어느 날 그는 명마 한 마리가 소금을 잔뜩 실은 수레를 힘겹게 끌고 오르는 것을 보게 되었다. 비록 늙기는 했지만 분명 천리마였다. 그런데 그 말이 그를 보자 슬픈 울음을 울기 시작했다. 백락도 같이 울면서 자기의 비단옷을 벗어 말에게 덮어 주었다고 한다.

[예문] 요즘에는 40대에 기복염거의 신세를 당하는 경우가 많다.

[유의어] 대기소용(大器小用)

[출전] 〈전국책(戰國策)〉

기사회생 起死回生

일어날 **기** | 죽을 **사** | 되돌릴 **회** | 날 **생**

중병으로 죽을 뻔하다가 다시 살아남, 또는 위기에 처한 것을 구함

[유래] 춘추시대 노나라 사람 공손작이 "나는 죽은 사람을 살릴 수 있다."고 해서 사람들이 방법을 물어보니, "나는 반신불수를 고칠 수 있다. 반신불수를 고치는 약을 배로 늘리면 그것으로 죽은 사람을 살릴 것이다."라고 한 데에서 유래되었다.

[예문] 약장수는 기사회생의 영약이라고 허풍을 떨었다.

[유의어] 구인일명(救人一命)

[출전] 〈여씨춘추(呂氏春秋)〉 별류편(別類篇)

기인지우 杞人之優

나라이름 **기** | 사람 **인** | 어조사 **지** | 근심 **우**

기(杞)나라 사람의 군걱정이란 뜻으로, 쓸데없는 군걱정을 비유하여 이르는 말

[유래] 〈열자〉에 나오는 말로 '기나라에 한 사람이 있었는데, 그는 하늘이 무너지고 땅이 꺼지면 몸 둘 곳이 없음을 걱정한 나머지 침식을 전폐하였다'라는 구절에서 유래한다.

[예문] 도처에 불안한 기운이 끊이지 않고 있어 그저 기인지우로 넘길 일이 아니다.

[유의어] 기인우천(杞人優天), 오우천월(吳牛喘月)

[출전] 〈열자(列子)〉 천서편(天瑞篇)

기호난하 騎虎難下

말 탈 **기** | 범 **호** | 어려울 **난** | 아래 **하**

이미 시작된 일을 중도에서 그만둘 수 없음을 비유한 말

[유래] 수나라 문제(文帝) 양견(楊堅)의 아내인 독고황후(獨孤皇后)가 남편을 격려하여 왕위를 차지하게 하는 말 가운데 "큰일은 이미 기호지세가 되고 말았으니 도중에 내릴 수는 없소. 최선을 다하시오."라고 한 데에서 유래했다.

[예문] 비자금에 대한 검찰 수사가 기호난하의 형국에 접어들었다.

[유의어] 기호지세(騎虎之勢)

[출전] 〈수서(隋書)〉 독고황후전(獨孤皇后傳)

기화가거 奇貨可居

기이할 **기** | 재물 **화** | 옳을 **가** | 살 **거**

진귀한 물건을 사 두었다가 훗날 큰 이익을 얻게 한다는 뜻으로, 좋은 기회를 기다려 큰 이익을 얻는다는 것과 기회를 놓치지 않고 잡는다는 말

[유래] 여불위는 한(韓)나라의 큰 장사꾼으로 각국을 돌아

ㄱ

다니며 많은 재산을 모았다. 그는 조나라에 인질로 가 있던 진소왕(秦昭王)의 태자 안국군(安國君) 아들 자초의 정체를 알고 "진기한 보물이다. 차지할 만하다."라고 말하며 그를 도와주고 뒷날을 약속했다. 그는 훗날 장양왕(莊襄王)이 된 자초에 의하여 승상이 되었고 많은 권세를 누렸다는 데에서 유래한 말이다.

[예문] 공부도 다지고 보면 훗날을 위한 기화가거나 다름없다.

[유의어] 물실호기(勿失好機)

[출전] 〈사기(史記)〉 여불위열전(呂不韋列傳)

ㄴ

나작굴서 羅雀掘鼠

벌릴 **나** | 참새 **작** | 팔 **굴** | 쥐 **서**

그물로 참새를 잡고 땅을 파서 쥐를 잡는다는 뜻으로, 최악의 상태에 이르러 어찌할 방법이 없음을 비유적으로 나타낸 말

[유래] 당(唐)나라 현종 말년, '안녹산의 난'이 일어났을 때 장순이라는 장수가 수양을 지키고 있었다. 그의 군사는 겨우 3천여 명으로 10만 명이 넘는 반란군을 대적하기에는 역부족이었다. 하지만 반란군의 포위와 항복 요구에도 굴하지 않고, 나무껍질을 벗겨 씹어 먹기도 하고, 그물을 쳐서 참새를 잡아먹기도 했으며, 또 땅을 파서 쥐를 잡아먹는 것으로 연명했다는 데에서 유래한 말이다.

[예문] 나작굴서로 버텼으나 구원병이 오지 않아 결국 적에게 투항하고 말았다.

[출전] 〈당서(唐書)〉 장순전(張巡傳)

ㄴ

낙불사촉 樂不思蜀

즐길 **락** | 아니 **불** | 생각할 **사** | 촉나라 **촉**

즐거운 나머지 촉나라를 생각하지 않는다는 뜻으로 향락에 취해 근본을 잃어 버린 것을 비유하여 이르는 말

[유래] 제갈량의 병사 후 촉나라는 결국 위나라에 패했고, 유선은 황제 자리에서 안락공(安樂公)으로 전락하고 말았다. 하루는 위나라의 실권자인 사마소가 유선 일행을 위해 술자리를 마련해 위로했는데, 이때 사마소가 유선에게 촉이 그립지 않느냐고 물었다. 유선은 "이렇게 즐겁게 해주시니 조금도 촉의 생각이 나지 않습니다."라고 대답한 데에서 유래한 말이다.

[예문] 정치적인 이유로 망명한 사람들은 낙불사촉의 심정일 것이다.

[출전] 〈삼국지(三國志)〉

낙양지귀 洛陽紙貴

물 이름 **락** | 볕 **양** | 종이 **지** | 귀할 **귀**

낙양의 종이 값을 올린다는 뜻으로, 곧 저서가 호평을 받아 베스트셀러가 됨을 이르는 말

[유래] 진나라 시대, 임치(臨淄) 출신의 시인인 좌사(左思)는 추남에다 말까지 더듬었지만 일단 붓을 잡으면 장려한 시를 썼다. 그런 그가 삼국시대 촉한(蜀漢)의 도읍 성도(成都), 오(吳)의 도읍 건업(建業), 위(魏)의 도읍 업(鄴)의 풍

물을 읊은 '삼도부(三都賦)'를 10년 만에 완성했지만 알아주는 사람이 없었다. 그러던 어느 날, 장화(張華)라는 유명한 시인이 '삼도부'를 읽어보고 격찬했다. 그러자 '삼도부'는 당장 낙양의 화제작이 되었고, 많은 이들이 그것을 다투어 베껴 썼다. 그 바람에 '낙양의 종이 값이 올랐다'고 한다.

[예문] 작가라면 누구나 낙양지귀를 꿈꾼다.

[유의어] 낙양지가(洛陽紙價), 낙양지가고(洛陽紙價高)

[출전] 〈진서(晉書)〉 문원전(文苑傳)

ㄴ

낙정하석 落穽下石

떨어질 **락** | 함정 **정** | 떨어뜨릴 **하** | 돌 **석**

우물 아래에 돌을 떨어뜨린다는 뜻으로, 다른 사람이 재앙을 당하면 도와주기는커녕 오히려 더 큰 재앙이 닥치도록 하는 것을 말한다.

[유래] 당송 팔대가의 한 사람인 한유가 간신들의 모함에 빠져 죽은 친구 유종원을 애도하며 지은 묘지명에 '아! 선비는 자신이 어려움에 처했을 때 비로소 그 지조를 알게 된다. …(중략)… 당신이 만일 다른 사람에 의해 함정에 빠지게 되었다면, 당신을 구해주지 않을 뿐만 아니라 오히려 돌을 들어 당신에게 던지는 그런 사람이 매우 많다.'라고 한 데에서 유래된 말이다.

[예문] 수해 지역에서 떠내려 온 물건을 가져가는 행위는 낙정하석과 다름없는 행동이다.

[유의어] 하정투석(下穽投石)

[출전] 한유(韓愈)의 명편(名篇)

낙화유수 落花流水

떨어질 **락** | 꽃 **화** | 흐를 **유** | 물 **수**

흐르는 물에 떨어지는 꽃이라는 뜻으로, 가는 봄의 경치를 나타내거나 힘과 세력이 약해져 보잘것없이 쇠퇴해간다는 것을 비유하는 말

[유래] 중국 당(唐)나라의 시인 고변이 지은 시(詩) '방은자불우(訪隱者不遇)'에 나오는 구절로 '떨어지는 꽃이 강물 위로 흐르는 데에서 넓은 세상을 알고, 술에 반쯤 취하여 한가하게 읊으며 혼자서 왔다'에서 유래했다.

[예문] 세월이 빠르니 낙화유수라.

[출전] 고변(高邊)의 시 '방은자불우(訪隱者不遇)'

난신적자 亂臣賊子

어지럽힐 **란** | 신하 **신** | 해칠 **적** | 아들 **자**

임금을 죽이는 신하와 어버이를 죽이는 아들, 또는 나라를 어지럽히는 무리나 역적 등 세상에 도움이 안 되는 이들을 이름

[유래] 맹자의 제자 공도자가 '사람들이 맹자가 노쟁을 좋아한다고 하는데 그 이유가 무엇이냐'고 묻자 맹자는 선대(先代)의 우(禹)임금과 주공(周公), 공자(孔子) 등 세 성인(聖人)

을 계승하는 것이 자신의 뜻임을 밝히고 "옛날에 우임금이 홍수를 막으니 천하가 태평해졌고, 주공이 오랑캐를 아우르고 맹수를 몰아내니 백성들이 편안해졌고, 공자께서 〈춘추〉를 완성하니 나라를 어지럽히는 신하와 어버이를 해치는 자식들이 두려워하게 되었다."라고 말했다.

[예문] 정약용은 정조가 비명에 죽고 반대파가 권력을 잡자 난신적자로 몰려 18년 동안 귀양살이를 한다.

[출전] 〈맹자(孟子)〉 등문공편(藤文公篇)

ㄴ

난의포식 暖衣飽食

따뜻할 **난** | 옷 **의** | 배부를 **포** | 먹을 **식**

따뜻한 옷에 음식을 배불리 먹는다는 뜻으로, 안락하고 부족함이 없는 생활을 말한다.

[유래] 맹자(孟子)가 '사람에게 도(道)가 있으니 배불리 먹고, 따뜻하게 입고, 편안하게 살지라도 가르침이 없으면 금수에 가까워지게 된다'고 한 데에서 유래되었다.

[예문] 생활이 어려웠던 60년대만 해도 난의포식하는 사람들이 부러움의 대상이었다.

[유의어] 금의옥식(錦衣玉食), 포식난의(飽食暖衣), 호의호식(好衣好食)

[출전] 〈맹자(孟子)〉 등문공편(藤文公篇)

ㄴ

난형난제 難兄難弟

어려울 **난** | 맏 **형** | 어려울 **난** | 아우 **제**

누구를 형이라 하고 아우라고 해야 할지 분간하기 어렵다는 뜻으로, 두 사물이 서로 엇비슷하여 분간하기 어렵다는 말

[유래] 중국 한(漢)나라 진원방(陳元方)의 아들 장문(長文)과 그의 사촌, 즉 원방의 동생 계방(季方)의 아들 효선(孝先)이, 서로 자기 아버지의 공덕이 더 훌륭하다고 주장하다가 결말이 나지 않자 할아버지인 진식(陳寔)에게 판정을 내려주실 것을 호소하였다. 그러자 진식은 "원방도 형 되기가 어렵고 계방도 동생 되기가 어렵다."고 대답했다.

[예문] 결승전에서 만난 두 선수는 난형난제라 결과를 점치기 어렵다.

[유의어] 막상막하(莫上莫下), 백중지간(伯仲之間), 백중지세(伯仲之勢), 쌍벽(雙璧), 춘란추국(春蘭秋菊),

[출전] 〈세설신어(世說新語)〉

남가일몽 南柯一夢

남녘 **남** | 가지 **가** | 한 **일** | 꿈 **몽**

남쪽 나뭇가지의 꿈이란 뜻으로, 꿈과 같이 헛된 한 때의 부귀영화, 또는 인생의 덧없음의 비유

[유래] 중국 당나라의 순우분(淳于芬)이 술에 취하여 홰나무의 남쪽으로 뻗은 가지 밑에서 잠이 들었다가 괴안국(槐安

國)으로부터 영접을 받아 20년 동안 영화를 누리는 꿈을 꾸었다는 데에서 유래한다.

[예문] 인생은 남가일몽인 것을 왜 그리 욕심을 부리며 살까?

[유의어] 남가지몽(南柯之夢), 무산지몽(巫山之夢), 일장춘몽(一場春夢), 한단지몽(邯鄲之夢)

[출전] 이공좌(李公佐)의 〈남가기(南柯記)〉 이문집(異聞集)

남곽람우 南郭濫竽

남녘 **남** | 성둘레 **곽** | 넘칠 **람** | 사발 **우**

남곽이 함부로 우(피리의 일종)를 분다는 뜻으로, 능력이 없는 사람이 능력이 있는 것처럼 속여 외람되이 높은 자리를 차지하는 것을 비유한 말

[유래] 제나라의 선왕은 언제나 악사 3백 명이 우를 불도록 했는데, 하루는 남곽이라는 처사도 왕을 위해 우를 불기를 원했다. 선왕은 그것을 기뻐하여 모두에게 후한 쌀을 주었다. 선왕이 죽고 민왕이 즉위했다. 그는 한 사람 한 사람 연주하는 것을 듣기 좋아했다. 그러자 처사는 달아났다. 일설에 한의 소후가 "우를 부는 자가 많으므로 나는 그들 가운데 뛰어난 자를 알지 못하겠다."고 하자 전엄이 "한 사람 한 사람씩 불도록 하여 들어보시면 금방 알 수 있습니다."라고 대답했다는 데에서 유래했다고도 한다.

[예문] 낙하산인사는 전형적인 남곽람우다.

[출전] 〈한비자(韓非子)〉 내저설(內儲說)

남부여대 男負女戴

사내 **남** | 질 **부** | 계집 **여** | 일 **대**

남자는 등에, 여자는 머리에 짐을 인다는 뜻으로, 가난한 사람이나 재난을 당한 사람들이 살 곳을 찾아 이리저리 떠돌아다님을 비유한 말

[예문] 남부여대의 피난민 행렬은 흩어진 가족을 부르는 소리로 뒤범벅이 되어 아비규환이었다. – 이희승, 〈딸깍발이 선비의 일생〉

[유의어] 조진모초(朝秦暮楚), 풍찬노숙(風餐露宿)

남선북마 南船北馬

남녘 **남** | 배 **선** | 북녘 **북** | 말 **마**

고대 중국의 교통체계를 단적으로 나타낸 말, 또는 분주히 돌아다님을 비유하여 이르는 말

[유래] 화남(華南)지방은 양쯔강 · 주장강을 비롯하여 수량(水量)이 풍부한 하천이 매우 많기 때문에, 선박에 의한 사람의 왕래와 물품의 운송이 활발하였다. 이에 비해 화북(華北)지방은 산과 사막이 많은 데다가 강수량도 적어서 건계(乾季)에는 하천의 수량이 부족하여 선박의 항행이 불가능하였기 때문에, 육로를 이용한 거마(車馬)의 교통이 성황을 이루었다.

[예문] 이순신 사공 삼고, 을지문덕 마부 삼아 파사검(破邪劍) 높이 들고, 남선북마하여볼까……. -한용운 '무명시'

[유의어] 남행북주(南行北走), 동분서주(東奔西走), 동행서주(東行西走)

[출전] 〈회남자(淮南子)〉

남원북철 南轅北轍

남녘 남 | 수레바퀴 원 | 북녘 북 | 수레바퀴 철

수레의 긴 채는 남쪽으로 가고 바퀴는 북쪽으로 간다는 뜻으로, 행동이 마음과 일치하지 않는 것을 비유하여 이르는 말

[유래] 전국시대 위왕이 조의 수도 한단을 공격하려는 계획을 세웠다. 신하 계량이 이 소식을 듣고 왕에게 "저는 길에서 어떤 사람을 만났는데, 그는 북쪽을 향해 마차를 타고 가면서 남방의 초나라를 향해 가고 있는 것이라고 했습니다. '초나라로 간다면서 북쪽으로 가는 까닭이 무엇입니까?'라고 묻자, 그는 '말이 잘 달린다', '돈이 많다', '마부의 기술이 좋다'는 등 엉뚱한 대답을 하며 점점 초와 멀어지는 것이 아닙니까? 왕께서는 항상 패왕(霸王)이 되어 천하가 복속하도록 하겠다는 말씀을 하셨습니다. 그렇지만 지금 왕께서는 나라가 조금 큰 것만을 믿고 한단을 공격하려고 하는데, 이렇게 하면 왕의 영토와 명성은 떨칠 수 있을지라도 왕의 목표로부터 멀어지고 있습니다. 이것은 제가 만난 사람처럼 마음은 초나라로 간다고 하면서 몸은 마차를 북쪽

ㄴ

으로 몰고 가는 것과 같은 것입니다."라며 충언했다.

[예문] 남원북철로 경기를 하면 패배는 자명하다.

[유의어] 북원적초(北轅適楚)

[출전] 〈신악부(新樂府)〉 입부기시편(立部伎詩篇)

남전생옥 藍田生玉

쪽 람 | 밭 전 | 날 생 | 구슬 옥

남전은 예로부터 아름다운 옥이 산출되는 곳으로 유명했는데 명문에서 훌륭한 인물이 나온다는 것을 비유하여 이르는 말

[유래] 오나라 손권은 제갈량의 조카인 제갈각이 기이(奇異)한 인물임을 알고는 제갈근에게 말하기를, "남전에서 옥이 난다고 하더니, 정말 헛된 말이 아니군요."라고 한 데에서 유래되었다.

[예문] 명문학교의 자랑은 남전생옥이란 말처럼 많은 인물을 배출하는 것이다.

[출전] 〈삼국지(三國志)〉 오서(吳書) 제갈각전(諸葛恪傳)

남풍불경 南風不競

남녘 **남** | 바람 **풍** | 아니 **불** | 다툴 **경**

남방 지역의 풍악은 미약하고 생기가 없다는 뜻으로, 힘 또는 세력을 떨치지 못함을 비유하여 이르는 말

[유래] 춘추시대 노(魯)나라 18년, 당시의 제후들은 진(晋)나라를 중심으로 연합하여 제(齊)나라를 공격했다. 그 틈에 정(鄭)나라의 자공(子孔)은 초(楚)나라의 군대를 끌어들여 권력을 장악하고자 시도했는데, 초의 재상 자경은 이 일에 찬성하지 않았지만 왕은 파견을 원했다. 결국 큰 비와 추위를 만나 많은 동사자(凍死者)를 내어 전멸 상태에 이르렀다. 진의 악관(樂官) 사광은 초의 전력을 예상하고 '큰 해는 없을 것이다. 남방의 음조는 미약해서 조금도 생기가 없으므로 초군은 반드시 실패하고 말 것'이라고 예견했던 데에서 유래한 말이다.

[예문] 저 팀은 남풍불경으로 우리 팀보다 전력이 약하다.

[출전] 〈춘추좌씨전(春秋左氏傳)〉 양공18년조(襄公十八年條)

낭자야심 狼子野心

이리 **랑** | 아들 **자** | 들 **야** | 마음 **심**

늑대 새끼는 작아도 흉포한 성질이 있어 길들이기가 어렵다는 뜻으로, 흉포한 사람의 마음은 교화하기 힘들다는 말

[유래] 춘추시대 초나라의 투자문은 약오씨의 후예로 초의 재상이 된 사람인데, 됨됨이가 좋고, 공명정대했다. 그는

아우 자량의 집에 방문해 자량의 아들 월초를 본 후 자량에게 "저 애를 어서 죽여라. 자라서 틀림없이 우리 약오씨에 화를 가져 올 것이다. 낭자야심이로다."라고 했지만 자량은 아들을 죽이지 못했다. 투자문은 죽는 순간까지 월초를 경계하라고 유언했지만 결국 그의 예언대로 월초는 모반을 꾀하려다 발각되어 멸문지화를 당했다.

[예문] 낭자야심이 있는 사람의 변화는 기대하기 힘들다.

[출전] 〈춘추좌씨전(春秋左氏傳)〉

낭중지추 囊中之錐

주머니 **낭** | 가운데 **중** | 어조사 **지** | 송곳 **추**

주머니 속의 송곳이란 뜻으로, 유능한 사람은 숨어 있어도 남의 눈에 드러난다는 말

[유래] 〈사기〉의 평원군전(平原君傳)에 '평원군이 말하기를 모름지기 현사(賢士)가 세상에 처함에는 송곳이 주머니 속에 있는 것과 같아 곧 그 인격이 알려지게 된다'는 구절에서 유래되었다.

[예문] 우리 업계에서 낭중지추를 키워내자!

[유의어] 군계일학(群鷄一鶴), 추처낭중(錐處囊中)

[출전] 〈사기(史記)〉 평원군열전(平原君列傳)

내우외환 內憂外患

안 내 | 근심 우 | 바깥 외 | 근심 환

나라 안팎의 여러 가지 어려운 일들

[유래] 춘추시대 중엽에 막강한 세력의 초와 진 두 나라가 대립한 시대가 있었다. 진이 송과 동맹을 맺어 평화가 실현되었으나 초의 침략으로 결국 몇 년 못 가서 깨지고 말았다. 이에 진의 내부에서는 극씨(郤氏), 낙서(欒書), 범문자(范文子) 등의 대부(大夫)들이 초와 싸우는 문제로 논의과정에서 범문자가 "오직 성인만이 안으로부터의 근심도, 밖으로부터의 재난도 능히 견디지만, 성인이 아닌 우리들에게는 밖으로부터의 재난이 없으면 반드시 안으로부터 일어나는 근심이 있다. 초나라와 정나라는 놓아두고 밖으로부터의 근심을 내버려두지 않겠는가."라고 지적한 데에서 유래한다.

[예문] 우리나라는 북핵 사태와 경제난이라는 내우외환에 시달리고 있다.

[유의어] 다사다난(多事多難), 무리난제(無理難題)

[출전] 〈국어(國語)〉 진어편(晉語篇), 십팔사략(十八史略)

ㄴ

내조지공 內助之功

안 내 | 도울 조 | 어조사 지 | 공 공

아내가 가정에서 남편이 바깥일을 잘할 수 있도록 도와주는 것, 즉 현명한 아내의 내조를 이름

[유래] 위(魏)나라 문제(文帝) 조비(曹丕)의 비, 곽씨는 군(郡)의 장관인 곽영(郭永)의 딸로, 어려서부터 남달리 똑똑하였는데 곽영이 "내 딸은 여자 중의 왕이다."라 말할 정도였다. 그런데 조비가 견후를 폐하고 곽씨를 황후로 삼으려고 하자 중랑인 잔잠이 상소를 올려 "옛날의 제왕이 세상을 잘 다스린 것은 재상과 같이 정사를 공식적으로 보좌한 사람이 있었을 뿐만 아니라 안에서 아내의 도움(內助之功)이 있었기 때문입니다. 그러나 곽씨를 황후로 세우는 것은 아랫사람이 윗사람을 누르는 것이어서 질서를 어지럽히게 되어 나라가 어려워지는 원인이 될 것입니다."라고 충언했다.

[예문] 그 남자의 성공 뒤에는 아내의 내조지공이 있었다.

[유의어] 내조지현(內助之賢)

[출전] 〈삼국지(三國志)〉

노당익장 老當益壯

늙을 **노** | 마땅할 **당** | 더할 **익** | 씩씩할 **장**

늙어서도 원기가 더욱 씩씩함

[유래] 후한(後漢) 광무제 때의 명장 마원(馬援)은 예의 바르고, 무예에도 정통했다. 그는 독우관이란 벼슬에 있을 때 명을 받들어 많은 죄수들을 압송하게 되었는데 동정심이 일어 모두 풀어주고, 자신도 북방으로 달아났다. 그곳에서 그는 가축을 키워 생활이 윤택해지자 이웃에게 나눠주고 자신은 근검한 생활을 했고, 평소 친구에게 "대장부라는 자는 뜻을 품었으면 어려울수록 굳세어야 하며 늙을수록 건장해야 한다."고 했다는 데에서 유래되었다.

[예문] 노당익장이라는 말을 듣는 사람들을 보면 열정적인 데가 있다.

[유의어] 노익장(老益壯)

[출전] 〈후한서(後漢書)〉 마원전(馬援傳)

노마십가 駑馬十駕

둔할 **노** | 말 **마** | 열 **십** | 멍에 **가**

둔한 말이 열흘 동안 수레를 끌고 다닌다는 뜻으로, 재주 없는 사람이라도 열심히 노력하면 훌륭한 사람에 미칠 수 있음을 비유한 말

[유래] '무릇 천리마는 하루에 천리를 달린다고 하지만, 둔

한 말일지라도 열흘 동안 달려간다면 이를 따를 수 있다', '반걸음이라도 쉬지 않으면 절룩거리며 가는 자라도 천리를 갈 수 있고, 흙을 쌓는데도 멈추지 않고 쌓아나가면 언덕이나 산을 이룰 것이다'라는 구절에서 유래되었다.

[예문] 천재보다 노마십가의 정신을 발휘해 성공한 둔재가 훨씬 훌륭하다.

[출전] 〈순자(荀子)〉 수신편(修身篇)

노마지지 老馬之智

늙을 **로** | 말 **마** | 어조사 **지** | 지혜 **지**

늙은 말의 지혜란 뜻으로, 연륜이 깊으면 나름의 장점과 특기가 있다는 의미

[유래] 춘추시대 제(齊)나라 환공은 명재상 관중과 대부 습붕을 데리고 고죽국을 정벌하러 나섰는데 전쟁이 의외로 길어져 겨울에야 끝이 났다. 그래서 혹한 속에 지름길을 찾아 귀국하다가 길을 잃고 말았다. 그때 관중이 "이런 때 늙은 말의 지혜가 필요하다."며 늙은 말 한 마리를 풀어놓자 얼마 안 되어 큰길이 나타났다.

[예문] 노마지지의 교훈을 살려 젊은 인재보다 경험 많은 사람을 등용해야 한다.

[유의어] 노마식도(老馬識途), 노마지도(老馬知道)

[출전] 〈한비자(韓非子)〉 세림편(說林篇)

노생상담 老生常譚

늙을 **로** | 날 **생** | 항상 **상** | 이야기할 **담**

늙은 서생이 하는 이야기로, 새롭고 독특한 의견을 제시하지 않고 언제나 똑같은 상투적인 이야기를 할 때 사용함

[유래] 조조가 통치하는 위(魏)나라에 관로(管輅)라는 사람이 있는데 천문학에 남다른 관심과 지식을 보여 사람들의 운명을 점치는 데 뛰어난 능력을 발휘하였다. 어느 날 하안(何晏)이 관로에게 점을 치러 왔는데 그의 이야기를 듣던 등양(鄧陽)이 비웃으며 "그런 말은 아무나 할 수 있는 얘기요. 나는 노생(老生)의 말을 너무 많이 들어 신물이 났소."라고 한 데에서 유래된 말이다.

[예문] 정보화시대에 노생상담 같은 인식을 가지고 있다가는 흐름에 뒤처지기 쉽다.

[출전] 〈세설신어(世說新語)〉 규잠편(規箴篇), 〈위서(魏書)〉 관로전(管輅傳)

ㄴ

노심초사 勞心焦思

힘쓸 **노** | 마음 **심** | 태울 **초** | 생각 **사**

애를 쓰고 속을 태움

[유래] 노심(勞心)은 '마음을 수고롭게 하는 자도 있고, 힘을 수고롭게 하는 자가 있는데, 마음을 수고롭게 하는 자는 남을 다스리고, 힘을 수고롭게 하는 자는 남에게 다스림을 당한다'로, 초사(焦思)는 '생각을 치열하게 하다'로 풀이된다. 한편 〈사기〉 월왕구천세가에서는 '오나라가 이미 월나라의 구천을 풀어주자 월왕 구천이 나라로 돌아와서 이에 몸을 수고롭게 하고 속을 태우면서 앉아 있는 자리 옆에 쓸개를 놓아두고 앉거나 누우면 쓸개를 바라보았으며 먹거나 마실 때 또한 쓸개를 맛보았다'라고 쓰고 있다.

[예문] 보험 상품이 없어 자전거 운전자는 사고가 나지 않을까 노심초사 하고 있는 것으로 나타났다.

[유의어] 초심고려(焦心苦慮)

[출전] 〈맹자(孟子)〉 등문공편(藤文公篇), 〈사기(史記)〉 월왕구천세가(越王句踐世家)

노어해시 魯魚亥豕

노둔할 **노** | 물고기 **어** | 돼지 **해** | 돼지 **시**

비슷한 글자를 잘못 쓰는 일을 이르는 말

[유래] 공자의 제자 자하가 위나라를 지나가다가 어떤 사람이 책을 읽으면서 '기해섭하(己亥涉河; 기해 날에 강을 건너다)'를 '삼시섭하(三豕涉河; 세 마리의 돼지가 강을 건너다)'라고 틀리게 읽는 것을 들었다. 이치에 맞지 않는 내용이어서 알아보았는데, 읽는 사람이 '己亥'와 '三豕'의 글자 형태가 닮아서 혼동하여 잘못 읽은 것이었다.

[예문] 중요한 계약서이니 노어해시에 신경 써서 작성해주십시오.

[유의어] 노어오언(魯魚烏焉), 노어제호(魯魚帝虎), 노어지오(魯魚之誤), 노어지유(魯魚之謬), 오언성마(烏焉成馬)

[출전] 〈공자가어(孔子家語)〉 자해편(子解篇), 〈여씨춘추(呂氏春秋)〉 찰전편(察傳篇)

노이무공 勞而無功

일할 **노** | 말 이을 **이** | 없을 **무** | 공 **공**

애는 썼으나 애를 쓴 보람이 없다는 뜻으로, 수고만 하고 아무런 공이 없음을 뜻함

[유래] 공자(孔子)가 노(魯)나라에서 위(衛)나라로 떠나려 할 때 수제자 안연(顔淵)이 사금(師金)이란 벼슬을 하고 있

ㄴ

는 사람에게 공자의 여행길이 어떨지를 묻자, 사금은 공자가 욕을 보게 될 거라고 하고는 "물길을 가기 위해서는 배를 이용하는 것이 가장 적당하고, 육지를 가기 위해서는 수레를 쓰는 것이 가장 좋은 방법입니다. 물길을 가야 할 배를 육지에서 밀고 가려고 한다면 한평생이 걸려도 얼마 가지 못할 것입니다. 그런데 옛날과 이제의 차이는 물과 육지의 차이와 같고, 주(周)나라와 노나라의 차이는 배와 수레의 차이입니다. 그러니 이제 주나라의 옛날 도(道)를 오늘의 노나라에서 행하려고 하는 것은 마치 배를 육지에서 미는 것과 같아서 애는 쓰나 공은 없고, 그 몸에도 반드시 화가 미칠 것입니다."라고 했다.

[예문] 언론은 정부의 요란한 노이무공을 비판했다.

[유의어] 도로무공(徒勞無功)

[출전] 〈장자(莊子)〉

녹엽성음 綠葉成陰

푸를 녹 | 잎 엽 | 이룰 성 | 그늘 음

초록빛 잎이 그늘을 만든다는 뜻으로, 여자가 결혼하여 자녀가 많은 것을 비유적으로 나타낸 말

[유래] 두목은 성품이 강직하고도 신중했으며 사리에 밝았다. 어느 날 두목은 호주를 유람하다가 한 노파와 어린 계집아이를 만나게 되어 10년 후에 아내로 맞겠다는 약속을

한다. 그러나 14년 후 그녀의 행방을 수소문한 결과 이미 3년 전에 결혼해 있었고, 이에 그 안타까움으로 시를 지어 '녹엽성음'이라는 구절로 그녀가 아이들의 어머니가 되어 있는 모습을 표현했다.

[예문] 요즘 같은 저출산 시대에는 녹엽성음이 어울리지 않는다.

[출전] 두목(杜牧)의 칠언절구(七言絕句)

논공행상 論功行賞

의논할 **론** | 공 **공** | 행할 **행** | 상줄 **상**

공적이 많고 적음에 따라 알맞은 상을 내림

[유래] 오나라 손권은 위나라의 회남으로 출병하여 결전을 벌였으나 크게 패하자 고승(顧承)과 장휴(張休)의 두 부장(部將)이 패전 소식을 듣고 즉각 구원하러 가서 위 왕릉의 군사를 저지하였다. 전서(全緒)와 전서(全瑞)도 오나라 군사의 부장으로서 위 군사를 반격해 패주(敗走)시켰다. 전투가 끝난 후 오나라 수도 건업(建業)에서 '공적을 조사하여 상을 주었는데 각각 차이를 두었다'는 데에서 유래되었다.

[예문] 논공행상이 행해져 우리 포대가 최고의 상을 받았다.

[출전] 〈삼국지(三國志)〉 오서(吳書) 고담전(顧譚傳)

누란지위 累卵之危

묶을 **루** | 알 **란** | 어조사 **지** | 위태할 **위**

계란을 쌓아놓은 것처럼 불안정하고 위험한 상태

[유래] 〈사기〉의 범저열전(范雎列傳)에, 왕계가 진왕에게 범저를 천거하면서 '범저가 진왕국을 평하여 위여누란(危如累卵)이라, 알을 포개놓은 것보다 위태롭다고 했으며, 그를 기용하면 능히 국태민안(國泰民安)을 얻을 것이다'라고 말한 일화가 실려 있다.

[예문] 한국의 운명이 누란지위에 처하자 군 작전지휘권이 미군에게 주어졌다.

[유의어] 위여누란(危如累卵), 일촉즉발(一觸卽發), 풍전등화(風前燈火)

[출전] 〈사기(史記)〉 범저열전(范雎列傳)

눌언민행 訥言敏行

어눌할 **눌** | 말씀 **언** | 민첩할 **민** | 행할 **행**

말은 더디고 행동은 민첩하다는 뜻으로, 배우는 자의 자세를 말하기도 함

[유래] 공자의 '군자는 언어에는 둔하여도 실천하는 데는 민첩해야 한다'는 가르침에서 유래되었다. 공자는 자신의 수제자(首弟子)로 칭송하던 안회(顔回)를 '내가 안회와 종일토록 이야기를 하여도 어기지 않음이 못난이 같다'며 그의 실

천 정신을 높이 평가했다.

[예문] 유가에서는 배우는 사람의 자세로서 눌언민행해야만 스스로 가르침을 제대로 따를 수 있다고 한다.

[출전] 〈논어(論語)〉

ㄷ

다기망양 多岐亡羊

많을 **다** | 갈림길 **기** | 잃을 **망** | 양 **양**

갈림길에서 양을 잃었다는 뜻으로, 학문의 길이 많아 진리를 찾기 어렵다는 것을 이르는 말

[유래] 전국시대의 사상가로 극단적인 개인주의를 주장했던 양자의 이웃집에서 양을 잃어버려 많은 하인들이 양을 찾고 있었다. 이유를 묻자 양이 달아난 쪽이 갈림길이 많아서라는 것이었다. 그 후 우울해하는 그에게 제자들이 이유를 묻자, 그는 "단 한 마리의 양이라 할지라도, 갈림길에서 또 갈림길로 헤매어 들어가서 찾다가는 결국 잃어버리고 만다. 하물며 학문의 길은 어떻겠느냐? 목표를 잃고 무수한 학설들에 빠져 헤맨다면 아무리 노력한들 그 또한 무의미한 것 아니겠느냐."고 했다.

[예문] 다기망양한 현 시국에 어떻게 대처할지 관련업계의 눈이 집중되고 있다.

[유의어] 기로망양(岐路亡羊), 망양지탄(亡羊之歎)

[출전] 〈열자(列子)〉 설부편(說符篇)

다다익선 多多益善

많을 **다** | 많을 **다** | 더할 **익** | 착할 **선**

많으면 많을수록 좋다는 뜻

[유래] 한(漢)나라 고조가 어느 날, 한신과 여러 장군들의 능력에 대해서 이야기를 나누던 끝에 "과인과 같은 사람은 얼마나 많은 군대의 장수가 될 수 있겠는가?" 하고 묻자, 한신은 "폐하께서는 한 10만쯤 거느릴 수 있는 장수이십니다."라고 했다. 고조가 다시 "그대는 어떠한가?"라고 묻자 "신은 많으면 많을수록 더욱 좋습니다(多多益善)."라고 하면서 "저는 일반 병수들의 장수이지만 폐하께서는 장수들의 장수이시옵니다. 이것이 신이 폐하의 신하가 된 이유입니다."라고 이유를 설명했다.

[예문] 돈이란 다다익선이니, 많이 주면 줄수록 좋다.

[유의어] 다다익판(多多益辦)

[출전] 〈사기(史記)〉 회음후열전(淮陰侯列傳)

단사표음 簞食瓢飮

도시락 단 | 밥 사 | 표주박 표 | 마실 음

도시락밥과 표주박 속의 물이라는 뜻으로, 구차하고 보잘 것 없는 음식을 말함

ㄷ

[유래] 공자가 가장 아끼는 제자 안회를 보고 "어질도다, 안회여. 한 소쿠리의 밥과 한 표주박의 물로 누추한 곳에 거처하며 산다면 다른 사람은 그 근심을 견디어내지 못하거늘, 안회는 즐거움을 잃지 않는구나. 어질도다, 안회여."라고 칭찬한 말에서 유래되었다.

[예문] 집이 가난하여 단사표음하면서도 반드시 합격하겠다는 일념하에 열심히 공부하고 있다.

[유의어] 단표누항(簞瓢陋巷)

[출전] 〈논어(論語)〉 옹야편(雍也篇)

단장취의 斷章取義

끊을 단 | 글 장 | 취할 취 | 뜻 의

문장에서 필요한 부분만을 인용하거나 자기 본위로 해석하여 쓰는 것을 이르는 말

[유래] 제(齊)나라 경봉(慶封)의 모반으로 쫓겨난 왕, 장공(莊公)의 충신이었던 노포계(盧蒲癸)는 장공이 변을 당하자 다른 나라로 피신했다가 천신만고 끝에 돌아와 거짓으로 경씨 일가의 섬기며 거사를 도모했다. 이에 그의 아내 경강(慶姜)은 경봉의 아들 경사의 딸이었지만 남편을 도와 복수

를 성사시켰다. 훗날 사람들이 "경씨와 노씨는 모두 강(姜)씨의 후예로 종씨인데, 어찌하여 경강을 아내로 삼았소?"라고 묻자, 노포계는 "경사가 종씨를 피하지 않고 딸을 나에게 시집보냈는데, 내 어찌 피할 수 있겠소? 사람들이 시(詩)를 읊을 때 필요한 구절만 부르는 것처럼 나도 필요한 것만 취했던 것뿐이오."라고 대답했다.

[예문] 한두 구절만 단장취의한다면 그 뜻은 물론이고 정신도 훼손되기 마련이다.

[유의어] 인경거전(引經據典)

[출전] 〈춘추좌전(春秋左傳)〉 양공(襄公)

담하용이 談何容易

말할 **담** | 어찌 **하** | 쉬울 **용** | 쉬울 **이**

무슨 일이든지 입으로 말하는 것은 쉽지만, 실제로 해보면 쉽지 않으므로 쉽게 입을 여는 짓은 삼가야 한다는 말

[유래] 동방삭(東邦朔)은 무제(武帝) 때 상시랑(常侍郎)이 되었는데, 황실 전용 사냥터 반대와 부국강병책을 건의해도 채택이 되지 않자 '비유선생론(非有先生論)'이라는 풍자문을 써서 간했다. 거기에는 비유 선생과 오왕(吳王)이라는 두 가공인물이 등장한다. 비유선생이 오왕을 섬긴 지 3년이 넘어도 정견을 발표하지 않자 오왕이 안달이 나서 묻자, 그는 "입을 열기가 어찌 그리 쉬운 일입니까?" 하고 답해 군주로서의 마음가짐을 간언했다.

[예문] 공인일수록 담하용이의 자세를 가져야 한다.

[출전] 〈한서(漢書)〉 동방삭전(東邦朔傳)

ㄷ

당돌서시 唐突西施

당나라 **당** | 부딪칠 **돌** | 서녘 **서** | 베풀 **시**

당돌한 서시(중국 춘추시대의 미녀)라는 뜻으로, 꺼리거나 어려워함이 없이 올차고 다부진 서시라는 의미

[유래] 진나라에 주의는 매사에 겸손을 미덕으로 삼는 사람이었는데, 하루는 친구 강량이 찾아와 그와 진나라 형인으로 죽어서까지 추앙을 받는 악광과 견준다고 말하자, "무염은 추녀이고 서시는 재색을 겸비한 미녀라는 것은 모두가 아는 사실인데 악광과 견준다는 것은 무염을 서시와 똑같은 미녀라고 하는 것과 같네. 즉, 선녀와 같은 미모의 서시를 거스르는 것이 되네. 그대들은 어찌 그렇게 말할 수 있는가?"라고 말한 데에서 유래된 말이다.

[출전] 〈진서(晉書)〉

당동벌이 黨同伐異

무리 **당** | 같을 **동** | 칠 **벌** | 다를 **이**

무조건 같은 파의 사람은 편들고, 다른 파의 사람을 배격함

[유래] 후한서에 나오는 말로 후한 말 황태후의 외척들과 환

관, 유학자 집단이 서로 물고 물리는 권력 다툼을 벌였는데, 여기서 자기와 당파가 다른 집단을 무조건 배격하는 것을 두고 '당동벌이'라고 했다. 중대한 사안들을 두고 당리당략에만 치중한 정치권, 사회상을 풍자하는 뜻으로, 결국에는 나라를 망하게 한다는 것을 경고하는 한자성어이다.

[예문] 당동벌이의 생각을 버리지 못하면 우리 사회는 흩어지고 갈라져 버리고 말 것이다.

[유의어] 당벌(黨閥)

[출전] 〈후한서(後漢書)〉 당동전(黨同傳)

당랑거철 螳螂拒轍

사마귀 **당** | 사마귀 **랑** | 막을 **거** | 수레바퀴 자국 **철**

사마귀가 앞발을 들고 수레바퀴를 가로막는다는 뜻으로, 약한 자가 자신의 힘을 생각하지 않고 강한 자에게 덤벼드는 것을 비유하여 이르는 말

[유래] 중국 제나라 장공(莊公)이 사냥을 나가는데 사마귀가 앞발을 들고 수레바퀴를 멈추려 했다는 데에서 유래한다.

[예문] 당랑거철도 유분수지 그런 일에 덤벼들다니.

[유의어] 당랑규선(螳螂窺蟬), 당랑당거철(螳螂當車轍), 당랑지력(螳螂之力), 당랑지부(螳螂之斧)

[출전] 〈문선(文選)〉, 〈장자(莊子)〉 천지편(天地篇), 〈한시외전(韓詩外傳)〉, 〈회남자(淮南子)〉 인간훈(人間訓)

당랑포선 螳螂捕蟬

사마귀 당 | 사마귀 랑 | 잡을 포 | 매미 선

사마귀가 매미를 잡으려고 엿본다는 뜻으로, 눈앞의 욕심에만 눈이 어두워 덤비면 결국 큰 해를 입게 된다는 말

ㄷ

[유래] 춘추시대 말기 오왕(吳王) 부차(夫差)는 월나라 공략에 성공한 후 자만에 빠져 간신 백비의 말만 믿고 오자서를 죽였으며, 월에서 보내 온 미인 서시와 유락 생활에 탐닉하였는데, 어느 날 아침 활을 든 태자 우를 만나 무엇 하느냐고 물었다. 우가 "아침에 정원에서 참새 한 마리가 사마귀를 먹으려고 노리고 있어 저는 참새를 향해 활시위를 당겼습니다. 그런데 그만 활 쏘는 데 정신이 팔려 웅덩이 속으로 빠져버렸습니다. 그래서 옷을 이렇게 적신 것입니다. 제나라는 까닭 없이 노나라를 쳐서 그 땅을 손에 넣고 기뻐했지만, 우리 오나라에게 그 배후를 공격받고 대패했듯이 말입니다."라고 간언한 데에서 유래되었다.

[예문] 백화점이 매출부진을 만회하기 위해 경품행사를 계속 열었다가는 당랑포선의 꼴을 당하게 될 것이다.

[유의어] 당랑규선(螳螂窺蟬), 당랑재후(螳螂在後), 소탐대실(小貪大失)

[출전] 〈설원(說苑)〉 정간(正諫)

대간사충 大姦似忠

큰 대 | 간사할 **간** | 같을 **사** | 충성 **충**

악한 사람이 본성을 숨기고 충신처럼 보인다는 뜻

[유래] 송(宋)나라 신종은 재정 개혁에 힘쓴 아버지 영종에 이어 개혁을 진행시켰는데, 왕안석이 그를 도왔다. 왕안석이 재상에 취임하는 것을 반대한 여회(呂悔)는 '간사한 신하는 충신과 비슷하고, 큰 속임수는 사람들로 하여 믿게 만든다'며 왕안석을 탄핵하는 상소를 했다.

[예문] 대간사충일수록 외면에 충실하는 경우가 많다.

[출전] 〈송사(宋史)〉

대공무사 大公無私

큰 대 | 공 **공** | 없을 **무** | 사사로울 **사**

매우 공평하여 사사로움이 없다는 뜻

[유래] 춘추시대 진(晉)나라 평공(平公)이 기황양(祁黃洋)에게 남양(南陽) 현령(縣令) 자리가 비었는데 누구를 보내는 것이 가장 좋겠는지 묻자, 그는 주저하는 기색 없이 해호(解狐)를 추천했다. 해호와 기황양은 서로가 극히 미워하는 사이여서 그 의도를 물었다. 기황양은 "왕께서는 현령 자리에 누가 적임자인지를 물으셨지 누가 신과 원수지간이냐를 물으신 것은 아니지 않습니까? 사사로운 정은 없습니다."

라고 대답했다. 그는 그 이후에도 공명정대하게 일을 처리해 칭송을 받았다.

[예문] 공직자들의 대공무사 자세는 아무리 강조해도 지나치지 않는다.

[출전] 〈십팔사략(十八史略)〉

ㄷ

대기만성 大器晩成

큰 대 | 그릇 기 | 늦을 만 | 이룰 성

큰 그릇은 늦게 만들어진다는 뜻

[유래] 삼국시대, 위(魏)나라에 최염(崔琰) 장군은 최림이라는 사촌동생이 있었는데 외모가 시원치 않아서인지 출세를 못 하고 일가친척들로부터도 멸시를 당했다. 하지만 최염은 최림의 인물됨을 꿰뚫어 보고 "큰 종(鐘)이나 솥은 그렇게 쉽사리 만들어지는 게 아니네. 그와 마찬가지로 큰 인물도 대성하기까지는 오랜 시간이 걸리지."라고 말했다.

[예문] 대기만성의 자세로 내일을 기약하라.

[유의어] 대기난성(大器難成), 대재만성(大才晩成)

[출전] 〈노자(老子)〉 41장, 〈삼국지(三國志)〉 위지(魏志) 최염전(崔琰傳), 〈후한서(後漢書)〉 마원전(馬援傳)

대동소이 大同小異

큰 대 | 같을 동 | 작을 소 | 다를 이

크게 같고 작게 다르다는 뜻으로, 크게 보면 서로 같지만 작게 보면 각각 다르다는 말

[유래] 장자는 묵가(墨家)와 법가(法家) 등이 주장하는 논점을 밝혀 비판하고 도가의 철학을 선양한 다음, 뒷부분에 친구인 혜시(惠施)의 논리학을 소개한 후에 '크게 보면 같다가도 작게 보면 다르니 이것을 소동이(小同異)라 하고, 만물은 모두 같기도 하고 다르기도 하니 이것을 대동이(大同異)라 한다'라고 자기 의견을 덧붙였다.

[예문] 두 선수의 실력이 대동소이해서 쉽게 승부가 나지 않는다.

[유의어] 소이대동 (小異大同), 주축일반(走逐一般), 피차일반(彼此一般)

[출전] 〈장자(莊子)〉 천하편(天下篇)

대우탄금 對牛彈琴

대할 대 | 소 우 | 탄알 탄 | 거문고 금

소의 귀에 대고 거문고를 타는 것과 같다는 뜻으로, 어리석은 사람에게 도리를 말해도 조금도 이해하지 못하므로 헛수고라는 말

[유래] 후한 말 모융(牟融)이라는 학자가 공명의(公明儀)의 일화를 소개하면서 "노(魯)나라의 공명의라고 하는 어진 사람이 하루는 소를 향해 거문고를 켜주었는데, 소는 거들떠

보지도 않고 계속 풀을 먹고 있었다. 이는 소가 못 들었기 때문이 아니라 청각(淸角)이라는 고상한 곡조는 소귀에는 맞지 않기 때문이다. 그래서 이번에는 모기와 등애의 울음소리와 젖을 먹고 있는 송아지의 울음소리를 흉내 내니 소는 꼬리를 흔들면서 발굽소리를 내며 걸어 다니고, 귀를 세우고 그 소리를 다소곳이 들었다. 이는 소의 마음에 맞았기 때문이다. 이것은 내가 너희에게 〈시경〉을 인용하여 불교를 설명하는 것과 같은 것이다."라고 말했다.

[예문] 공부에 뜻이 없는 아이에게 공부하라고 하는 것은 대우탄금과 같다.

[유의어] 마이동풍(馬耳東風), 우이독경(牛耳讀經)

[출전] 〈홍명집(弘明集)〉 이혹론(理惑論)

대의멸친 大義滅親

클 대 | 옳을 의 | 멸할 멸 | 친할 친

대의를 위해서는 친족도 멸한다는 뜻으로, 국가나 사회의 대의를 위해서는 부모 형제의 정도 돌보지 않는다는 말

[유래] 춘추시대 주나라 환왕 때 일로 위나라 주우가 이복형제 환공을 시해하고 스스로 군후의 자리에 올랐다. 충의지사로 이름난 대부 석작은 주우의 됨됨이를 알고 아들 석후에게 그와 절교하라고 했으나 듣지 않았다. 한편 주우는 반역에 성공했지만 나라 안의 반응이 좋지 않자 석후는 석작

에게 해결책을 물었다. 석작은 '천하의 종실인 주 왕실을 예방하여 천자를 배알하고 승인을 받는데, 먼저 진나라 진공에게 청원하라'고 일렀다. 주우와 석후가 진으로 떠나자 석작은 진공에게 밀사를 보내 '그들을 잡아 죽여 대의를 바로잡아 달라'고 했고, 결국 주후와 석작은 죽고 말았다.

[예문] 우리나라처럼 혈연중심의 사회일수록 대의멸친의 정신을 가슴에 새겨야 한다.

[유의어] 멸사봉공(滅私奉公), 선공후사(先公後私)

[출전] 〈춘추좌씨전(春秋左氏傳)〉 은공조(隱公條)

도견상부 道見桑婦

길 도 | 볼 견 | 뽕나무 상 | 지어미 부

길에서 뽕잎 따는 여자를 보고 사통한다는 뜻으로, 눈앞의 일시적인 이익을 좇다 기존에 가지고 있던 것까지 잃는다는 말

[유래] 진나라의 문공은 제후들을 모아 위나라를 정벌하려고 했다. 그때 공자 서가 하늘을 우러러보며 크게 웃자 문공은 그 이유를 물었다. 서는 "이웃 사람 중에 그 아내가 사가로 가는 것을 배웅하는 자가 있었는데, 길에서 뽕나무를 잡고 어떤 여자를 보고 즐겁게 이야기하다가 자신의 아내를 돌아보니, 그 아내 역시 손짓하여 부르는 남자가 있었습니다. 신은 이 남자의 일을 생각하고 웃은 것입니다."라고 말했고, 문공은 그 말의 의미를 깨닫고 위나라를 정벌하려는

계획을 멈추고 돌아왔다. 서의 말처럼 문공이 미처 돌아오지 못했을 때 진나라의 북쪽을 침략하는 자가 있었다.

[예문] 도박은 도견상부와 같이 패가망신의 지름길이다.

[출전] 〈열자(列子)〉 설부(說符)

ㄷ

도룡지기 屠龍之技

죽일 **도** | 용 **룡** | 어조사 **지** | 재주 **기**

용을 죽이는 기술이라는 뜻으로, 쓸데없는 일로 몸을 소모시킨다는 말

[유래] 주평만(朱泙漫)이란 자가 천금이나 되는 가산을 탕진해 가면서 3년 동안 지리익(支離益)에게서 용을 잡아서 요리하는 기술을 배웠지만, 그 재주를 쓸 곳이 없었다는 데에서 유래되었다.

[예문] 좋은 성적으로 졸업해도 일자리가 없으니 그동안 배운 지식이 도룡지기가 될 판이다.

[유의어] 무용지재(無用之才)

[출전] 〈장자(莊子)〉 열어구편(列禦寇篇)

도방고리
道傍苦李

길 도 | 곁 방 | 쓸 고 | 오얏 리

길가에 있는 오얏은 쓰다는 뜻으로, 많은 사람이 무시하는 것은 반드시 그 이유가 있다는 말

[유래] 진(晉)나라의 왕융(王戎)이 일곱 살 때의 일이다. 길가의 오얏나무에 많은 열매가 달려 있어 아이들은 그것을 따려고 앞 다투어 달려갔만 왕융 혼자만은 가만 있었다. 지나가는 사람이 그 이유를 물자 그는 "길가에 있는데, 저렇게 열매가 많이 매달려 있는 것은 틀림없이 써서 먹지 못할 자두임이 분명합니다."라고 했다. 아이들이 따보니 과연 왕융이 말한 대로 먹을 수 없는 자두였다.

[예문] 자만하는 자는 도방고리의 의미를 알지 못한다.

[출전] 〈세설신어(世說新語)〉

도외시
度外視

법도 도 | 바깥 외 | 볼 시

안중에 두지 않는다는 뜻으로, 어떤 일이나 문제를 불문에 부친다는 말

[유래] 후한 광무제 유수(劉秀)는 고조(高祖) 유방의 후손으로 주위의 권유로 뤄양에서 제위에 올라 한을 재건한 인물이다. 광무제는 즉위 후 지방에 할거하던 세력들을 하나씩 모두 토벌했지만, 농서와 촉만 아직 복속시키지 못하고 있었다. 그러자 중신들이 계속 이 두 곳의 토벌을 진언했다. 그러나 광무

제는 이미 중원은 평정되었으니 이제 그들은 '문제시할 것 없소.'고 말하며 듣지 않았다.

[예문] 봉건시대에는 결혼에 있어서 남녀 간의 애정이 도외시되었다.

[유의어] 치지도외(置之度外)

[출전] 〈후한서(後漢書)〉 광무기(光武紀)

ㄷ

도원결의 桃園結義

복숭아 **도** | 동산 **원** | 맺을 **결** | 의로울 **의**

복숭아 밭에서 결의를 맺는다는 뜻으로, 뜻이 맞는 사람끼리 한 목적을 위해 행동을 같이할 것을 약속한다는 말

[유래] 중국 촉(蜀)나라의 유비(劉備), 관우(關羽), 장비(張飛)가 복숭아 밭에서 형제의 의를 맺었다는 고사에서 유래된 말

[예문] 우리는 도원결의하고 난 뒤에 지금까지 친형제처럼 지내고 있다.

[출전] 〈삼국지연의(三國志演義)〉

도주지부 陶朱之富

질그릇 **도** | 붉을 **주** | 어조사 **지** | 부자 **부**

도주공(陶朱公)의 부(富)란 뜻으로 큰 부를 이름

[유래] 월(越)나라 때 범려라는 명신이 있었는데 그의 늙었을 때 이름은 도주(陶朱)였다. 그는 월의 부국강병에 힘쓰다가 제(齊)나라로 건너가 장사를 해 엄청난 부를 이뤘다. 후에 재상의 권유를 받았지만 물리치고 재산을 나누어주고 도(陶)로 옮겨갔다. 거기서도 그는 장사로 큰 부를 얻어 도주공(陶朱公)이라 불리게 되었는데, 이후 큰 부자가 된 사람을 도주지부(陶朱之富)라고 부르게 되었다.

[예문] 도주지부라는 말은 졸부(猝富)와는 품격이 다르다.

[출전] 〈사기(史記)〉 화식전(貨殖傳)

도천지수 盜泉之水

도둑 **도** | 샘 **천** | 어조사 **지** | 물 **수**

아무리 목이 말라도 도둑 도 자(字)가 들어 있는 이름의 샘물은 마시지 않는다는 뜻으로, 형편이 어렵더라도 결코 부정한 짓은 할 수 없다는 말

[유래] 진나라의 육기(陸機)가 지은 '맹호행(猛虎行)'이라는 시의 '아무리 목말라도 도천의 물은 마시지 않고, 아무리 더워도 악나무 그늘에서는 쉬지 않노라. 나쁜 나무엔들 가지가 없겠느냐마는 뜻있는 선비는 고심이 많구나'라는 구절에서 유래되었다.

ㄷ

[예문] 청백리의 정신에는 도천지수가 있다.

[출전] 〈문선(文選)〉, 〈설원(說苑)〉

ㄷ

도청도설 道聽塗說

길 도 | 들을 청 | 길 도 | 말씀 설

길에서 듣고 길에서 말한다는 뜻으로, 길거리에 떠돌아다니는 뜬소문을 이르는 말

[유래] 공자의 '길에서 듣고 길에서 말하는 것은 덕을 버리는 것과 같다'는 말에서 유래되었다.

[예문] 각 매체들이 습득한 도청도설을 상호 인용해 기사의 양을 부풀린 경우도 적지 않다.

[유의어] 가담항설(街談巷說), 구이지학(口耳之學), 유언비어(流言蜚語)

[출전] 〈논어(論語)〉 양화편(陽貨篇)

도탄지고 塗炭之苦

진흙 도 | 숯 탄 | 어조사 지 | 고생할 고

진흙 수렁에 빠지고 숯불에 타는 듯한 고통이란 뜻으로, 학정에 시달리는 백성들의 어려움을 가리키는 말

[유래] 중훼는 은나라 탕왕에게 벼슬하여 좌상이 된 어진 신하다. 탕왕은 하나라의 걸왕을 무력으로써 공격하여 혁명

에 성공했지만, 무력혁명에 의하여 왕위를 얻은 것을 부끄럽게 생각했다. 중훼는 탕왕을 위로하기 위해 '하나라가 있었으나 덕이 어두워 백성들이 도탄에 떨어졌나이다. 하늘이 곧 왕에게 용기와 지혜를 주시어 만방에 올바름을 나타내시어, 우왕의 옛 옷을 짜게 하시니, 여기에 그 떳떳함을 따르시고, 하늘의 명을 받들어 따라야 하나이다'라는 글을 지었다.

[예문] 민생은 'IMF 위기' 때보다 더 참담한 도탄지고에 빠져 있다.

[출전] 〈서경(書經)〉 상서(尙書)

독서망양 讀書亡羊

읽을 **독** | 책 **서** | 잊을 **망** | 양 **양**

책을 읽다가 양을 잃어버린다는 뜻으로, 다른 일에 정신이 뺏겨 중요한 일을 소홀히 하게 된다는 비유

[유래] 사내종과 계집종 둘이 함께 양을 지키고 있다가 둘 다 그만 양을 놓치고 말았다. 사내종에게 어찌된 일이냐고 물었더니, 죽간을 끼고 책을 읽고 있었기 때문이라고 하였다. 계집종은 주사위를 가지고 놀다가 양을 잃었다고 했다. 이 두 사람이 한 일은 같지 않지만, 양을 잃었다는 결과는 똑같았다.

[예문] 아이의 독서망양을 지적하기보다 그래보았으면 하는

부모가 더 많다.

[유의어] 다기망양(多岐亡羊)

[출전] 〈장자(莊子)〉 병무편(騈拇篇)

ㄷ

돈제일주 豚蹄一酒

돼지 돈 | 발굽 제 | 한 일 | 술 주

돼지 발굽과 술 한 잔이라는 뜻으로, 작은 성의로 많은 것을 구하려고 하는 것을 비유하여 이르는 말

[유래] 위왕 8년, 초가 대군을 이끌고 제를 침입하자 위왕은 순우곤을 시켜 조로 가서 구원병을 청하는데, 황금 백 근과 거마 열 대를 예물로 가져가게 하였다. 순우곤이 하늘을 보며 크게 웃자, 왕은 이유를 물었다. 순우곤은 "어제 신이 동쪽에서 오던 중에 길가에서 돼지 발 하나와 술 한 잔을 손에 들고, '높은 밭에서는 그릇에 가득, 낮은 밭에서는 수레에 가득, 오곡이여! 풍성하게 우리 집에 넘쳐라'며 풍작을 비는 자를 보았습니다. 신은 그 손에 든 것은 그처럼 작으면서 원하는 바가 사치스러운 것을 보았기 때문에 웃는 것입니다."라고 했다. 결국 위왕은 황금 천 일, 백벽 열 쌍, 거마 백 대를 예물로 늘려주었다.

[예문] 선거 때 주민들에게 인사 한 번 해서 당선되려는 것은 돈제일주 같은 행동이다.

[출전] 〈사기(史記)〉 골계열전(滑稽列傳)

동공이곡 同工異曲

같을 **동** | 장인 **공** | 다를 **이** | 가락 **곡**

기량은 같으나 그 정취는 다르다는 뜻으로, 처리하는 방법은 같아도 그 결과에 있어서는 차이가 난다는 말

[유래] 한유의 제자가 스승의 문장을 칭송하면서 '다 같이 교묘하지만 취향은 달리 한다'라고 한 데에서 비롯된 말이다. 오늘날에는 원래의 뜻과는 달리 겉만 다를 뿐 내용은 똑같다는 의미로 경멸의 뜻을 담아 쓰이고 있다.

[예문] 요즘 출간되는 책들은 동공이곡으로 획일화되고 있는 면이 없지 않다.

[유의어] 동공이체(同工異體), 대동소이(大同小異)

[출전] 한유(韓愈)의 '진학해(進學解)'

동병상련 同病相憐

한 가지 **동** | 앓을 **병** | 서로 **상** | 불쌍히 여길 **련**

같은 병을 앓는 사람끼리 서로 가엽게 여긴다는 뜻으로, 어려운 처지에 있는 사람끼리 서로 딱하게 여겨 동정하고 돕는다는 말

[유래] 전국시대 오왕 합려(闔閭)는 반란에 협조한 오자서를 중용했다. 오자서는 초나라에서 가족을 잃고 오로 온 망명객이었다. 그는 자신과 비슷한 사정에 놓인 백비를 천거해 대부 피리에게 살인할 악상을 가진 백비라며 힐난을 받자, 오자서는 "하상가(河上歌)에도 '동병상련 동우상구'란 말이 있듯이 나와 같은 처지에 있는 백비를 돕는 것은 인지상정

이다."라고 했다는 데에서 유래되었다.

[예문] 동병상련이라고 어려운 처지를 당해봐야 남을 생각할 줄도 알게 되는 법이다.

[유의어] 동기상구(同氣相救), 동류상구(同類相求), 동악상조(同惡相助), 동우상구(同優相救), 동주상구(同舟相救), 오월동주(吳越同舟), 유유상종(類類相從)

[출전] 〈오월춘추(吳越春秋)〉 합려내전(闔閭內傳)

동산고와 東山高臥

동녘 동 | 뫼 산 | 높을 고 | 누울 와

동산의 높은 곳에 누워 있다는 뜻으로, 동산에 은거하며 자유로운 생활을 하는 것을 비유하는 말

[유래] 진(晉)나라의 사안이 속진(俗塵)을 피하여 저장성(浙江省)의 동산(東山) 산에 은거했다는 데에서 유래되었다.

[예문] 번잡한 도시에 살고 있는 사람이라면 누구나 한 번쯤 동산고와를 꿈꾼다.

[출전] 〈세설신어(世說新語)〉 언어편(言語篇)

동심동덕 同心同德

한 가지 **동** | 마음 **심** | 한 가지 **동** | 덕 **덕**

같은 목표를 위해 다 같이 힘쓰는 것을 이르는 말

[유래] 주나라 무왕은 군대를 이끌고 맹진이라는 곳을 통해 황하를 건너, 상나라의 도읍인 조가(朝歌)로 진격해 들어갔다. 그는 군사들의 사기를 높이기 위해 조가성의 남쪽들에서 진군의 선서식을 거행하였다. 그는 상나라 주왕의 죄상을 낱낱이 들어 밝히면서 정벌군의 협심과 단결을 외치며 "억조의 평범한 사람들을 거느리고 있으나 마음이 떨어지고 덕에서 떠나 있고, 나는 다스리는 신하 열 사람이 있으나 마음을 같이하고 덕을 같이하고 있소."라고 말했다.

[예문] 어려울 때일수록 동심동덕해야 한다.

[유의어] 동심동력(同心同力), 동심합력(同心合力)

[출전] 〈상서(尙書)〉 태서편(泰書篇)

동엽봉제 桐葉封弟

오동나무 **동** | 잎 **엽** | 봉할 **봉** | 아우 **제**

오동나무 잎으로 동생을 제후에 봉한다는 뜻으로, 말을 할 경우에는 조심스럽게 해야 한다는 말

[유래] 주나라 성왕(成王)이 어린 나이에 즉위하자 숙부인 주공 단이 섭정을 하였다. 성왕은 동생인 숙우와 소꿉놀이를 할 때 오동나무 잎을 따 신규(제후가 지니는 홀)를 만들

어 숙우에게 주면서 "너를 제후에 봉한다."라고 우스개로 말했다. 주공은 조카들이 놀면서 하는 말을 듣고, 성왕에게 "천자는 장난으로 희언을 할 수 없습니다. 천자가 말씀을 하면 역사에 기록되고 예가 이루어지며, 천자의 말을 노래합니다."라고 말했다고 한다.

[예문] 공직자를 임명할 때 동엽봉제가 되어서는 안 된다.

[출전] 〈사기(史記)〉 진세가(晉世家), 〈여씨춘추(呂氏春秋)〉 중언편(重言篇)

동호지필 董狐之筆

바로잡을 **동** | 여우 **호** | 어조사 **지** | 붓 **필**

동호의 곧은 붓이란 뜻으로, 죽음을 두려워하지 않고 사실을 바르게 기록한다는 말

[유래] 춘추시대 진(晉)나라의 사관(史官)이었던 동호(董狐)가 위세를 두려워하지 않고 사실을 사실대로 직필(直筆)했다는 데에서 유래되었다.

[예문] 역사학자라면 동호지필의 자세로 역사를 기록해야 한다.

[유의어] 춘추필법(春秋筆法), 태사지간(太史之簡)

[출전] 〈춘추좌씨전(春秋左氏傳)〉 선공2년조(宣公二年條)

두주불사 斗酒不辭

말 두 | 술 주 | 아니 불 | 말씀 사

말술도 사양하지 않는다는 뜻으로, 주량이 매우 세다는 말, 또는 그런 사람

[유래] 유방의 부하 번쾌가 항우에게 잡힌 유방을 구하기 위해서 술을 사양하지 않았다는 고사에서 유래되었다.

[예문] 그는 두주불사의 주량을 자랑했다.

[출전] 〈사기(史記)〉 항우본기(項羽本紀)

득롱망촉 得隴望蜀

얻을 득 | 땅 이름 롱 | 바랄 망 | 나라 이름 촉

농을 얻고 나니 촉을 갖고 싶다는 뜻으로, 인간의 욕심은 끝이 없음을 이르는 말

[유래] 후한을 세운 광무제는 낙양을 도읍으로 삼고, 전한의 도읍인 장안 등지에 황제라 일컫는 세력들을 토벌했다. 외효와 공손술만 끝까지 대항했지만 결국 외효는 죽고 농서 지방은 광무제의 손에 들어왔다. 이에 광무제는 다시 촉의 공손술을 치려고 하면서 "인간은 만족할 줄 모른다더니 이미 농을 얻고도 다시 촉을 바라는구나."라고 했다.

[예문] 득롱망촉이라더니, 인간의 욕심에는 끝이 없구나.

[유의어] 거어지탄(車魚之歎), 계학지욕(谿壑之慾), 기마욕솔노(騎馬欲率奴), 망촉지탄(望蜀之歎), 차청차규(借廳借

闈), 평롱망촉(平籠望蜀)

[출전] 〈후한서(後漢書)〉 광무기(光武記)

ㄷ

득어망전 得魚忘筌

얻을 **득** | 고기 **어** | 잊을 **망** | 가리 **전**

물고기를 잡고 나면 통발을 잊어버린다는 뜻으로, 목적을 이루면 그때까지 수단으로 삼았던 사물은 무용지물이 됨을 이르는 말

[유래] '통발은 물고기를 잡는 도구인데, 물고기를 잡고 나면 통발은 잊어버리고 만다. 올가미는 토끼를 잡는 도구인데, 토끼를 잡고 나면 올가미는 잊어버리고 만다. 이처럼 말이란 마음속에 가진 뜻을 상대편에게 전달하는 수단이므로 뜻을 얻으면 말은 잊어버리고 만다. 뜻을 얻고 말을 잊어버린 사람과 말하고 싶구나'라는 구절에서 유래된 말이다.

[예문] 득어망전하는 정부와 여당의 처사에 대해 실망과 분노를 금치 못하겠다.

[유의어] 토사구팽(兎死狗烹)

[출전] 〈장자(莊子)〉 외물편(外物篇)

ㅁ

마고소양 麻姑搔痒

삼 마 | 고모 고 | 긁을 소 | 긁을 양

'마고'라는 손톱 긴 선녀가 가려운 데를 긁어준다는 뜻으로, 일이 뜻대로 됨을 비유한다.

[유래] 한(漢)나라 환제(桓帝) 때 마고라는 선녀가 무리들과 함께 수도 장안(長安)에 들어와 채경(蔡經)이라는 관리의 집에 머물게 되었다. 손톱이 긴 마고를 영접한 채경은 마고의 손톱을 보는 순간 마음속으로 '만일 등이 가려울 때 저 손톱으로 긁는다면 얼마나 시원하겠는가.' 하고 생각했다. 그러나 채경의 이런 불경한 생각을 읽은 방평(方平)이라는 선녀가 사람들을 불러 그를 끌어다 채찍질을 하고는 "마고는 선녀다. 너는 어찌하여 불경스럽게도 마고의 손톱으로 등을 긁을 수 있을 것이라는 생각을 하느냐."며 꾸짖었다.

[예문] 내년에는 정치권의 대오각성으로 마고소양이 되었으면 좋겠다.

[유의어] 마고파양(麻姑爬痒)

[출전] 〈신선전(神仙傳)〉 마고(麻姑)

ㅁ

마부작침 磨斧作針

갈 마 | 도끼 부 | 지을 작 | 바늘 침

도끼를 갈아 바늘을 만든다는 뜻으로, 아무리 어려운 일이라도 꾸준히 노력하면 이룰 수 있다는 말

[유래] 학문을 위해 상의산(象宜山)에 들어갔던 이백이 공부에 싫증이 나 산에서 내려와 돌아오는 길에 한 노파가 냇가에서 바위에 도끼를 갈고 있는 모습을 보게 되었다. 무엇을 하는지 노파에게 묻자 바늘을 만든다고 했다. 이백이 어이없어 웃자, 노파는 "중도에 그만두지만 않는다면 언젠가는 이 도끼로 바늘을 만들 수가 있소."라고 말했고, 이백은 크게 깨닫고 글공부를 열심히 하였다고 한다.

[예문] 마부작침하는 노력을 기울인다면 꿈은 이루어진다.

[유의어] 마저작침(磨杵作針), 수적천석(水滴穿石), 우공이산(愚公移山), 철저성침(鐵杵成針)

[출전] 〈당서(唐書)〉 문예전(文藝傳), 〈방여승람(方輿勝覽)〉

마이동풍 馬耳東風

말 **마** | 귀 **이** | 동녘 **동** | 바람 **풍**

말의 귀에 동풍이 불어도 전혀 느끼지 못한다는 뜻으로, 남의 말을 귀담아 듣지 않고 그대로 흘려버림의 비유

[유래] 이백(李白)이 '답왕십이한야독작유회(答王十二寒夜獨酌有懷)'라는 시에서 '세상 사람들은 우리가 지은 시부(詩賦)를 들어도 고개를 가로저으며 들으려 하지 않음이 마치 봄바람이 말의 귀에 부는 것과 같다'고 한 데에서 유래되었다.

[예문] 그에게는 나의 충고가 마이동풍이었다.

[유의어] 대우탄금(對牛彈琴), 우이독경(牛耳讀經)

[출전] 〈이태백집(李太白集)〉 권18

마중지봉 麻中之蓬

삼 **마** | 가운데 **중** | 어조사 **지** | 쑥 **봉**

삼밭에서 자라는 쑥이 붙들어주지 않아도 곧게 자라듯 사람도 주위환경에 따라 선악이 다르게 될 수 있다는 말

[유래] '서쪽 지방에 나무가 있으니, 이름은 사간(射干)이다. 줄기 길이는 네 치밖에 되지 않으나 높은 산꼭대기에서 자라 백 길의 깊은 연못을 내려다본다. 이는 나무줄기가 길어서가 아니라 서 있는 자리가 높기 때문에 그런 것이다. 쑥이 삼밭에서 자라면 붙들어주지 않아도 곧게 자라고, 흰 모래가 진흙 속에 있으면 함께 검어진다'는 말에서 유래되

었다.

[예문] 마중지봉이라고 청소년기에 좋은 선생님을 만나 올바로 성장할 수 있었다.

[유의어] 귤화위지(橘化爲枳), 근묵자흑(近墨者黑), 근주자적(近朱者赤), 남귤북지(南橘北枳)

[출전] 〈순자(荀子)〉 권학편(勸學篇)

ㅁ

마혁과시 馬革裹屍

말 마 | 가죽 혁 | 쌀 과 | 주검 시

말가죽으로 시체를 싼다는 뜻으로, 전쟁터에 나가는 용장의 각오를 비유한 말

[유래] 후한(後漢) 광무제 때의 명장 마원이 "옛날 노박덕(路搏德) 장군이 남월(南越)을 평정하여 큰 공을 세우고도 작은 영토를 받는 데 불과했는데, 나는 큰 공을 세우지도 못했는데도 공에 비해 상이 너무 커 이 영광이 오래 지속될 수 있을지 두렵다. 지금 흉노와 오환(烏桓)이 북방을 위협하고 있으니 이들을 정벌해야 한다. 사나이는 마땅히 전장에서 죽어야 하고, 그런 연후 말가죽으로 시체를 싸서 장사 지낼 뿐이다."라고 말한 데에서 유래되었다.

[예문] 요즘 군인들은 마혁과시를 하고 있는지 의문스러울 때가 많다.

[출전] 〈후한서(後漢書)〉 마원전(馬援傳)

막고야산 邈姑射山

아득할 **막** | 시어머니 **고** | 산이름 **야** | 뫼 **산**

북해의 바다 속에 있다고 전하는 신선들이 사는 곳을 이르는 말

[유래] 〈장자〉의 '막고야산에 신인이 살고 있는데, 피부는 얼음이나 눈처럼 희고, 몸매는 처녀같이 부드럽다네. 오곡을 먹지 않는 대신 바람과 이슬을 빨아들이며, 구름의 정기를 타고 비룡을 부리면서 세상 밖에까지 나가 논다고 하네. 그가 정기를 한곳에 모으면 만물이 병들지 않고, 곡식이 잘 영근다네. 하도 허황된 이야기라서 믿어지지가 않는구나'라는 구절에서 유래된 말이다.

[예문] 막고야산은 누구나 한 번쯤 꿈꾸어보는 이상향이다.

[유의어] 열고야(列姑射)

[출전] 〈장자(莊子)〉 내편(內篇) 소요유(逍遙遊)

막역지우 莫逆之友

없을 **막** | 거스를 **역** | 어조사 **지** | 벗 **우**

거리낌이 없는 친구, 의기투합하여 아주 친밀한 벗을 말함

[유래] 장자가 "어느 날 자사(子祀), 자여(子輿), 자려(子犁), 자래(子來)가 한데 모여 이야기를 나누는 중에 '누가 능히 없는 것으로써 머리를 삼고, 삶으로써 척추를 삼고, 죽음으로써 엉덩이를 삼겠는가. 누가 생사존망이 일체임을

알겠는가. 내 이런 사람과 벗이 되리라.'라는 말이 나왔다. 이에 네 사람이 서로 보며 웃고 마음에 거슬리는 게 없어서 마침내 서로 벗이 되었다."라고 한 데에서 유래되었다.

[예문] 그와는 어려서는 싸움도 많이 하였지만 뜻이 맞는 유일한 막역지우였다.

[유의어] 금란지교(金蘭之交), 단금지교(斷金之交), 문경지교(刎頸之交), 수어지교(水魚之交)

[출전] 〈장자(莊子)〉 내편(內篇) 대종사(大宗師)

ㅁ

만사일생 萬死一生

일만 **만** | 죽을 **사** | 한 **일** | 살 **생**

만 번의 죽을 고비에서 살아난다는 뜻으로, 요행히 살아나거나 겨우 죽음을 모면하는 것을 말

[유래] 당태종이 늘 "옛날에 방현령은 나를 따라 나라를 평정하느라고 고생했는데, 만 번의 죽을 고비에서 살아나오기도 했다."라고 했다는 데에서 유래된 말이다.

[예문] 군사들은 만사일생도 사양하지 않겠다는 각오로 전투에 임했다.

[유의어] 구사일생(九死一生)

[출전] 〈정관정요(貞觀政要)〉

만사휴의 萬事休矣

일만 **만** | 일 **사** | 쉴 **휴** | 어조사 **의**

모든 일이 끝났다는 뜻으로, 어떻게 달리 해볼 도리가 없다는 말

[유래] 당 멸망 후 5대10국 시대에 형남의 왕인 고종회(高從誨)는 아들 고보욱(高保勖)을 분별없이 귀여워했다. 그래서 고보욱은 안하무인에 음란했으며, 남이 아무리 노한 눈으로 쏘아보아도 싱글벙글 웃어버리고 마는 형편없는 인간으로 자라고 말았다. 이 사실을 안 백성들은 '모든 게 끝장났다'고 탄식했다는 데에서 비롯된 말이다.

[예문] 그들이 세운 계획은 만사휴의로 변해버리고 말았다.

[유의어] 능사필의(能事畢矣), 도로무공(徒勞無功)

[출전] 〈송사(宋史)〉 형남고씨세가(荊南高氏世家)

만전지책 萬全之策

일만 **만** | 온전할 **전** | 어조사 **지** | 꾀 **책**

조금의 허술함도 없는 완전한 대책

[유래] 조조와의 싸움에서 불리한 원소는 형주 목사 유표에게 도움을 청했는데, 유표는 관망만 하고 있어 한숭과 유선이 "조조는 반드시 원소군을 격파하고, 그 다음엔 우리를 공격해 올 것입니다. 우리가 아무 일도 하지 않은 채 관망만 하고 있으면 양쪽의 원한을 사게 됩니다. 그러므로 강력

ㅁ

한 조조를 따르는 것이 현명한 만전지책이 될 것입니다."라고 설득했다. 그러나 의심이 많은 유표는 망설이다가 뒤에 큰 화를 당하고 말았다.

[예문] 주택정책은 만전지책으로 세워져야 한다.

[유의어] 만전지계(萬全之計)

[출전] 〈후한서(後漢書)〉 유표전(劉表傳)

망국지음 亡國之音

망할 **망** | 나라 **국** | 어조사 **지** | 소리 **음**

나라를 망치는 음악이란 뜻으로, 음란하고 유치한 음악이나 망한 나라의 애조(哀調)를 띤 음악을 이름

[유래] 〈예기〉의 '세상을 다스리는 음악은 편하고 즐거우니 그 정치가 조화를 이루게 되며, 세상을 어지럽히는 음악은 원망하고 성내게 하니 그 정치를 어긋나게 한다. 나라를 망하게 하는 음악은 슬프고 생각하게 하니 그 백성이 곤궁하니라'라는 구절에서 유래되었다.

[예문] 가야가 망하자 신라의 조정에서는 나라를 망하게 한 망국지음이 들어 있는 가야금을 받아들일 수 없다고 했다.

[유의어] 망국지성(亡國之聲), 정위지음(鄭衛之音)

[출전] 〈예기(禮記)〉 악기(樂記), 〈한비자(韓非子)〉 십과편(十過篇)

망양보뢰 亡羊補牢

달아날 **망** | 양 **양** | 도울 **보** | 우리 **뢰**

양 잃고 우리를 고친다는 뜻으로, 이미 일을 그르친 후에 뉘우쳐도 소용없다는 뜻

[유래] 초(楚)나라에 장신(莊辛)이 초양왕(襄王)에게 사치 생활을 그만두고 국사에 전념할 것을 충언했으나 듣지 않자 장신은 조(趙)로 가버렸다. 양왕이 망명하는 처지가 되어 그제야 장신의 말을 깨닫고 그를 불러 대책을 물었고, 장신은 "토끼를 보고 나서 사냥개를 불러도 늦지 않고, 양이 달아난 뒤에 우리를 고쳐도 늦지 않다."라고 했다. 훗날 부정적인 의미로 변했다.

[유의어] 만시지탄(晩時之歎), 망우보뢰(亡牛補牢), 사후약방문(死後藥方文)

[출전] 〈전국책(戰國策)〉 초책(楚策)

망양지탄 望洋之歎

바랄 **망** | 바다 **양** | 어조사 **지** | 탄식할 **탄**

넓은 바다를 보고 탄식한다는 뜻으로, 어떤 일에 제 힘이 미치지 못함을 탄식한다는 뜻

[유래] 하백은 바다를 보고 "속담에 이르기를 백 가지 도를 듣고서는 자기만 한 자가 없는 줄 안다고 했는데, 이는 나를 두고 하는 말이었습니다. 아, 만일 내가 이곳을 보지 못하였다면 위태로울 뻔했습니다. 오래도록 내가 도를 아는

척 행세하여 웃음거리가 되었을 테니까 말입니다."라고 감탄했다.

[예문] 소위 차떼기 일당의 특별사면이 본격 실현되면서 시민단체 등에서 항의하고는 있지만 망양지탄일 뿐이다.

[유의어] 다기망양(多岐亡羊), 정중지와(井中之蛙)

[출전] 〈장자(莊子)〉 외편(外篇) 추수(秋水)

ㅁ

망운지정 望雲之情

바라볼 **망** | 구름 **운** | 어조사 **지** | 뜻 **정**

흘러가는 구름을 바라보며 어버이를 생각한다는 뜻으로, 부모를 그리는 정을 이르는 말

[유래] 당(唐)나라에 적인걸(狄仁傑)은 병주(幷州)의 법조참군(法曹參軍)으로 임명되어 부임했다. 그때 부모는 하양(河陽)의 별장에 있었다. 어느 날 그는 태행산(太行山) 정상에 올라 뒤돌아보니 한 조각 흰 구름이 두둥실 떠 있었다. "우리 부모님은 저 구름 아래에 살고 계시겠지." 하며 흰 구름을 우러러보면서 부모님 생각에 잠시 비탄에 빠졌다고 하는 데에서 유래되었다.

[예문] 부모님과 떨어져 살면 망운지정이 더욱 깊어진다.

[유의어] 백운고비(白雲孤飛)

[출전] 〈당서(唐書)〉

망자재배 芒刺在背

가끄라기 **망** | 가시 **자** | 있을 **재** | 등질 **배**

가시를 등에 진다는 뜻으로, 주위에 자기가 꺼리고 두려워하는 사람이 있어서 마음이 편안하지 않다는 말

[유래] 한나라 선제가 보위에 올라 종묘사직에 고하러 갈 때, 그의 호위를 담당한 자는 대장군 곽광이었다. 그는 일찍이 무제의 유조를 받들어 소제를 도왔으며, 그 다음 창읍왕이 음란한 행실을 계속하자 그를 폐위시켜 선제를 임금의 자리에 세웠던 인물이라 권력이 하늘을 뚫을 정도여서 선제는 내심 그를 두려워하고 있었다. 그래서 곽광과 함께 가는 것이 마치 가시를 등에 진 것과 같이 불편했다고 한다.

[예문] 엄하신 시어머니와 함께 집안에 있으려니 망자재배인 것처럼 마음이 편치 않았다.

[출전] 〈한서(漢書)〉 곽광전(藿光傳)

망진막급 望塵莫及

바랄 **망** | 티끌 **진** | 말 **막** | 미칠 **급**

먼지를 바라보고 미치지 못한다는 뜻으로, 손에 넣지 못한다는 말

[유래] 송나라에 오경지는 학문이 깊고 덕망이 높은 사람이었는데 왕의공의 요청으로 보좌를 했지만 왕의공이 업무 과실로 처형되는 것을 보고 초야에 묻히기로 했다. 그런데 새로 부임한 왕곤이 다시 요청하자 "저는 일에 대해서는 아는

것이 없습니다. 지난번 왕의공 태수가 저를 존중해주어 바쁘게 뛰어다녔지만 한 일이 없습니다. 이런 저에게 관직을 맡아달라고 하는 것은 물고기를 나무 위에서 기르고, 새를 물속에서 기르는 것과 같은 것입니다."라고 한 데에서 비롯되었다.

[예문] 요즘은 뭐든 빨리 진행되는 시대라 아날로그 상태로 있으면 망진막급이다.

[유의어] 망진불급(望塵不及)

[출전] 〈남사(南史)〉

ㅁ

매림지갈 梅林止渴

매화 **매** | 수풀 **림** | 그칠 **지** | 목마를 **갈**

매실을 바라보며 갈증을 해소한다는 뜻으로, 공상으로 마음의 위안을 얻는다는 말

[유래] 진(晉)을 세운 사마염(司馬炎)이 오(吳)를 공격할 때 길을 잘못 들어 헤매다 병사들의 식수가 바닥이 났는데, 주위를 둘러보아도 물이 있는 곳을 찾을 수 없었다. 병사들의 갈증이 심해지자 사마염은 문득 꾀를 내어 "여러분 힘을 냅시다. 조금만 참고 가면 저 언덕 너머에 매화나무 숲이 있소. 그곳에 가면 탐스러운 매실이 가지가 휠 정도로 매달려 있소. 그 매실이 우리 갈증을 없애줄 것이오."라고 하니 매실이란 말을 들은 병사들은 갑자기 입 안에 침이 고여 갈증

을 잊고, 다시 진격할 수 있었다. 결국 그들은 오를 멸망시키고 천하를 통일하게 되었다.

[예문] 가뭄에는 분수만 보아도 매림지갈이 된다.

[유의어] 망매해갈(望梅解渴)

[출전] 〈세설신어(世說新語)〉

매사마골 買死馬骨

살 매 | 죽을 사 | 말 마 | 뼈 골

죽은 말의 뼈를 산다는 뜻으로, 귀중한 것을 손에 넣게 위해 먼저 공들인다는 말

[유래] 연(燕)의 소왕(昭王)이 제(齊)에게 원수를 갚으려고 스승 곽외에게 인재를 부탁하였다. 곽외가 "어떤 임금이 천리마를 구하려 했지만 구할 수가 없었는데, 어떤 이가 자신이 구해오겠다고 하더니 죽은 천리마를 가지고 오는 것이었습니다. 그러고는 죽은 천리마를 값을 후하게 치렀으니 살아 있는 천리마를 가지고 몰려들 거라고 했는데 사실대로 이루어졌습니다."라고 한 데에서 유래되었다.

[예문] 좋은 인재를 얻기 위해서는 매사마골의 이야기처럼 먼저 투자해야 한다.

[출전] 〈전국책(戰國策)〉 연책(燕策)

매처학자 梅妻鶴子

매화나무 **매** | 아내 **처** | 학 **학** | 아들 **자**

매화 아내에 학 아들이라는 뜻으로, 속세를 떠나 유유자적하게 생활하는 것의 비유하여 이르는 말

[유래] 중국 송나라의 임포(林逋)가 서호(西湖)에 은둔하여 처자 없이 살면서 매화를 심고 학만 길렀다는 데에서 유래한다.

[예문] 현대인에게는 매처학자로 풍류를 즐기며 살 수 있는 여유가 없다.

[출전] 〈시화총귀(詩話總龜)〉

맥구읍인 麥丘邑人

보리 **맥** | 언덕 **구** | 고을 **읍** | 사람 **인**

맥구읍의 사람이란 뜻으로, 곱고 덕스럽게 늙은 사람을 가리키는 말

[유래] 제(齊)나라 환공(桓公)이 맥구(麥丘)로 사냥을 나갔다가 우연히 곱게 늙은 한 노인을 만나 노인에게 군주로서의 도를 배우고, 축원을 들은 이야기에서 유래되었다.

[예문] 맥구읍인의 예에서 볼 수 있듯이 삶의 연륜이 쌓인 노인에게는 배울 것이 많다.

[출전] 〈신서(新序)〉 잡사편(雜事篇)

맥수지탄 麥秀之歎

보리 **맥** | 이삭 **수** | 어조사 **지** | 탄식할 **탄**

보리 이삭이 무성함을 탄식한다는 뜻으로, 나라가 멸망한 것을 탄식함

[유래] 고대 중국의 은(殷)의 마지막 왕인 주(紂)는 여러 사람의 충고를 듣지 않고 주색에 빠졌다가 결국은 주(周)나라 무왕(武王)에게 죽음을 당하고 은나라는 멸망하였다. 훗날 주의 삼촌뻘 되는 기자(箕子)가 은나라의 옛 도성을 지나다가 '맥수지시(麥秀之詩)'를 지어 읊으며 그 사실을 슬퍼하였다.

[예문] 나라 잃은 설움을 겪었던 만큼 또다시 맥수지탄을 하지 않도록 경계해야 한다.

[유의어] 망국지탄(亡國之歎)

[출전] 〈사기(史記)〉 송미자세가(宋微子世家)

맹모단기 孟母斷機

맏 **맹** | 어미 **모** | 끊을 **단** | 베틀 **기**

맹자의 어머니가 베틀의 실을 끊었다는 뜻으로, 학문을 중도에서 그만두면 아무 쓸모가 없다는 말

[유래] 유학 중이던 맹자가 갑자기 집으로 돌아왔는데, 마침 베틀에 앉아 길쌈을 하고 있던 어머니는 공부가 어느 정도 되었느냐고 물었고, 맹자는 아직 마치지 못했다고 했다. 그러자 어머니는 짜고 있던 베틀의 날실을 끊어버리고는

"네가 공부를 중도에 그만두고 돌아온 것은 지금 내가 짜고 있던 베의 날실을 끊어버린 것과 같은 것이다. 무엇을 이룰 수 있겠느냐?"라며 아들을 꾸짖었다.

[예문] 맹모단기를 실천하기 위해 회초리를 집어든 부모도 있다.

[유의어] 단기지계(斷機之戒), 단기계(斷機戒)

[출전] 〈열녀전(列女傳)〉 모의전(母儀傳)

ㅁ

맹모삼천 孟母三遷

맏 맹 | 어미 모 | 석 삼 | 옮길 천

맹자의 어머니가 세 번 집을 옮겼다는 뜻으로 교육에서 환경의 중요성을 강조한 말

[유래] 맹자가 어렸을 때 묘지 가까이 살았더니 장사 지내는 흉내를 내기에, 맹자 어머니가 집을 시전 근처로 옮겼더니 이번에는 물건 파는 흉내를 내므로, 다시 글방이 있는 곳으로 옮겨 공부를 시켰다. 즉, 맹자의 어머니는 아들을 가르치기 위하여 세 번이나 이사를 하였다.

[예문] 맹모삼천의 심정으로 강남으로 이사를 하거나 위장 전입하는 일도 벌어지고 있다.

[유의어] 맹모단기지교(孟母斷機之教), 삼천지교(三遷之教), 현모지교(賢母之教)

[출전] 〈열녀전(列女傳)〉 모의전(母儀傳)

맹인할마 盲人瞎馬

눈멀 **맹** | 사람 **인** | 애꾸눈 **할** | 말 **마**

장님이 외눈박이 말을 탄다는 뜻으로, 대단히 위험함을 가리키는 말

[유래] 동진(東晉)의 화가 고개지(顧愷之)가 환현, 은중감과 이 세상에서 가장 위험한 상황인가에 대해서 이야기하던 중 어느 객이 "장님이 외눈박이 말을 타고 캄캄한 밤에 연못가를 가는 것입니다."라고 말한 데에서 유래된 말이다.

[예문] 맹인할마와 같은 일은 하지 마라.

[출전] 〈세설신어(世說新語)〉

명경고현 明鏡高懸

밝을 **명** | 거울 **경** | 높을 **고** | 매달 **현**

높게 매달려 있는 맑은 거울이라는 뜻으로, 시비를 분명하게 따져 판단하는 공정 무사한 법관을 비유하여 이르는 말

[유래] 〈서경잡기〉에 실려 있는 이야기에서 비롯된 말이다. 진의 함양궁에 소장된 진귀한 보물들 가운데 앞뒷면이 모두 밝게 빛나는 거울이 하나 있었다. 그 앞에 서면 거울에는 거꾸로 선 모습이 나타나고, 가슴을 어루만지며 비춰보면 그 사람의 오장(五臟)이 나타났다. 몸에 병이 있는 사람

이 비추면 환부가 나타났으며, 사람의 나쁜 마음까지도 비춰 보여 진시황은 이 거울을 이용하여 궁궐 안의 모든 사람들의 충성심을 비춰 보았다. 그러나 이 거울은 진나라 말기, 유방이 함양을 공격하던 혼란 속에서 그만 없어지고 말았다고 한다.

[예문] 우리 법조계에도 많은 명경고현이 배출되어야 한다.

[유의어] 진경고현(秦鏡高懸)

[출전] 〈서경잡기(西京雜記)〉

명경지수 明鏡止水

밝을 **명** | 거울 **경** | 그칠 **지** | 물 **수**

맑은 거울과 조용한 물이라는 뜻으로, 티 없이 맑고 고요한 심경을 이르는 말

[유래] 춘추시대 노(魯)나라에 왕태라는 학덕이 높은 사람이 있었는데, 그는 유교의 비조인 공자와 맞먹을 만큼 많은 제자들은 가르치고 있었다. 그래서 공자의 제자인 상계는 불만스럽다는 듯이 그가 왜 많은 사람의 흠모를 받는지 공자에게 물었다. 공자는 "그것은 그분의 마음이 조용하기 때문이다. 사람들이 거울 대신 비쳐볼 수 있는 물은 흐르는 물이 아니라 가만히 정지해 있는 물이니라."고 했다.

[예문] 명경지수에 낚싯바늘을 드리우고 잠시나마 세속의 시름을 잊어봅니다.

[유의어] 청심고지(淸心高志)

[출전] 〈장자(莊子)〉 덕충부편(德充符篇)

명모호치 明眸皓齒

밝을 **명** | 눈동자 **모** | 휠 **호** | 이 **치**

눈동자가 맑고 이가 희다는 뜻으로, '미인'을 형용하는 말

[유래] 명모호치는 양귀비를 형영한 뜻으로, 두보는 자신의 시, '애강두'에서 '맑은 눈동자 흰 이는 지금 어디 있는가? 피 묻어 떠다니는 영혼은 돌아오지 못하고, 맑은 위수는 동쪽으로 흐르고 검각은 깊기만 한데. 촉나라로 끌려가 사니 피차간 소식이 없네'라고 표현했다.

[예문] 명모호치는 미인의 조건이 되었다.

[유의어] 경국지색(傾國之色), 단순호치(丹脣皓齒)

[출전] 두보(杜甫)의 시 '애강두(哀江頭)'

모수자천 毛遂自薦

털 **모** | 드디어 **수** | 스스로 **자** | 천거할 **천**

자기가 자신을 추천했다는 뜻으로, 부끄러움 없이 자기를 내세우는 사람을 빗대는 말

[유래] 중국 전국시대에 조나라 평원군이 초나라에 구원을

청하기 위하여 사신을 물색할 때에 모수가 스스로를 추천하였다는 데에서 유래되었다.

[예문] 스스로 공직을 담당할 만한 능력과 자질이 있다고 판단되면 모수자천을 해도 된다.

[출전] 〈사기(史記)〉

ㅁ

목경지환 木梗之患

나무 **목** | 인형 **경** | 어조사 **지** | 근심 **환**

나무 인형의 근심이라는 뜻으로, 타향에서 죽어 고향으로 돌아가지 못하거나 자기 본래의 모습으로 돌아가지 못함을 가리키는 말

[유래] 맹상군이 진(秦)나라 소왕(昭王)의 초빙으로 진나라로 들어가려 했을 때 소대라는 빈객이 '나무 인형은 폭우가 내려 물이 불면 둥둥 떠내려가 멈출 수 없을 것'이라는 우화를 들어 진으로 가는 것이 위험하다는 것을 알렸다는 데에서 유래되었다.

[예문] 일제강점기에 많은 동포들이 목경지환의 처지에 놓였다.

[출전] 〈사기(史記)〉 색은(索隱)

목인석심 木人石心

나무 **목** | 사람 **인** | 돌 **석** | 마음 **심**

의지가 굳어 어떠한 유혹에도 마음이 흔들리지 않는 사람

[유래] 서진(西晋) 때 하통은 학문이 깊고 다재다능한 데다 달변이어서 강남에서 이름을 떨치고 있었다. 그의 재능을 아깝게 여긴 주변사람들이 벼슬을 권했지만 세속적인 명리에 초연한 그는 '나무로 만든 사람의 돌로 만든 마음'으로 들은 척도 하지 않았다는 데에서 유래되었다.

[예문] 어떤 유혹이 와도 목인석심으로 끄떡도 하지 말아라.

[출전] 〈진서(晋書)〉 하통전(夏統傳)

목후이관 沐猴而冠

목욕할 **목** | 원숭이 **후** | 어조사 **이** | 갓 **관**

목욕한 원숭이가 관을 쓴 것과 같다는 뜻으로, 의관은 그럴 듯하나 생각이나 행동이 사람답지 못함을 이르는 말

[유래] 항우가 함양을 도읍으로 정하면 천하를 얻을 수 있었는데, 이를 버리고 금의환향하려 하자 한생이 간했다. 결국 받아들여지지 않았고, 한생이 크게 한탄하며 혼잣말로 "원숭이를 목욕시켜 관을 씌운 꼴이군!"이라고 했다고 한다.

[예문] 우리 사회에도 목후이관인 사람이 많다.

[유의어] 구족제철(狗足啼鐵)

[출전] 〈사기(史記)〉

무릉도원 武陵桃源

호반 **무** | 언덕 **릉** | 복숭아 **도** | 근원 **원**

세상과 따로 떨어진 별천지. 이상세계. 이상향. 별천지를 이르는 말

ㅁ

[유래] 도연명의 〈도화원기〉에 나오는 말로, 중국 진(晉)나라 때 호남(湖南) 무릉의 한 어부가 배를 저어 복숭아꽃이 아름답게 핀 수원지로 올라가 굴속에서 진(秦)나라의 난리를 피하여 온 사람들을 만났는데, 그들은 하도 살기 좋아 그동안 바깥세상의 변천과 많은 세월이 지난 줄도 몰랐다고 한다.

[예문] 산골학교는 그야말로 교육의 무릉도원 같은 곳이다.

[유의어] 일호지천(一壺之天), 호중천지(壺中天地)

[출전] 〈도연명집(陶淵明集)〉 도화원기(桃花源記)

무병자구 無病自灸

없을 **무** | 병 **병** | 스스로 **자** | 뜸 **구**

질병이 없는데 스스로 뜸질을 한다는 뜻으로, 불필요한 노력을 하여 정력을 낭비한다는 말

[유래] 장자가 도척의 말을 빌려 공자의 예교주의를 통렬하

게 공박한 픽션으로, 인물과 그 관계도 모두 우화화한 이야기에서 유래했다. 공자가 친구 유하계의 동생 도척을 설득하러 갔다가 오히려 도척의 기세에 눌려 도망 나왔는데, 도중에 만난 유하계에게 "나는 이른바 병도 없이 스스로 뜸질을 한 격이네. 허겁지겁 달려가 호랑이 머리를 쓰다듬고 호랑이 수염을 가지고 놀다가 하마터면 호랑이 주둥이를 벗어나지 못할 뻔했네."라고 했다.

[예문] 가만히 있으면 중간이나 간다는 말은 무병자구와 같은 말이다.

[출전] 〈장자(莊子)〉 도척편(盜跖篇)

무산지몽 巫山之夢

무당 **무** | 뫼 **산** | 어조사 **지** | 꿈 **몽**

무산의 꿈이란 뜻으로, 남녀 간의 밀회나 정교를 이르는 말

[유래] 중국 초나라의 양왕(襄王)이 낮잠을 자다가 꿈속에서 무산의 신녀(神女)를 만나 즐거움을 누렸다는 고사에서 유래한다.

[예문] 두 사람의 만남은 일장춘몽처럼 짧았으나 두 사람의 정은 무산지몽처럼 깊었다.

[유의어] 무산지운(巫山之雲), 조운모우(朝雲暮雨), 천침석(薦枕席)

[출전] 〈문선(文選)〉

무용지용 無用之用

없을 **무** | 쓸 **용** | 어조사 **지** | 쓸 **용**

언뜻 보기에 쓸모없는 것이 오히려 큰 구실을 함을 이르는 말

[유래] 공장가 초나라에 갔을 때 광접여로부터 '사람은 모두 유용(有用)의 용(用)만을 알고, 무용(無用)의 용을 모른다'는 말을 들었다는 데에서 유래되었다.

[예문] 무용지용의 자세는 작은 것을 아름답게 만든다.

[출전] 〈장자(莊子)〉 인간세편(人間世篇)

무위이화 無爲而化

없을 **무** | 할 **위** | 말이을 **이** | 될 **화**

애써 공들이지 않아도 스스로 잘 이루어진다는 뜻으로, 억지로 꾸밈이 없어야 백성들이 진심으로 따르게 된다는 말

[유래] 옛 성현이 "내가 아무것도 하지 않으니 백성들이 스스로 감화되고(我無爲 而民自化), 내가 고요하니 백성들이 스스로 바르게 되며(我好靜 而民自正), 내가 일을 만들지 않으니 백성들이 스스로 부유해지고(我無事 而民自富), 내가 욕심부리지 않으니 백성들이 스스로 소박해진다(我無欲 而民自樸)."고 한 데에서 유래되었다.

[예문] 좋은 정치란 무위이화하는 것이라 생각한다.

[출전] 〈노자(老子)〉 제58장

묵자비염 墨子悲染

먹 **묵** | 임 **자** | 슬플 **비** | 물들일 **염**

묵자가 물들이는 것을 슬퍼한다는 뜻으로, 사람은 습관에 따라 그 성품의 좋고 나쁨이 결정된다는 말

[유래] 묵가가 염색하는 사람을 보고 "파란 물감에 물들이면 파란색, 노란 물감에 물들이면 노란색이 되는구나. 이렇게 물감에 따라 실의 색깔도 변하여 매번 다른 색깔을 만드니 물들이는 일이란 참으로 조심해야 할 일이다. 사람이나 나라도 이와 같아 물들이는 방법에 따라 흥하기도 하고 망하기도 하는 것이다."라고 한 데에서 유래되었다.

[유의어] 묵자읍사(墨子泣絲)

[출전] 〈묵자(墨子)〉 소염편(所染篇)

ㅁ

묵적지수 墨翟之守

먹 **묵** | 꿩 **적** | 어조사 **지** | 지킬 **수**

묵적이 성을 지켰다는 뜻으로, 자기 의견이나 주장을 끝까지 굳게 지킨다는 말

[유래] 공수반이 초를 위해 운제계를 만들어 송나라를 공격한다는 소문을 들은 묵자는 공수반을 반박했는데, 공수반은 초왕의 핑계를 대 다시 초왕을 설득했다. 결국 묵자는 허리띠를 풀어 성책을 만들고, 나뭇조각으로 방패 대용의 기계를 만들어 운제계로 공격하는 공수반과 모의 전쟁을 벌였는데, 공수반이 아홉 번을 공격 당했으나 아홉 번을 모두 막아냈다고 한다.

[예문] 묵적지수가 오늘날에는 융통성이 없는 사람의 모습으로 보일 수 있다.

[유의어] 교주고슬(膠柱鼓瑟), 묵성지수(墨性之守), 수주대토(守株待兎)

[출전] 〈묵자(墨子)〉 공수반편(公輸盤篇)

문경지교 刎頸之交

목맬 **문** | 목 **경** | 어조사 **지** | 사귈 **교**

목을 베어줄 수 있을 정도로 절친한 사귐이나 또 그런 벗

[유래] 조(趙)나라 혜문왕(惠文王) 때의 명신 인상여(藺相如)와 염파(廉頗)장군은, 한때 인상여의 출세를 시기하는

염파로 인하여 불화하였다. 그러나 끝까지 나라를 위하여 참는 인상여의 넓은 도량에 감격한 염파가 깨끗이 사과함으로써 다시 친한 사이가 되어, 죽음을 함께 해도 변하지 않는 친교를 맺게 되었다는 고사에서 유래되었다.

[유의어] 관포지교(管鮑之交), 금란지계(金蘭之契), 단금지계(斷金之契)

[출전] 〈사기(史記)〉 염파인상여열전(廉頗藺相如列傳)

ㅁ

문일지십 聞一知十

들을 문 | 한 일 | 알 지 | 열 십

하나를 들으면 열을 안다는 뜻으로, 매우 총명한 사람을 말함

[유래] 공자의 제자였던 자공이 안회의 총명함을 스승 앞에서 칭송한 말

[예문] 문일지십의 제자가 있다는 것으로도 선생님은 행복하다.

[반대어] 득일망십(得一忘十)

[출전] 〈논어(論語)〉 공야장편(公冶長篇)

문전성시 門前成市

문 문 | 앞 전 | 이룰 성 | 시가 시

문 앞이 저자를 이룬다는 뜻으로, 찾아오는 사람이 많음을 비유하여 이르는 말

[유래] 전한(前漢) 말, 황제인 애제는 미소년에 빠져 국정을 돌보지 않았다. 정숭(鄭崇)이 거듭 간하다가 애제에게 미움만 사자, 조창(趙昌)이라는 아첨배가 정숭을 모함하며 "정숭의 집 문 앞이 저자를 이루고 있사오니 엄중히 문초하십시오."라고 했다는 데에서 유래되었다.

[예문] 그 음식점은 항상 문전성시를 이루고 있었다.

[유의어] 문전여시(門前如市), 문정여시(門庭如市)

[출전] 〈한서(漢書)〉 정숭전(鄭崇傳) · 손보전(孫寶傳)

문전작라 門前雀羅

문 문 | 앞 전 | 참새 작 | 벌일 라

문밖에 새 그물을 칠 수 있다는 뜻으로, 권세가 약해지면 방문객들이 끊어진다는 뜻

[유래] 전한 7대 황제인 무제(武帝) 때 급암과 정당시라는 두 현신(賢臣)이 있었다. 그들은 한때 각기 구경의 높은 지위에까지 오른 적도 있었지만 둘 다 개성이 강한 탓에 좌천 면직 재 등용을 되풀이하다 벼슬을 마쳤다. 이들이 각기 현

직에 있을 때에는 방문객이 늘 문전성시를 이루었으나 면직되자 방문객의 발길이 뚝 끊어졌다고 한다. 이를 사마천이 빈객의 수가 줄었다고 평한 데에서 유래되었다.

[예문] 평소에는 문전성시하다가도 막상 힘을 잃게 되면 문전작라가 되는 게 세상인심이다.

[반의어] 문전성시(門前成市)

[출전] 〈사기(史記)〉 급정열전(汲鄭列傳), 백거이(白居易)의 '우의시(寓意詩)'

물부충생 物腐蟲生

만물 **물** | 썩을 **부** | 벌레 **충** | 날 **생**

내부에 약점이 생기면 곧 외부의 침입이 있게 된다는 뜻

[유래] 소동파는 '생물은 반드시 먼저 썩은 뒤에 벌레가 생기고, 사람도 반드시 먼저 의심을 하게 된 뒤에 남의 모함을 듣는다'라고 함으로써 항우(項羽)에게 버림받은 범증(范增)을 묘사하였다.

[예문] 부패정치는 물부충생을 만들어낸다.

[출전] 소동파(蘇東坡)의 〈범증론(范增論)〉

ㅁ

미생지신 尾生之信

꼬리 **미** | 날 **생** | 어조사 **지** | 믿을 **신**

미생의 믿음이란 뜻으로, 고지식하여 융통성이 없는 사람을 비유하여 이르는 말

[유래] 중국 춘추시대에 미생(尾生)이라는 자가 다리 밑에서 만나자고 한 여자와의 약속을 지키기 위하여 홍수가 났는데도 피하지 않고 기다리다가 마침내 익사하였다는 고사에서 유래되었다.

[예문] 미생지신까지는 엄두를 내지 못하더라도, 요즘 사람들은 약속을 너무 쉽게 저버린다.

[유의어] 각주구검(刻舟求劍), 수주대토(守株待兎), 포주지신(抱柱之信)

[출전] 〈사기(史記)〉 소진열전(蘇秦列傳), 〈장자(莊子)〉 도척편(盜跖篇)

미연방 未然防

아직 **미** | 그러할 **연** | 막을 **방**

그렇게 되기 전에 막는다는 말

[유래] '군자는 미연에 막고, 혐의 사이에 몸을 두지 않는다'는 데에서 유래한 말로, 군자는 무슨 일이든 멀리 앞을 내다보고 결정하지 사사로운 정에 이끌리지 않기 때문에 항상 복을 받는다는 뜻이다.

[예문] 장기적인 안목을 가지고 대비한다면 천재지변을 미연방할 수 있을 것이다.

[출전] 육기(陸機)의 시 '군자행(君子行)'

ㅁ

반간 反間

배반할 **반** | 사이 **간**

적의 첩자를 역이용해 적의 동정을 살피는 일, 또는 그 일을 하는 사람

[유래] 손자는 첩자 사용 방식을 5가지로 분류했다. 향간(鄕間)은 적국의 백성을 포섭해 정보를 얻는 것이고, 내간(內間)은 적국의 관리를 매수해 정보를 빼내는 것이고, 반간은 적국의 간첩을 이용해 정보를 알아내는 것이고, 사간(死間)은 죽음을 각오하고 적국에 들어가 허위 사실을 퍼뜨려 적국을 교란시키는 것이고, 생간(生間)은 적국의 정보를 가지고 살아 돌아오는 것이다.

[예문] 이번 작전은 반간의 활약으로 성공했다.

[유의어] 이간(離間)

[출전] 〈손자(孫子)〉 용간편(用間篇)

반골 反骨

거꾸로 **반** | 뼈 **골**

어떤 권력이나 권위에 순응하거나 따르지 아니하고 저항하는 기골, 또는 그런 기골을 가진 사람

[유래] 촉(蜀)에 위연(魏然)이라는 장수가 있었는데, 용맹하고 호탕하며 지략이 뛰어난 인물이었지만 제갈량은 위연의 목덜미에 이상한 뼈가 거꾸로 솟아 있는 것을 보고 장래에 반드시 모반할 인물임을 짐작했다. 결국 그는 모반을 하려고 했는데, 미리 준비해둔 제갈량에 의해 죽음을 당하고 말았다.

[예문] 그는 원래 반골 성향에 바른말 잘하는 것으로 널리 알려진 인물이다.

[출전] 〈삼국지(三國志)〉 촉서(蜀書) 위연전(魏然傳)

반근착절 盤根錯節

소반 **반** | 뿌리 **근** | 섞일 **착** | 마디 **절**

서린 뿌리와 얼크러진 마디라는 뜻으로, 얽혀 있어 해결하기 매우 어려운 상태나 사건을 비유하여 이르는 말

[유래] 후한(後漢) 안제 때 우후는 태후의 오빠인 등즐이 국비 부족으로 열사와 무인을 배출한 양주를 포기하려고 하자 반대하고 나섰다. 등줄의 미움을 산 우후는 조가현의 비적 토벌을 명 받았다. 친구들의 걱정에 우후는 "안이한 뜻을 구하지 않고 험한 일을 피하지 않는 것이 신하의 도리가 아

ㅂ

닌가. 서린 뿌리와 뒤틀린 마디를 피한다면 어디서 이 예리한 칼날을 휘두를 수 있겠는가."라고 말했다.

[예문] 의외로 많은 사건들이 반근착절로 미해결 상태로 남아 있다.

[출전] 〈후한서(後漢書)〉 우후전(虞詡傳)

ㅂ

반문농부 班門弄斧

나눌 반 | 문 문 | 희롱할 농 | 도끼 부

재주가 뛰어난 사람 앞에서 함부로 재간을 부리는 것을 이르는 말

[유래] 중국 노나라에 기계를 잘 만드는 반수(班輸)라는 사람을 흉내 내어, 그의 집 문 앞에서 도끼를 가지고 기계를 만들려고 한 어리석은 사람이 있었다는 데에서 유래한다.

[예문] 실력이 없는 사람들이 반문농부하는 경우가 많다.

[출전] 매지환(梅之渙)의 '제이백묘시(題李白墓詩)'

반식재상 伴食宰相

짝 반 | 밥 식 | 재상 재 | 서로 상

자리만 차지하고 있는 무능한 재상을 비꼬아 이르는 말

[유래] 당나라 현종을 도와 당대 최고의 차세를 이뤘던 '개원

(開元)의 치(治)'를 연 재상은 요숭(姚崇)이었다. 반면 노회신은 청렴결백하고 근면한 사람이었으나, 휴가 중인 요숭의 직무를 10여 일간 대행할 때 요숭처럼 신속히 재결하지 못해 정무를 크게 정체시키고 말았다. 그 후부터는 매사를 요숭에게 상의한 다음에야 처리하곤 해서 사람들은 그를 가리켜 '자리만 차지하고 있는 무능한 재상'이라고 조롱했다.

[예문] 능력에 상관없이 학연, 지연 등으로 인사가 이루어지는 현실에서 반식재상들은 흔히 볼 수 있다.

[유의어] 녹도인(祿盜人), 시위소찬(尸位素餐), 의관지도(衣冠之盜)

[출전] 〈당서(唐書)〉 노회신전(盧懷愼傳)

반의희 斑衣戲

얼룩 반 | 옷 의 | 놀 희

때때옷을 입고 논다는 뜻으로, 늙어서도 부모에게 효도한다는 말

[유래] 노(魯)나라의 노래자는 70세의 백발노인이 되었어도 그의 부모에게 효도를 다했는데, 행여나 부모 자신이 늙었다는 사실을 알지 못하게 하기 위해 늘 알록달록한 때때옷을 입고 어린아이처럼 재롱을 피웠다한다.

[예문] 노인 학대 기사가 하루가 멀다 하고 신문에 실리는 현실에서 반의희라는 말은 더없이 소중하게 다가온다.

[유의어] 반포지효(反哺之孝), 채의이오친(綵衣以娛親), 채의지년(綵衣之年)

[출전] 〈몽구(蒙求)〉 고사전(高士傳)

발본색원 拔本塞源

뺄 발 | 근본 본 | 막을 색 | 근원 원

폐단을 근본적으로 제거함

ㅂ

[유래] '나에게 큰아버지는 옷에 갓과 면류관이 있으며, 나무와 물에 근원이 있고, 백성에게 지혜로운 임금이 있는 것과 같다. 큰아버지께서 만약 갓을 부수고, 근본을 뽑아 근원을 틀어막아 오직 지혜로운 임금을 버리신다면 비록 오랑캐라 할지라도 어찌 한 사람이라도 남아 있겠는가'라는 구절에서 유래되었다.

[예문] 당국은 이 같은 밀수품의 유입 경로와 유통 구조를 발본색원해야 한다고 말했다

[유의어] 삭주굴근(削株掘根), 전초제근(剪草除根)

[출전] 〈춘추좌씨전(春秋左氏傳)〉 소공9년조(昭公九年條)

발분망식 發憤忘食

일어날 **발** | 성낼 **분** | 잊을 **망** | 먹을 **식**

무엇을 할 때 끼니마저 잊고 힘쓴다는 말

[유래] 초(楚)의 섭공이 공자의 제자 자로에게 스승이 어떤 인물인지 물었는데 대답을 하지 못했다. 나중에 이것을 알게 된 공자가 자도에게 "왜 '학문에 발분하면 끼니도 잊고 도를 즐기며, 근심과 걱정을 잊으며, 늙음이 닥쳐오는 데에도 그런 것을 알지 못하는 사람입니다.'라고 대답하지 않았느냐."고 이른 데에서 유래되었다.

[예문] 발분망식으로 학업에 힘써라.

[유의어] 낙이망우(樂以忘憂), 발분독서(發憤讀書)

[출전] 〈논어(論語)〉 술이편(述而篇)

발호장군 跋扈將軍

뛸 **발** | 통발 **호** | 장차 **장** | 군사 **군**

통발을 뛰어넘는다는 뜻으로, 제어할 수 없을 정도로 제멋대로 날뛰거나 세력이 강해져 감당하기 어려운 상태나 그런 사람을 이름

[유래] 후한은 외척과 환관 때문에 멸망했다고 할 수 있다. 외척 가운데 가장 포악한 사람은 20년 동안 권력을 전횡한 양기를 꼽을 수 있는데, 그에 의해 등극한 질제는 그를 못마땅하게 여겨 조회 때 양기를 가리키면서 "이 분이 발호장군이시군."이라고 했다.

[예문] 이 폭풍은 발호장군이라고 할 만하다.

[출전] 〈후한서(後漢書)〉 양기전(梁冀傳)

방약무인 傍若無人

의지할 **방** | 갈을 **약** | 없을 **무** | 사람 **인**

곁에 아무도 없는 것처럼 제멋대로 마구 행동함을 이르는 말

ㅂ

[유래] 위(衛)의 형가는 성격이 침착하고 생각이 깊으며, 문학과 무예에 능하였고, 애주가였다. 그는 정치에 발탁이 되지 않자 여러 나라를 떠돌면서 현인과 호걸과 사귀기를 즐겼는데, 연회에서 사귄 고점리와 친한 사이가 되어 술자리에서 신세의 처량함을 느껴 얼싸안고 웃고 우는 모습이 '마치 곁에 아무도 없는 것'처럼 보였다고 한 데에서 유래한 말이다.

[예문] 그는 방약무인한 행동으로 사람들의 미움을 샀다.

[유의어] 경거망동(輕擧妄動), 안하무인(眼下無人), 오만무례(傲慢無禮)

[출전] 〈사기(史記)〉 자객열전(刺客列傳)

방촌이란 方寸已亂

모 **방** | 마디 **촌** | 이미 **이** | 어지러울 **란**

마음이 이미 혼란스러워졌다는 뜻으로, 마음이 흔들린 상태에서는 어떠한 일도 계속할 수 없음을 비유하여 이르는 말

[유래] 삼국시대(三國時代) 때, 유비(劉備)를 보좌하던 서서는 탁월한 재능을 갖고 있어 조조가 그를 탐냈다. 그래서 서서에게 자기 사람이 되어달라고 요청했지만 단호히 거절했다. 하지만 조조는 포기하지 않고 그가 효자란 점을 이용해 그의 어머니를 위로 데려온 후 가짜 편지를 보냈고, 결국 서서는 유비에게 가서 "저는 본래 당신을 돕고 싶었으나 지금 조조가 어머니를 포로로 잡고 있어 '제 마음이 혼란스러워져' 당신을 위해 일을 할 수 없습니다."라고 말했다.

[예문] 방촌이란의 상태에 놓이면 어떠한 큰일도 도모할 수 없다.

[유의어] 심란여마(心亂如麻)

[출전] 〈삼국지(三國志)〉

방휼지쟁 蚌鷸之爭

방합 **방** | 도요새 **휼** | 어조사 **지** | 다툴 **쟁**

방합과 도요새의 다툼이라는 뜻으로 제3자만 이롭게 하는 다툼을 이르는 말

[유래] 방합과 도요새가 다투는데 어부가 와서 방합과 도요새를 다 거두어 갔다는 고사에서 유래되었다.

[예문] 현재 국면은 황새와 조개가 서로의 급소를 물고 놓아주지 않고 있는 방휼지쟁의 형국이다.

[유의어] 견토지쟁(犬兎之爭), 어부지리(漁父之利), 전부지공(田不之功)

[출전] 〈전국책(戰國策)〉 연책(燕策)

ㅂ

배반낭자 杯盤狼藉

잔 **배** | 쟁반 **반** | 어지러울 **낭** | 어지러울 **자**

술잔과 접시가 어지럽게 흩어져 있다는 뜻으로, 술을 마시고 한창 노는 모습이나 술자리가 파할 무렵 난잡한 모습을 이르는 말

[유래] 제(齊)나라의 유명한 해학가 순우곤은 위왕(威王)의 조(趙)나라 구원군에 성공하여 왕의 축하연을 받게 되었다. 술자리에서 위왕과 순우곤의 대화 가운데 순우곤이 '날이 저물어 술도 거의 떨어지게 되어 취흥이 돌면, 남녀가 무릎을 맞대고, 서로의 신발이 뒤섞이며, 술잔과 그릇들이 어지럽게 흩어진다'고 말해 지나친 주연을 삼갈 것을 간했다.

[예문] 정치를 한다는 자들이 이 나라를 배반낭자하게 만들어놓았다.

[출전] 〈사기(史記)〉 골계열전(滑稽列傳)

배수지진 背水之陣

등 **배** | 물 **수** | 어조사 **지** | 떼 **진**

물을 등지고 친 진지라는 뜻으로, 목숨을 걸고 어떤 일에 대처하는 경우를 비유하여 이르는 말

[유래] 한나라의 한신이 강을 등지고 진을 쳐서 병사들이 물러서지 못하고 힘을 다하여 싸우도록 해서 조나라의 군사를 물리쳤다는 고사에서 유래되었다.

[예문] 그는 생존경쟁에서 지지 않겠다는 배수지진의 각오를 밝혔다.

[유의어] 배수진(背水陣), 제하분주(濟河焚舟), 파부침주(破釜沈舟)

[출전] 〈사기(史記)〉 회음후열전(淮陰侯列傳)

ㅂ

배중사영 杯中蛇影

술잔 **배** | 가운데 **중** | 뱀 **사** | 그림자 **영**

술잔 속에 비친 뱀의 그림자란 뜻으로, 쓸데없는 의심을 품고 스스로 고민함을 비유하여 이르는 말

[유래] 진(晉)의 악광이 벼슬에 있을 때 친한 친구가 발길이 뜸해 방문을 해보니 얼굴이 매우 좋지 않아 보였다. 그래서 이유를 묻자 친구가 "전에 자네와 술을 마실 때 내 잔 속에 뱀이 보이지 않았겠나. 어쩔 수 없이 그냥 마셨더니 이후 몸이 별로 좋지 않네."라고 해서 그곳에 가보았다. 그 방의 벽에 뱀이 그려진 활이 걸려 있는 것을 보고 뱀의 그림자라

는 것을 알았다.

[예문] 배중사영이 깊으면 인간관계에 문제가 발생한다.

[유의어] 반신반의(半信半疑), 의심생암귀(疑心生暗鬼)

[출전] 〈진서(晉書)〉 악광전(樂廣傳)

ㅂ

백구과극 白駒過隙

흰 백 | 망아지 구 | 지날 과 | 틈 극

흰 망아지가 벽 틈으로 지나간다는 뜻으로, 인생이 빨리 지나가는 것을 비유하여 이르는 말

[유래] '사람이 하늘과 땅 사이에 사는 것은 마치 흰 망아지가 달려가는 것을 문틈으로 보는 것처럼 순식간이다. 모든 사물은 물이 솟아나듯 문득 생겼다가 물이 흐르듯 사라져 가는 것이다. 즉 사물은 모두 자연의 변화에 따라 생겨나서 다시 변화에 따라 죽는 것이다'라는 구절에서 유래되었다.

[예문] 백구과극처럼 인생은 짧기만 하다.

[유의어] 광음여류(光陰如流), 광음여시(光陰如矢), 일촌광음(一寸光陰)

[출전] 〈장자(莊子)〉 지북유(知北遊), 〈사기(史記)〉 유후세가(留侯世家)

백년하청 百年河淸

일백 **백** | 해 **년** | 물 **하** | 맑을 **청**

황허강(黃河)의 물이 맑아지기를 무작정 기다린다는 뜻으로, 아무리 기다려도 실현될 수 없는, 또는 믿을 수 없는 일을 언제까지나 기다린다는 것을 비유한 말

[유래] 춘추시대 소국인 정(鄭)나라는 초(楚)의 속국인 채(蔡)를 친 것이 화가 되어 초의 보복 공격을 받게 되었을 때 화친론과 주전론이 팽팽히 맞서자 대부인 자사가 "주(周)나라의 시에 황허강의 물이 맑아지기를 기다리는 것은 사람의 짧은 목숨으로는 아무래도 부족한 형편이니, 여러 가지를 놓고 점을 친다면 그물에 얽힌 듯 갈피를 잡지 못한다는 말이 있습니다."라고 한 데에서 유래되었다.

[예문] 밤낮 부두에만 매달려보았자 백년하청이고 뭐니 뭐니 장삿길밖에 없을 것 같다. – 이호철, 〈소시민〉

[유의어] 부지하세월(不知何歲月), 천년하청(千年河淸),

[출전] 〈춘추좌씨전(春秋左氏傳)〉

백두여신 白頭如新

흰 **백** | 머리 **두** | 같을 **여** | 새로울 **신**

마음이 맞지 않은 사람은 아무리 오래 사귀어도 새로 사귀기 시작한 사람과 같다는 말

[유래] 전한(前漢) 초기에 추양이 양(梁)나라에서 무고하게 사형선고를 받게 되자, 왕에게 자신의 억울함을 호소하는

글을 올리면서 아무리 오래 사귀어도 사람이 사람을 아는 것이 쉽지 않다고 한 데에서 유래되었다.

[예문] 그 친구는 알면 알수록 백두여신 같은 데가 있다.

[반의어] 경개여고(傾蓋如故), 경개여구(傾蓋如舊)

[출전] 〈사기(史記)〉 추양열전(鄒陽列傳)

ㅂ

백락일고 伯樂一顧

맏 백 | 즐거울 락 | 한 일 | 돌아볼 고

명마(名馬)도 백락(伯樂)을 만나야 세상에 알려진다는 뜻으로, 재능 있는 사람도 그 재주를 알아주는 사람을 만나야 빛을 발한다는 말

[유래] 춘추시대 주(周)나라 때 말 장수가 백락을 찾아와 자기에게 명마 한 필이 있는데 아무도 사지 않는다며, 사례는 충분히 할 테니 감정해달라고 신신당부하였다. 백락이 말을 본 후 명마임이 확인되자 말의 값은 껑충 뛰었고, 결국 말 주인이 처음 생각했던 값의 열 배나 받고 팔았다.

[예문] 백락일고라 했듯이 진정한 리더의 가치는 인재를 키워내는 데 있다.

[출전] 〈전국책(戰國策)〉

백락자 伯樂子

맏 **백** | 즐거울 **락** | 아들 **자**

백락의 아들이라는 뜻으로, 어리석은 자식을 이르는 말

[유래] 백락에게는 아들이 있었는데 아버지가 가르쳐준 감정법을 손에 적어 좋은 말을 구하려고 돌아다녔다. 어느 날 아들은 두꺼비를 잡아 가지고 와서 아버지가 말한 명마와 같은 외모라고 했다. 백락은 두꺼비를 명마라고 하는 아들의 어리석음에 기가 막혀 할 말을 잃었다고 한다.

[예문] 대통령 아들들을 보면 '불초'와 '백락자'란 말이 절실히 느껴진다.

[출전] 장정사(張鼎思)의 〈낭야대취편(瑯玡代醉編)〉

백룡어복 百龍魚服

흰 **백** | 용 **룡** | 물고기 **어** | 입을 **복**

흰 용이 물고기의 옷을 입는다는 뜻으로, 신분이 높은 사람이 서민의 허름한 옷으로 갈아입고 미행(微行)하는 것을 비유하여 이르는 말

[유래] 오(吳)나라 왕이 백성들과 함께 술을 마시려고 하자 옆에 있던 오자서(伍子胥)가 이를 말리면서 신령스러운 흰 용이 물고기로 변하여 다니다가 어부의 그물에 잡혔다는 이야기를 한 데에서 유래한다.

[예문] 서민들의 살림살이를 현장에서 알아보기 위해서는 통치자들의 백룡어복이 필요하다.

ㅂ

[출전] 〈사기(史記)〉 오자서열전(伍子胥列傳)

백리부미 百里負米

일백 백 | 이수 리 | 질 부 | 쌀 미

백 리나 되는 먼 곳까지 쌀을 짊어진다는 뜻으로, 비록 가난하게 살지만 부모를 잘 봉양한다는 말

[유래] 부모에게 쌀밥을 드리기 위해 백 리 길을 멀다고, 또는 귀찮아하지 않고 쌀을 져 오는 자로의 지극한 효성에서 유래한 말이다.

[예문] 효에 대한 의식이 퇴색되어가는 이기적인 현대 사회일수록 백리부미를 되새겨봐야 한다.

[유의어] 반포지효(反哺之孝), 백리지부(百里之負), 채의이오친(綵衣以娛親)

[출전] 〈공자가어(孔子家語)〉 치사(致思)

백면서생 白面書生

흰 백 | 얼굴 면 | 글 서 | 날 생

글만 읽어 얼굴이 창백한 사람이라는 뜻으로, 글만 읽어 세상 물정에 어둡고 경험이 없는 사람을 이르는 말

[유래] 송(宋)나라 효무제는 심경지와 문신들을 불러놓고 숙적인 북위를 치기 위한 출병을 논의했다. 심경지는 북벌 실패의 전례를 들어 출병을 반대하며, "밭갈이는 농부에게 맡

기고 바느질은 아낙에게 맡겨야 하옵니다. 그런데 폐하께서는 어찌 북벌 출병을 '백면서생'과 논의하려 하시나이까?" 고 간했다. 하지만 심경지의 의견을 듣지 않았고, 결국 송나라는 문신들의 의견을 받아들여 출병했다가 크게 패하고 말았다.

[예문] 이번 신입사원 채용에는 책상물림의 백면서생보다는 대인관계도 좋고, 업무적응력이 뛰어난 실무형 인재들을 뽑을 것이다.

[유의어] 백면랑(白面郎)

[출전] 〈송서(宋書)〉 심경지전(沈慶之傳)

ㅂ

백문불여일견 百聞不如一見

일백 **백** | 들을 **문** | 아니 **불** | 같을 **여** | 한 **일** | 볼 **견**

백 번 듣는 것이 한 번 보는 것만 못하다는 뜻으로, 무엇이든지 경험해야 확실히 알 수 있다는 말

[유래] 노장 조충국이 강족을 치는데 스스로 적임자로 나서며, "백 번 듣는 것이 한 번 보는 것보다 못합니다. 무릇 군사란 작전 지역에서 멀리 떨어진 곳에서는 전술을 헤아리기 어려운 법이므로 바라건대 신을 금성군으로 보내주시면 현지를 살펴본 다음 방책을 아뢰겠습니다."라고 말한 데에서 유래되었다.

[예문] 백문이불여일견이란 말이 있듯이 직접 견학을 통하여 체험을 하면 쉽게 이해될 것이다.

[출전] 〈한서(漢書)〉 조충국전(趙充國傳)

백미 白眉

흰 백 | 눈썹 미

흰 눈썹이란 말로 여러 사람 중에서 가장 뛰어난 사람, 혹은 물건

[유래] 중국 촉한(蜀漢) 때 마량(馬良)의 다섯 형제가 모두 재주가 있었는데, 그중에서도 눈썹 속에 흰 털이 난 량(良)이 가장 뛰어났다는 데에서 유래한다.

[예문] 춘향전은 한국 고전 문학의 백미다.

[출전] 〈삼국지(三國志)〉 촉지(蜀志) 마량전(馬良傳)

백발백중 百發百中

일백 백 | 쏠 발 | 일백 백 | 가운데 중

백 번 쏘아 백 번 모두 맞힌다는 뜻으로, 일 또는 계획한 것이 들어맞거나 일마다 실패하지 않고 잘됨

[유래] 초나라에 활을 매우 잘 쏘는 양유기라는 사람은 백 보나 떨어진 곳에서 버드나무 잎을 쏘아도 백발백중이었다고 한다.

[예문] 주몽은 해모수에게 백발백중의 활 솜씨를 선보였다.

[유의어] 백무일실(百無一失), 백보천양(百步穿楊)

[출전] 〈사기(史記)〉 주본기(周本紀)

백발삼천장 白髮三千丈

흰 백 | 터럭 발 | 석 삼 | 일천 천 | 길 장

흰 머리털의 길이가 삼천 길이란 뜻으로, 근심이 이어져 끊임이 없음을 비유한 말로 중국문학의 과장적 표현으로 널리 인용되는 문구

ㅂ

[유래] 이백(李白)의 시 '추포가' 열다섯째 수의 첫 글귀 '흰 머리털이 삼천길, 수심으로 이토록 자랐네. 알 수가 없구나, 거울 속 모습이 어디서 가을 서리를 얻었던고'에서 유래되었다.

[예문] 등록금 고지서를 보니 백발삼천장이로구나.

[출전] 이백(李白)의 시 '추포가(秋浦歌)'

백아절현 伯牙絕絃

맏 백 | 어금니 아 | 끊을 절 | 악기 줄 현

백아가 거문고의 줄을 끊었다는 뜻으로, 서로 마음이 통하는 절친한 벗의 죽음을 이르는 말

[유래] 중국 춘추시대에 백아(伯牙)는 거문고를 매우 잘 탔고, 그의 벗 종자기(鍾子期)는 그 거문고 소리를 잘 들었는

데, 종자기가 죽어 그 거문고 소리를 들을 사람이 없게 되자 백아가 절망하여 거문고 줄을 끊어버리고 다시는 거문고를 타지 않았다는 데에서 유래한다.

[예문] 백아절현할 수 있는 벗이 있다는 것은 그 사람의 인생에 가치 있는 일 하나는 있다는 말이다.

[유의어] 백아파금(伯牙破琴)

[출전] 〈열자(列子)〉 탕문편(湯問篇)

백안시 白眼視

흰 백 | 눈 안 | 볼 시

남을 업신여기거나 냉대하여 흘겨봄

[유래] 진나라 때 죽림칠현의 한 사람인 완적(阮籍)이 반갑지 않은 손님은 백안(白眼)으로 대하고, 반가운 손님은 청안(靑眼)으로 대한 데에서 유래한다.

[예문] 과거에는 리콜을 실시하면 질 낮은 제품을 생산하는 회사로 백안시했지만, 최근에는 리콜을 실시하는 기업에 대한 신뢰가 오히려 높아지고 있다고 한다.

[반의어] 청안시(靑眼視)

[출전] 〈진서(晉書)〉 완적전(阮籍傳)

백의종군 白衣從軍

흰 백 | 옷 의 | 따를 종 | 군사 군

흰옷을 입고 군대를 따라 전장에 나간다는 뜻으로, 벼슬 없이 군대를 따라 싸움터에 나간다는 말

[유래] 〈송서〉 안사백전에 '유양진이 백의(白衣)객의 몸으로 주사의를 쳤다'라는 기록이 있으니, 그 뜻은 서인의 몸으로 싸운 것을 이른다. 백의(白衣)란 글자 그대로 흰옷 또는 흰옷을 입는 사람이란 뜻인데, 벼슬이나 직위가 없는 서민들이 입는 옷이었기에 서민을 뜻하는 말로 쓰였다.

[예문] 이순신 장군이 백의종군하러 가던 길을 따라 양천강을 건넜다.

[출전] 〈송서(宋書)〉

백전백승 百戰百勝

일백 백 | 싸울 전 | 일백 백 | 이길 승

백 번 싸워 백 번 이긴다는 뜻으로, 싸울 때마다 반드시 이긴다는 말

[유래] 모공편에 '승리하는 방법에는 두 가지가 있다. 첫째는 적과 싸우지 않고 승리하는 것이요, 둘째는 적과 싸운 끝에 승리하는 것이다. 전자가 가장 좋고 현명한 방법이고, 후자가 차선책이다. 비록 백 번 싸워 백 번 모두 이겼을지라도 그것은 최상의 승리가 아니다. 싸우지 않고 승리하는 것이야말로 최상의 승리라고 할 수 있다'는 구절에서 유래

되었다.

[예문] 적을 알고 나를 알면 백전백승이다.

[유의어] 연전연승(連戰連勝)

[출전] 〈손자(孫子)〉 모공편(謀攻篇)

ㅂ

백주지조 柏舟之操

잣나무 **백** | 배 **주** | 어조사 **지** | 잡을 **조**

잣나무처럼 굳은 절개라는 뜻으로, 남편을 일찍 여읜 아내가 재혼하지 않고 정조를 지키는 것을 이르는 말

[유래] 위(衛)나라의 제후의 공자 공백이 일찍 세상을 떠나자 그의 아내 공강은 굳은 절개를 지키고 부모의 재가 권유를 끝까지 뿌리쳤다. 그러면서 그녀는 '백주'라는 시를 지어 자신의 굳은 지조를 나타냈다.

[예문] 사소한 이유로 이혼하는 추세에서 백주지조는 진정한 부부 관계가 무엇인지를 다시 생각하게 하는 말이다.

[출전] 〈시경(詩經)〉 용풍

백중지세 伯仲之勢

맏 **백** | 버금 **중** | 어조사 **지** | 세력 **세**

서로 어금버금한 형세

[유래] 조비는 〈전론〉에서 한(漢)나라의 대문장가인 부의와 반고 두 사람의 문장 실력에 대해 우열을 가릴 수 없자 "문인들이 서로를 경시하는 것은 예부터 그러하였다. 부의와 반고의 실력은 백중지간이었다."라고 평했다.

[예문] 두 여인의 아름다움은 실로 백중지세였다.

[유의어] 난형난제(難兄難弟), 막상막하(莫上莫下), 세력백중(勢力伯仲), 춘란추국(春蘭秋菊)

[출전] 조비(曹丕)의 〈전론(典論)〉

백척간두 百尺竿頭

일백 **백** | 자 **척** | 장대 **간** | 머리 **두**

백 자나 되는 장대 끝이라는 뜻으로, 매우 위태롭고 어려운 지경을 비유한 말

[유래] 1004년(경덕1년) 송나라의 도원이 저술한 불교서적인 〈경덕전등록〉에 쓰여 있으며, 자신의 나태함을 극복하기 위하여 스스로 극한상태에 올려놓고 정신의 긴장을 늦추지 말라는 경고의 말이다.

[예문] 지금은 국가의 운명이 백척간두에 선 절박한 시기라

는 것을 잊지 말아야 한다.

[유의어] 누란지위(累卵之危), 여리박빙(如履薄氷), 풍전등화(風前燈火)

[출전] 〈경덕전등록(景德傳燈錄)〉

ㅂ

법삼장 法三章

법 법 | 석 삼 | 규정 장

한(漢)나라 초의 법(法)으로, 세 가지 죄목의 법만 규정한 것을 말한다.

[유래] BC 206년 한나라 고조가 진(秦)나라 군사를 격파하고 처음으로 함양(咸陽)에 들어갔을 때 지방의 유력자와 법삼장을 약속한 사실, 또는 그 법삼장을 가리킨다. '사람을 살해한 자는 사형에 처하고, 사람을 상해하거나 남의 물건을 훔친 자는 죗값을 받는다'는 내용으로 되어 있다.

[예문] 법상장만으로도 살 수 있는 사회가 되어야 한다.

[출전] 〈사기(史記)〉 고조본기(高祖本紀)

병문졸속 兵聞拙速

병사 **병** | 들을 **문** | 졸할 **졸** | 빠를 **속**

용병(用兵)할 때는 졸렬하여도 빠른 것이 좋다는 뜻

[유래] 손자는, 전쟁은 지구전이 아닌 속전속결로 결판을 내야 한다고 했는데, 그 이유는 지구전을 치를 때의 폐단을 명확히 알고 있었기 때문이었다. 즉, 짧은 기간에 모든 전력을 한곳에 모아 싸우는 것을 가장 합리적이고 효율적인 싸움이라고 주장한 것이다.

[예문] 모든 일이 병문졸속으로 마무리될 수는 없다.

[출전] 〈손자병법(孫子兵法)〉 작전편(作戰篇)

병불염사 兵不厭詐

군사 **병** | 아닐 **불** | 싫을 **염** | 속일 **사**

전쟁에서는 모든 방법으로 적군을 속여서라도 적을 이겨야 한다는 말

[유래] 진(晉)나라 문공(文公)이 적은 수로 초(楚)나라와 전쟁을 하고자 구범(舅犯)에게 견해를 묻자 구범이 답하길 "잡다한 예의를 지키는 군자는 충성과 신의를 꺼리지 않지만, 전쟁에 임해서는 속임수를 꺼리지 않는다고 합니다. 그러니 적을 속이는 술책을 써야 할 것입니다."라고 했다.

[예문] 대전(大戰)과 대선(大選)에는 병불염사라는 공통점이 있는 것 같다.

[유의어] 군불염사(軍不厭詐)

[출전] 〈한비자(韓非子)〉 난일편(難一篇)

병사지야 兵死之也

군사 병 | 죽을 사 | 어조사 지 | 어조사 야

전쟁이란 사람이 죽는 것이라는 뜻으로, 전쟁은 목숨을 던질 각오하고 해야 된다는 말

ㅂ

[유래] 조나라 왕은 조사의 아들 조괄(趙括)을 총사령관에 임명하고자 하였다. 사실 조괄은 어릴 때부터 병법에 대해 자신을 따를 자가 없다고 자만했는데, 아버지 조사는 아들에 대해 "전쟁에서 사람은 죽는 것인데 병법 이론만 믿고 겁 없이 행동하니 만일 장수가 되어 병법을 사용하면 조나라도 망하게 될 것이다."라고 매우 걱정하였다.

[예문] 옛날에는 병사지야가 너무도 당연한 말이라 군대에 가는 것을 쉽게 생각하지 않았다.

[출전] 〈사기(史記)〉 염파인상여열전(廉頗藺相如列傳)

병입고황
病入膏肓

병 **병** | 들 **입** | 기름 **고** | 명치끝 **황**

병이 고황에 들었다는 뜻으로, 병이 몸속 깊이 들어 고치기 어렵게 되었음을 이르는 말

[유래] 중국 진(晉)나라 경후(景侯)가 중병에 걸려 진(秦)나라로 부터 명의를 초빙하였다. 그러나 의원이 도착하기 전에 경후의 꿈속에 병마가 두 동자(童子)의 모습으로 나타나 "황의 위, 고의 밑에 숨자."고 이야기를 나누었다. 마침내 도착한 의원은 "이미 병이 고황(심장과 횡경막 사이)에 이르러 처방이 없습니다."고 진단하였다.

[예문] 병입고황이 되기 전에 정기적으로 건강검진을 받아야 한다.

[유의어] 병입골수(病入骨髓)

[출전] 〈춘추좌씨전(春秋左氏傳)〉

보우지탄
鴇羽之嘆

능에 **보** | 깃 **우** | 어조사 **지** | 탄식할 **탄**

너새 깃의 탄식이라는 뜻으로, 백성이 전쟁터나 부역에 종사하여 부모님을 보살피지 못하는 것을 탄식하는 것을 비유하여 이르는 말

[유래] 진(晉)나라는 소공(昭公) 이후 정사가 어지러워져 병사들의 출정이 빈번하였다. 보우는 출정한 병사들이 고향에 계신 늙으신 부모님을 공양하지 못한 슬픈 마음을 기러기와 비슷하게 생긴 너새에 비유하여 읊었다.

[예문] 요즘은 오히려 부모가 자식에게 보우지탄할 정도로 자식 사랑이 유별나다.

[유의어] 보우지차(鴇羽之嗟)

[출전] 〈시경(詩經)〉 보우(鴇羽)

ㅂ

보원이덕 報怨以德

보답할 **보** | 원수 **원** | 써 **이** | 덕 **덕**

원수에게 덕으로 보답하라는 말

[유래] 〈노자〉의 '무위를 위해 무위를 일삼으며, 맛이 없더라도 맛있는 것처럼 먹는다. 큰 것은 작은 것에서 비롯되고, 많은 것은 적은 것에서 비롯되며, 원수를 덕으로 갚는다'라는 구절에서 유래된 말이다.

[예문] '원수를 사랑하라'는 기독교의 가르침은 노자사상의 보원이덕과 같다.

[반의어] 불구대천지원수(不俱戴天之怨讐)

[출전] 〈노자(老子)〉 제63장 은시(恩始)

복소무완란 覆巢無完卵

엎어질 **복** | 새집 **소** | 없을 **무** | 완전할 **완** | 알 **란**

엎어진 새집에는 알이 없다는 뜻으로, 근본이 썩으면 가지도 썩는다는 말

[유래] 후한의 공융은 한때 손권에게 체포된 적이 있었다. 체포될 당시 공융에게는 어린 두 아들이 있었다. 손권의 부하들이 공융을 체포하러 왔을 때 공융의 두 아들은 장기를 두고 있었는데, 공융은 아이들에게는 화가 미치지 않도록 손권의 부하들에게 신신당부하였다. 그러자 공융의 아들이 "엎어진 새집 밑에서 온전한 알이 있을 수 있습니까?"라고 말했고, 결국 두 아들 역시 체포되고 말았다.

[예문] 공직자 비리는 복소무완란의 결과다.

[출전] 〈후한서(後漢書)〉 공융전(孔融傳)

복수불반분 覆水不返盆

엎을 **복** | 물 **수** | 아니 **불** | 돌이킬 **반** | 동이 **분**

엎지른 물은 다시 담을 수 없다는 뜻으로, 일단 저지른 일은 다시 되돌릴 수 없거나 한번 떠난 아내는 다시 돌아올 수 없다는 말

[유래] 강태공, 또는 태공망으로 알려진 여상은 입신출세를 하기 전까지 끼니조차 이을 수 없는 가난한 서생이었다. 그래서 결혼 초부터 굶주리던 아내 마씨는 그만 친정으로 도망가고 말았다. 훗날 여상이 제나라 제후가 되자 그런 아내가 찾아와 다시 살고자 했으나 여상은 "한번 엎지른 물은 다

시 그릇에 담을 수 없고, 한번 떠난 아내는 돌아올 수 없는 법이오."라고 말했다.

[예문] 후회해 보았자 복수불반분이다.

[유의어] 낙화불반지(落花不返枝), 복배지수(覆杯之水), 파경부조(破鏡不照), 파경지탄(破鏡之歎)

[출전] 사기(史記) 제태공세가(齊太公世家), 〈습유기(拾遺記)〉

ㅂ

복차지계 覆車之戒

엎어질 **복** | 수레 **차** | 어조사 **지** | 경계할 **계**

앞 수레가 엎어진 것을 보고 경계하라는 뜻으로, 앞 사람의 실패를 뒷사람이 교훈으로 삼는다는 말

[유래] 전한(前漢)의 효제(孝帝)는 제후로서 황제가 된 사람이다. 그러자 세력이 강성한 제후들은 효제를 우습게 여겼다. 이를 염려한 효제는 가의, 주발 등의 현명한 신하를 등용하여 국정을 쇄신하고자 하였다. 그중 가의는 "엎어진 앞 수레의 바퀴자국은 뒤 수레의 거울이 됩니다. 하(夏), 은(殷), 주(周)시대는 태평성대를 누린 나라로, 이를 본받지 않는 나라는 오래 버틸 수 없습니다. 우리는 이를 경계해야 합니다."라고 말했다.

[예문] 선배는 후배의 복차지계다.

[유의어] 답복철(踏覆轍), 전차복후차계(前車覆後車戒)

[출전] 〈한서(漢書)〉 가의전(賈誼傳)

부동심 不動心

아니 **부** | 움직일 **동** | 마음 **심**

마음이 외부의 충동에도 흔들리거나 움직이지 아니함

[유래] 맹자는 그의 제자 공손추와의 부동심에 관한 대화에서 '부동심이란 어떤 것에도 마음이 동요되는 일이 없으며, 양심의 명령에 따라 행동을 하는 곳에 참다운 용기가 생기고 이러한 용기가 부동심의 밑거름이 된다'고 말했다.

[예문] 부동심은 동서고금의 많은 현인들이 다다르려 애쓴 이상적 마음 상태였다.

[출전] 〈맹자(孟子)〉 공손추(公孫丑)

부마 駙馬

곁말 **부** | 말 **마**

임금의 사위. 공주의 부군(夫君)

[유래] 신도탁(辛道度)이란 젊은이가 어느 집에 머물게 되었는데 남편과 사별하고 혼자 23년 동안 지냈다는 공주와 부부 인연을 맺게 되었다. 사흘 후 공주는 정표로 금 베개를 주고 홀연히 사라졌다. 금 베개를 본 왕비는 경위를 알아본

ㅂ

후 그에게 자기 사위라며 '부마도위(駙馬都尉)'라는 벼슬을 내리고 후대했다고 한다.

[예문] 임금은 웃지 않는 공주를 웃게 만드는 사람을 부마로 뽑는다는 방을 내렸다.

[출전] 간보(干寶)의 〈수신기(搜神記)〉

ㅂ

부족치치아간 不足置齒牙間

아닐 불 | 족할 족 | 둘 치 | 이 치 | 어금니 아 | 사이 간

치아 사이에 두기에는 부족하다는 뜻으로, 대꾸할 만한 가치가 없다는 말

[유래] 진(秦)의 황제 호해(胡亥)의 혹독한 정치로 민심은 흉흉하였다. 이 혼란을 틈타 '진승 · 오광의 난'이 일어났다. 의외로 장기화되자 호해는 신하에게 반란에 대해 의견을 물었다. 한 신하가 "신하로서 반역의 마음을 품고 있는 자체가 반역이니 군대를 파견하여 진압해야 합니다."라고 대답하자 황제의 안색이 변하였다. 이때 숙손통이 "그것은 단지 도둑들로서, 쥐새끼가 곡식을 훔치고 개가 물건을 물어 가는 것에 지나지 않습니다. 이 사이에 두기에 부족합니다." 라고 황제가 듣기 좋게 말한 데에서 유래되었다.

[예문] 그것은 너무도 유치해서 부족치치아간이다.

[출전] 〈사기(史記)〉 유경숙손통열전(劉敬叔孫通列傳)

부중지어 釜中之魚

솥 부 | 가운데 중 | 어조사 지 | 물고기 어

솥 안에 있는 물고기라는 뜻으로, 죽음이 눈앞에 닥친 것을 이르는 말

[유래] 후한의 외척 양기 형제의 횡포가 극에 달하자, 장강은 그들을 탄핵하는 상소를 올렸다가 도둑의 소굴인 광릉군으로 좌천당한다. 두목 장영과 도둑들을 만난 자리에서 그는 인간의 도리와 사물의 이치를 말하며 투항하여 개과천선할 것을 진심으로 종용하였다. 그러자 장영은 그의 용기와 열정에 감명 받아 "저희들이 목숨을 오래 오래 보존할지라도 그것은 물고기가 솥 안에 있는 것과 마찬가지입니다. 결코 오래 지속되지 못할 것입니다."라고 말했다.

[예문] 오늘날의 지구는 부중지어의 상황에 놓여 있다고 해도 과언이 아니다.

[유의어] 유어부중(游於釜中), 조상지육(俎上之肉)

[출전] 〈자치통감(資治通鑑)〉 한기(漢紀)

부화뇌동 附和雷同

붙을 부 | 화할 화 | 천둥 뇌 | 같을 동

우레 소리에 맞추어 천지 만물이 함께 울린다는 뜻으로, 자기 생각이나 주장 없이 남의 의견에 동조한다는 말

[유래] 〈예기〉에 '다른 사람의 의견을 자신의 의견인 것처럼 생각하지 말고, 다른 사람의 의견에 동조하지 말라. 옛 성

현들의 행동을 모범으로 삼고, 선왕의 가르침에 따라 행동해야 한다'라는 구절이 있다.

[예문] 평소에는 친하지 않던 그들이 갑자기 서로 부화뇌동하여 일을 꾸미기로 한 것이다.

[유의어] 경거망동(輕擧妄動), 아부뇌동(阿附雷同)

[출전] 〈예기(禮記)〉 곡례(曲禮)

북산지감 北山之感

북녘 **북** | 뫼 **산** | 어조사 **지** | 느낄 **감**

나라 일 때문에 부모를 제대로 봉양하지 못하는 것을 비유한 말

[유래] '북산'은 주(周)나라 유왕(幽王) 때 부역에 끌려가 부모의 봉양을 제대로 다하지 못함을 탄식하여 읊은 시의 제목에서 유래되었다.

[예문] 일제강점기의 독립투사들은 북산지감에 눈물이 마를 날이 없었을 것이다.

[유의어] 보우지탄(鴇羽之嘆)

[출전] 〈시경(詩經)〉 소아편(小雅篇) '북산(北山)'

분서갱유 焚書坑儒

불사를 **분** | 글 **서** | 묻을 **갱** | 선비 **유**

책을 불태우고 학자를 생매장한 일

[유래] 중국 진(秦)나라의 시황제가 학자들의 정치적 비판을 막기 위하여 민간의 책 가운데 의약(醫藥), 복서(卜筮), 농업에 관한 것만을 제외하고 모든 서적을 불태우고 수많은 유생을 구덩이에 묻어 죽인 일을 말한다.

[예문] 중국은 분서갱유를 통해서 중국 자체의 문화뿐 아니라 동양문화 전체에 너무나도 깊은 상처를 남겨놓았다.

[출전] 〈사기(史記)〉 진시황기(秦始皇紀), 〈십팔사략(十八史略)〉 진편(秦篇)

ㅂ

불가구약 不可救藥

아닐 **불** | 옳을 **가** | 건질 **구** | 약 **약**

일이 처음 상태로 돌이킬 수 없는 처지에 이른 것을 이르는 말

[유래] 충신 백범이 여왕의 잔혹한 정치를 비판했다가 오히려 웃음거리가 되자 그 답답한 마음을 '하늘이 이렇게 가혹한데 그렇게 놀리지 마소. 노인은 정성을 다하는데 젊은 사람은 교만하고, 내가 망령 부린 말도 하지 않았는데 장난삼아 놀리는구려. 장차 많은 악행을 일삼으면 치료할 약도 없다오.'라는 시로 노래했다는 데에서 유래되었다.

[예문] 교만은 불가구약이나 자신을 낮춘다면 겸손해질 수 있다.

[유의어] 무가구약(無可救藥)

[출전] 〈시경(詩經)〉 대아(大雅) '판(板)'

불구대천지수 不俱戴天之讐

아니 **불** | 함께 **구** | 머리에 일 **대** | 하늘 **천** | 어조사 **지** | 원수 **수**

함께 하늘을 이고 살 수 없는 원수란 뜻으로, 반드시 죽여야 할 원수를 일컫는 말

[유래] 〈예기〉의 '아버지의 원수와는 함께 하늘을 이고 살 수 없고, 형제의 원수를 보고 무기를 가지러 가면 늦으며, 친구의 원수와는 나라를 같이 해서는 안 된다'라는 구절에서 유래되었다.

[예문] 불구대천지수의 나라들이 최근 들어 화해의 싹을 틔우고 있다.

[준말] 대천지수(戴天之讐), 불공대천(不共戴天)

[출전] 〈예기(禮記)〉 곡례(曲禮), 〈맹자(孟子)〉 진심편(盡心篇)

불비불명 不蜚不鳴

아닐 **불** | 날 **비** | 아닐 **불** | 울 **명**

날지도 않고 울지도 않는다는 뜻으로, 큰일을 하기 위해 오랫동안 조용히 때를 기다린다는 말

[유래] 제(齊) 위왕(威王)은 음주가무와 음탕한 놀이로 나날을 보내며 정사는 중신들에게 맡겼다. 정사는 문란해졌고, 신하들 간에는 질서도 잡히지 않았으나 누구도 나서서 위왕에게 간언하지 못했다. 이때 순우곤이 위왕에게 3년 동안 '날지도 않고 울지도 않은 새'가 무슨 새인지 물었고, 위왕이 "한 번 날면 하늘에 오르며, 한 번 울면 사람을 놀라게 할 것이니 걱정말라."고 한 후 비로소 정사를 정상적으로 돌보았다고 한다.

[예문] 최근 이승엽이 불비불명을 떠올리는 장면을 일본에서 보이고 있어 눈길을 끈다.

[유의어] 복룡봉추(伏龍鳳雛), 와룡봉추(臥龍鳳雛), 용구봉추(龍駒鳳雛)

[출전] 〈사기(史記)〉 골계열전(滑稽列傳)

불수진 拂鬚塵

떨칠 **불** | 수염 **수** | 티끌 **진**

수염의 먼지를 털어준다는 뜻으로, 윗사람의 환심을 사려고 아첨하거나 윗사람에 대한 비굴한 태도나 그런 사람을 비유하는 말

[유래] 송(宋) 인종 때 강직하기로 유명한 재상 구준(寇準)이

어느 날 중신들과 회식을 하는데 음식찌꺼기가 수염에 붙었다. 이것을 본 정위는 자리에서 벌떡 일어나 자기 소맷자락으로 공손히 털어냈다. 그러자 구준은 웃으며 "어허, 참정이라면 나라의 중신인데, 어찌 남의 수염에 붙은 티끌을 털어주는 그런 하찮은 일을 하오?"라고 말해 정위는 부끄러워 고개도 들지 못한 채 도망치듯 그 자리를 물러갔다고 한다.

[예문] 현대에도 상사에게 아부하는 불수진이 많다.

[출전] 〈송사(宋史)〉 구준전(寇準傳)

ㅂ

불식태산 不識泰山

아니 불 | 알 식 | 클 태 | 뫼 산

태산을 모른다는 뜻으로, 인재를 알아볼 줄 모르는 것을 이르는 말

[유래] 태산은 춘추시대 노(魯)나라 사람으로, 세공(細工)으로 이름난 장인(匠人)인 노반(魯班)의 제자이다. 태산이 처음에는 목공 배우는 것을 열심히 하였으나, 나중에 대숲에만 들어가 있고 일을 게을리 했기 때문에 노반에게 쫓겨났다. 10년 후 노반은 정밀한 죽공예의 창시자가 된 사람을 보았는데 그가 태산이었다. 이에 노반은 "나는 눈이 있어도 태산을 제대로 알지 못했다."고 탄식했다고 한다.

[예문] 인재경영의 중요성이 제기되고 있는 상황에서 불식태산의 안목은 무용지물이다.

불요불굴 不撓不屈

아니 **불** | 흔들 **요** | 아니 **불** | 굽힐 **굴**

뜻이나 결심이 꺾이거나 휘어지지 않는다는 뜻

[유래] 후한(後漢) 초기 반고가 왕상(王商)에 대해 '왕상의 사람 됨됨이는 질박하고 성격은 굽히거나 꺽지 않았기 때문에 오히려 주위 사람들로부터 원한을 사게 되었다'고 기술한 데에서 유래되었다.

[예문] 그는 일제 때부터 격동의 시대를 살며 구순이 넘도록 붓을 놓지 않는 불요불굴의 예술혼을 보여줬다.

[출전] 〈한서(漢書)〉

불입호혈부득호자 不入虎穴不得虎子

아니 **불** | 들 **입** | 범 **호** | 구멍 **혈** | 아니 **불** | 얻을 **득** | 범 **호** | 아들 **자**

호랑이 굴에 들어가지 않고는 호랑이 새끼를 잡을 수 없다는 뜻으로, 모험을 해야 큰일을 할 수 있음을 비유한 말

[유래] 후한(後漢) 초기의 명장 반초가 36명을 인솔하고 선선국에 사신으로 갔을 당시에 일어난 일이다. 그곳에서 후대를 받다 박대로 변하기에 그 이유를 알아보자, 신선국이 두려워하는 흉노의 사신들이 군사 100명을 이끌고 와 있다는 것이었다. 반초는 선선국이 자기들을 죽이지 않으면 흉

노에게 넘길 것이라고 판단하여 대책을 강구하면서 "호랑이 굴에 들어가지 않고는 호랑이 새끼를 잡을 수 없다. 지금 가장 좋은 방책은 밤을 이용하여 공격하는 것이고, 그것도 우리들의 병력을 흉노가 알지 못하게 해야 한다."라고 말했다.

[예문] 불입호혈 부득호자라 용기 있는 사람이 열매를 얻을 수 있다.

[출전] 〈후한서(後漢書)〉 반초전(班超傳)

ㅂ

불초 不肖

아니 불 | 닮을 초

닮지 않았다는 뜻으로, 매우 어리석은 사람을 말하거나 자식이 부모에게 낮출 때 쓰는 말

[유래] 〈맹자〉의 '요(堯)임금의 아들 단주는 불초하고, 순(舜)임금의 아들 역시 불초하며, 순임금이 요 임금을 도운 것과 우임금이 순임금을 도운 것은 오래되었으며, 요임금과 순임금이 백성들에게 오랫동안 은혜를 베푸셨다'라는 구절에서 유래되었다.

[예문] 불초 소생 어머니께 인사 올립니다.

[출전] 〈맹자(孟子)〉 만장편(萬章篇)

불한이율 不寒而慄

아닐 **불** | 찰 **한** | 말 이을 **이** | 떨 **률**

날씨가 춥지 않아도 떨릴 만큼 두려워하는 것을 이르는 말

[유래] 한(漢)나라 때 의종(義縱)은, 그의 누이 의후가 황태후의 병을 고쳐주어 총애를 받음으로써 벼슬에 올라 정양 태수가 되었다. 의종은 지방 호족들을 숙청하고 백성들을 탄압한 잔인한 관리였는데, 남양 태수로 부임하여 악하기로 소문난 도위(都尉) 영성을 잡아가두고 그의 일가족을 모두 죽였다. 그 뒤 정양 태수로 임명되자 정양군의 호족세력을 평정하고 2백여 명을 감옥에 가두었으며, 감옥에 면회 온 2백여 명을 체포하여 모두 4백여 명의 백성을 죽였는데 이 소문을 듣고 정양군의 백성들은 '날씨가 춥지 않았는데도 벌벌 떨었다'고 한다.

[예문] 우리는 과거 독재정권의 불한이율 상황에서 살아야 했다.

[출전] 〈사기(史記)〉 혹리열전(酷吏列傳)

붕정만리 鵬程萬里

붕새 **붕** | 길 **정** | 일만 **만** | 거리 **리**

붕새를 타고 만 리를 난다는 뜻으로, 아주 양양한 장래를 비유적으로 이르는 말

[유래] 전설적인 새 중 가장 큰 새인 붕(鵬)에 대해 장자가

'어둡고 끝이 보이지 않는 북쪽 바다에 곤(鯤)이라는 큰 물고기가 있었는데 얼마나 큰지 몇 천리나 되는지 모를 정도다. 이 물고기가 변해서 붕이 되었는데 날개 길이가 몇 천 리인지 모른다. 한 번 날면 하늘을 뒤덮은 구름과 같았고, 날개 짓을 3천 리를 하고 9만 리를 올라가 여섯 달을 날고 나서야 비로소 한 번 쉬었다'고 설명한 데에서 유래되었다.

[예문] 대한민국의 미래는 붕정만리일 것이다.

[유의어] 산천만리(山川萬里)

[출전] 〈장자(莊子)〉 소요유편(逍遙遊篇)

ㅂ

비견계종 比肩繼踵

가지런할 **비** | 어깨 **견** | 이을 **계** | 발꿈치 **종**

어깨가 서로 닿고 다리가 부딪친다는 뜻으로, 많은 사람으로 북적거리거나 잇따라 끊어지지 않는 것을 이르는 말

[유래] 제(齊)나라의 안영이 초(楚)에 사신으로 갔을 때 영왕(靈王)은 자국의 강대함을 교만하게 여겨 안영에게 모욕을 주려고 안자에게 작은 문을 열었다. 그러자 '초는 개구멍으로 들락거리는 개의 나라'라고 응수했다. 화가 난 영왕이 안영의 작은 몸집을 놀려 제에는 인물이 없다고 놀리자, 안영은 "아닙니다. 어깨가 서로 닿고 다리가 부딪칠 정도로 사람이 많은 큰 나라입니다."라고 응수했다.

[예문] 일본과의 축구경기가 있는 날이라 경기장은 비견계

종으로 북적였다.

[유의어] 인산인해(人山人海)

[출전] 〈안자춘추(晏子春秋)〉 잡(雜)

비방지목 誹謗之木

헐뜯을 **비** | 헐뜯을 **방** | 어조사 **지** | 나무 **목**

헐뜯는 나무라는 뜻으로, 비웃고 헐뜯는 것이나 임금의 잘못을 적어 붙인 나무를 이름

ㅂ

[유래] 비방지목은 요임금이 자신의 그릇된 정치를 지적받기 위해 궁궐 다릿목에 세운 나무다. 중국 고대사에서 요(堯)와 순(舜) 두 임금은 전설상의 인물이며, 역사적인 실재성은 약하지만 이상적인 정치를 펼친 성천자(聖天子)로 평가되는데, 이런 성군도 스스로 잘못이 있다고 생각하여 이를 시정하려고 세운 것이 바로 비방지목이다.

[예문] 비방지목을 세운 것은 백성들의 소리를 잘 들어 올바른 정치를 한다는 의미였다.

[출전] 〈사기(史記)〉 효문제기(孝文帝紀)

비육지탄 髀肉之嘆

넓적다리 **비** | 고기 **육** | 어조사 **지** | 탄식할 **탄**

넓적다리에 살이 오른 것을 탄식한다는 뜻으로, 보람 있는 일을 하지 못하고 헛되이 세월만 보내는 것을 한탄함을 비유한 말

[유래] 촉나라 유비가 오랫동안 말을 타고 전쟁터에 나가지 못하여 넓적다리만 살찜을 한탄한 데에서 유래한다.

[예문] 나라 경영을 맡은 공인들의 비육지탄이 아쉽다

[유의어] 비육부생(髀肉復生)

[출전] 〈삼국지(三國志)〉 촉지(蜀志)

ㅂ

비익연리 比翼連理

견줄 **비** | 날개 **익** | 잇달을 **연** | 다스릴 **리**

중국 전설에 나오는 비익조(比翼鳥)와 연리지(連理枝), 즉 부부가 아주 화목함을 이르는 말

[유래] 비익조는 상상의 새 이름으로, 암수의 눈과 날개가 하나씩이어서 언제나 깃을 가지런히 하여 하늘을 날아다닌다고 하며, 연리지는 두 나무의 가지가 맞닿아서 결이 서로 통한 것이라는 뜻에서 화목한 부부나 깊은 남녀관계를 가리킨다. 백거이는 현종(玄宗)과 양귀비(楊貴妃)의 비련을 그려 '하늘에서는 비익의 새가 되고, 땅에서는 연리의 가지가 되리라'고 노래했다.

[예문] 그 사람의 형제들은 결혼만 하면 하나같이 모두가 비

익연리이니 그 이상 바랄 것이 있겠는가.

[출전] 백거이(白居易)의 시 '장한가(長恨歌)'

비조 鼻祖

코 비 | 할아버지 조

어떤 일을 가장 먼저 시작한 사람, 또는 모든 사물의 시초

[유래] 옛날 중국에서 사람이 모태(母胎) 속에서 자랄 때, 맨 처음 코가 형태를 이루기 시작한다고 하여 코를 모든 사물의 시작으로 본 데에서 비롯된 말로, 〈정자통〉에 '인간의 배태(胚胎)에서 코가 먼저 형태를 받는다. 그러므로 시조를 일컬어 비조라고 한다'는 기록이 있다.

[예문] 소림 권법의 비조는 천축승 달마라고 전해진다.

[출전] 〈정자통(正字通)〉

빈계지신 牝鷄之晨

암컷 빈 | 닭 계 | 어조사 지 | 새벽 신

암탉이 새벽을 알린다는 뜻으로, 여자로 인해 나라가 망한다는 말

[유래] 무왕은 병사 3천명을 이끌고 은나라의 목야지역까지 진출하였다. 이곳에서 그는 병사들에게 "병사들이여, 창을

세우고, 방패를 들어 세워라. 옛 사람이 말하기를 암탉은 새벽에 울지 않는다. 암탉이 울면 집안이 망하는 법인데, 지금 주왕은 여인의 색향에 빠져 백성을 학대하고 나라를 어지럽혔다."고 말했다. 이는 신하인 무왕이 천자인 주왕을 정벌하기 위한 대의명분을 말한 것이다.

[예문] 우리 사회 곳곳에 뿌리 깊게 남아 있는 빈계지신 의 사고 때문에 여성의 사회 진출이 쉽지 않다.

[유의어] 빈계사신(牝鷄司晨)

[출전] 〈서경(書經)〉 목서편(牧誓篇)

ㅂ

빈자일등 貧者一燈

가난할 빈 | 놈 자 | 한 일 | 등불 등

가난한 사람의 등불 하나라는 뜻으로, 물질의 다과(多寡)보다는 정신이 더 소중하다는 말

[유래] 왕이 부처에게 바친 백 개의 등은 밤사이에 다 꺼졌지만, 가난한 노파 난타(難陀)가 정성으로 바친 하나의 등은 꺼지지 않았다는 이야기에서 유래한다.

[예문] 빈자일등의 정성이 세상을 따뜻하게 만든다.

[유의어] 빈녀일등(貧女一燈)

[출전] 〈현우경(賢愚經)〉 '빈녀난타품(貧女難陀品)'

빙탄불용 氷炭不容

얼음 **빙** | 숯 **탄** | 아니 **불** | 용납할 **용**

서로 용납할 수 없는 얼음과 숯이란 뜻으로, 두 사물이 서로 화합할 수 없음을 비유하여 이르는 말

[유래] 불의와 타협하지 않고, 교활한 자들을 비웃곤 했던 한무제 때의 명신(名臣) 동방삭은 〈칠간〉에서 '얼음과 숯불은 함께 할 수 없다'는 구절을 써서 간신들과 함께 존재할 수 없다는 자신의 심경을 밝혔다.

[예문] 평화와 군사안보가 빙탄불용의 관계란 말인가.

[유의어] 수화불용(水火不容), 유여수화(有如水火)

[출전] 동방삭(東方朔)의 〈칠간(七諫)〉 자비편(自悲篇)

ㅂ

ㅅ

사면초가 四面楚歌

넉 **사** | 낯 **면** | 나라이름 **초** | 노래 **가**

사방이 적으로 둘러싸인 고립무원(孤立無援)의 상태

[유래] 초나라 항우가 사면을 둘러싼 한나라 군사 쪽에서 들려오는 초나라의 노랫소리를 듣고 초나라 군사가 이미 항복한 줄 알고 놀랐다는 데에서 유래한다.

[예문] 경제가 이대로 가다가는 사면초가에 빠지고 말 것이다.

[유의어] 진퇴양난(進退兩難), 진퇴유곡(進退維谷)

[출전] 〈사기(史記)〉 항우본기(項羽本紀)

사불급설 駟不及舌

사마 사 | 아니 불 | 미칠 급 | 혀 설

네 마리 말이 끄는 수레도 혀에는 미치지 못한다는 뜻으로, 소문은 빨리 퍼지니 말을 삼가라는 말

[유래] 위(衛)나라 대부 극자성(棘子成)과 자공(子貢)과의 대화에서 유래한다. 극자성이 자공에게 군자는 바탕(질;質)만 있으면 됐지 무슨 까닭으로 문체(문;文)가 필요한지 물었다. 이에 자공은 "당신의 말은 군자답지만, 네 마리 말이 끄는 수레도 혀에 미치지 못합니다. 이 질과 같고 질이 문과 같으면, 그것은 마치 호랑이 가죽과 표범 가죽을 개 가죽이나 양 가죽과 같다고 보는 이치와 같습니다."라고 대답했다.

[예문] 유명해질수록 사불급설이 강조된다.

[유의어] 악사천리(惡事千里), 언비천리(言飛千里), 윤언여한(綸言如汗), 호령여한(號令如汗)

[출전] 〈논어(論語)〉 안연편(顔淵篇)

사석위호 射石爲虎

쏠 사 | 돌 석 | 할 위 | 범 호

돌에 화살이 깊이 박혔다는 뜻으로, 정신을 집중하여 전력을 다하면 어떤 일도 이룰 수 있다는 말

[유래] 이광(李廣)은 궁술에 남다른 재능을 보였는데, 적이 가까이 있어도 명중시킬 수 없다는 판단이 서면 쏘지를 않

人

았지만, 일단 쏘았다 하면 활시위 소리와 동시에 적이 쓰러졌다. 그런 그가 하루는 사냥하러 갔다가 호랑이를 보고 화살을 쏘아 명중시켰는데, 화살촉이 깊숙이 박혔지만 자세히 보니 돌이었다고 한다.

[예문] 이번 시험에는 사석위호의 정신으로 임해야겠다.

[유의어] 중석몰촉(中石沒鏃)

[출전] 〈사기(史記)〉 이장군열전(李將軍列傳)

ㅅ

사이비 似而非

같을 **사** | 어조사 **이** | 아닐 **비**

겉으로는 그것과 같아 보이나 실제로는 전혀 다르거나 아닌 것을 이르는 말

[유래] 공자가 "나는 사이비한 것을 미워한다."고 한 데에서 유래한 말로 선량해 보이지만 실은 질이 좋지 못하다는 말이다.

[예문] 사회가 혼란에 빠져 있는 것은 질서가 무너진 까닭이고, 사이비가 난무하는 탓이다.

[출전] 〈맹자(孟子)〉 진심편(盡心篇), 〈논어(論語)〉 양화편(陽貨篇)

사자후 獅子吼

사자 사 | **아들 자** | **사자우는 소리 후**

사자 우는 소리라는 뜻으로, 후진리나 정의를 당당히 설파하는 것, 또는 크게 열변을 토하는 것을 비유한 말

[유래] 유마경(維摩經)의 '석가모니 설법의 위엄은 마치 사자가 부르짖는 것과 같으며, 그 해설은 우레가 울려 퍼지는 것처럼 청중들의 마음을 사로잡았다'라는 구절에서 유래한다.

[예문] 그의 열성에 가득 찬 사자후에 관중은 뜨거운 박수를 보냈다.

[출전] 〈유마경(維摩經)〉, 〈전등록(傳燈錄)〉

ㅅ

사족 蛇足

뱀 사 | **발 족**

필요 없는 부분까지 그려 넣는다는 뜻으로, 하지 않아도 될 쓸데없는 일을 덧붙여 하다가 도리어 일을 그르침을 이르는 말

[유래] 초(楚)나라의 소양(昭陽)이 제(齊)나라를 치려 할 때, 제나라의 세객(說客) 진진(陳軫)이 소양을 찾아와 "여러 사람이 술 한 대접을 놓고 땅바닥에 뱀을 누가 먼저 그리는지 내기를 하였는데, 제일 먼저 뱀을 그린 한 사람이 '나는 발까지 그렸다.'고 뽐내며 술을 마시려 하자 다른 사람이 자신의 그림을 마친 후 그 술잔을 빼앗아 들며 '뱀에는 원래 발이 없다. 그런데 자네는 발까지 그렸으니 그건 뱀이 아니다.'라고 하며 술을 마셔버렸습니다. 장군은 지금 위나라를

치고 다시 제나라를 치려고 하시는데 나라의 최고 벼슬에 계시는 장군이 거기서 더 얻을 것이 무엇이며, 만에 하나라도 제나라와의 싸움에서 실수를 하게 된다면 뱀의 발을 그리려다 모든 것을 잃게 되는 것과 똑같은 결과가 될 것입니다."라고 말했다.

[예문] 논술을 쓸 때 불필요한 사족이 너무 많다.

[원말] 화사첨족(畵蛇添足)

[출전] 〈전국책(戰國策)〉 제책(齊策)

ㅅ

사지 四知

넉 사 | 알 지

세상에 비밀이 없다는 말

[유래] 중국 후한의 양진이 형주 자사(荊州刺史)로 부임했을 때, 왕밀(王密)이 밤중에 찾아와서 아무도 알 사람이 없다면서 금(金) 열 근을 바치려 하자 "하늘이 알고 땅이 알고 내가 알고 자네가 안다."며 받지 않았다는 데에서 유래한다.

[예문] 친구가 둘 만의 비밀이라고 귀띔 해주었지만 사지라고 믿을 수는 없었다.

[출전] 〈후한서(後漢書)〉 양진전(楊震傳)

사필귀정 事必歸正

일 사 | 반드시 필 | 돌아갈 귀 | 바를 정

무슨 일이든 결국 옳은 이치대로 돌아간다는 뜻

[유래] '사(事)'는 '이 세상의 모든 일'을 뜻하고, '정(正)'은 '이 세상의 올바른 법칙'을 뜻한다. 즉, 세상의 모든 것은 좋은 일을 하면 반드시 복을 받고, 나쁜 일을 하면 반드시 벌을 받는 식의 올바른 법칙의 적용을 받게 된다는 말이다

[예문] 매국노들의 재산이 환수되고 독립운동유공자 유족들의 정당한 권리와 명예가 회복된다면 이것이야말로 사필귀정이 아니고 무엇이겠는가.

[유의어] 인과응보(因果應報), 종두득두(種豆得豆)

사후약방문 死後藥方文

죽을 사 | 뒤 후 | 약 약 | 모 방 | 글월 문

사람이 죽은 뒤에 약을 짓는다는 뜻으로, 일을 그르친 뒤에 아무리 뉘우쳐야 이미 늦었다는 말

[예문] 피해 지역을 재난지역으로 선포하여 구제한다고 야단이지만 모두 사후약방문 꼴이다.

[유의어] 망양보뢰(亡羊補牢), 사후청심환(死後淸心丸), 실마치구(失馬治廏), 실우치구(失牛治廏), 늦은 밥 먹고 파장(罷場) 간다, 단 솥에 물 붓기

[출전] 홍만종(洪萬宗)의 〈순오지(旬五志)〉

ㅅ

살신성인 殺身成仁

죽일 **살** | 몸 **신** | 이룰 **성** | 어질 **인**

인의(仁義)를 위하여 목숨을 바친다는 뜻

[유래] "뜻 있는 선비와 어진 사람은 살기 위하여 인(仁)을 해치는 일이 없고, 오히려 자신의 목숨을 바쳐 인(仁)을 행할 뿐이다."라는 공자의 말에서 유래되었다.

[예문] 난국 타개를 위해서는 살신성인하는 자세로 모든 일에 임해야 한다.

[유의어] 사생취의(捨生取義)

[출전] 〈논어(論語)〉 위령공편(衛靈公篇)

ㅅ

삼고초려 三顧草廬

석 **삼** | 돌아볼 **고** | 풀 **초** | 풀집 **려**

초가집을 세 번 찾아간다는 뜻으로, 사람을 진심으로 예를 갖추어 맞이한다는 것을 비유한 말

[유래] 중국 삼국 시대에, 촉한의 유비가 난양(南陽)에 은거하고 있던 제갈량의 초옥으로 세 번이나 찾아갔다는 데에서 유래한다.

[예문] 당국이 인재 유치를 위해 삼고초려에 나섰다.

[유의어] 삼고지례(三顧之禮), 삼고지우(三顧知遇)

[출전] 〈삼국지(三國志)〉 촉지(蜀志) 제갈량전(諸葛亮傳)

삼령오신 三令五申

석 삼 | 명령할 령 | 다섯 오 | 펼 신

세 번 명령하고 다섯 번 말한다는 뜻으로, 여러 번 되풀이하여 말한다는 말

[유래] 춘추시대 오(吳)나라의 제24대 왕 합려(闔廬)는 손무(孫武)의 〈손자병법〉을 읽고 난 후 감명을 받아 손무에게 한 번 시범을 보여 달라고 요청했다. 손자는 궁녀 180명을 모아 두 편으로 나누고 합려가 가장 총애하는 두 명의 궁녀를 각각 대장에 임명한 후 손무 자신이 세 번 시범을 보인 다음 다섯 번 설명하였다. 그러나 궁녀들은 웃기만 하고 따라하지 않았다. 처음에는 자신의 명령이 철저하지 않았으므로 이는 전적으로 지휘관인 자신의 책임이라고 하였으나, 두 번째 명령에도 따르지 않자 대장 두 명을 참수하였고, 그제야 비로소 궁녀들은 손자의 명령에 일사불란하게 훈련에 임했다고 한다.

[예문] 삼령오신에도 듣지 않는다면 추상같은 제재가 따라야 한다.

[출전] 〈사기(史記)〉 손자오기열전(孫子吳起列傳)

ㅅ

삼마태수 三馬太守

석 **삼** | 말 **마** | 클 **태** | 지킬 **수**

세 마리의 말을 타고 오는 수령이라는 뜻으로, 청백리를 비유하여 이르는 말

[유래] 조선시대에는 고을의 수령이 임기가 끝나 다른 부임지로 가면 그동안 고마움의 표시로 고을에서 여덟 마리의 좋은 말을 주어서 보냈다. 그런데 조선 중종 때 송흠은 다른 지방의 수령으로 부임해 갈 때마다 말을 세 마리만 받았다. 자신이 타는 말 한 필과 어머니와 아내가 탈 말을 각각 한 필씩 모두 세 마리의 말만 받아 검소한 행차를 한 그를 사람들은 삼마태수라고 불렀다.

[예문] 요즘에도 삼마태수와 같은 청백리가 많았으면 좋겠다.

삼복백규 三復白圭

석 **삼** | 반복할 **복** | 흰 **백** | 홀 **규**

백규를 세 번 반복한다는 뜻으로, 말을 신중하게 한다는 말

[유래] 공자의 제자인 남용이 '백규'란 내용의 시를 하루에 세 번 반복하니 공자가 자신의 형님의 딸을 그에게 아내로 삼도록 하였다는 데에서 유래한 말인데, 여기서 '백규'란 〈시경〉에 나오는 것으로, '흰 구슬(백규)의 티는 오히려 갈 수 있지만, 말의 흠은 어찌 할 수 없네'라는 구절에서 유래되었다.

[예문] 공인이라면 삼복백규는 고사하고 일복백규라도 해야 한다.

[출전] 〈논어(論語)〉 선진편(先秦篇)

삼생유행 三生有幸

석 삼 | 날 생 | 있을 유 | 행복할 행

세 번 태어나는 행운이 있다는 뜻으로, 서로 간에 남다른 인연이 있음을 비유한 말

[유래] 중국에 수행을 많이 한 승려 원택(圓澤)은 친구 이원선(李源善)과 여행을 다니던 중에 만삭이 다된 어느 부인을 보고 "저 부인은 3일 이후에 아들을 낳을 터인데 그가 바로 나네. 그러니 13년 후 중추절 밤에 항저우(杭州)에 있는 천축사(天竺寺)에서 다시 만나세."라고 하였다. 정확히 3일 후 원택이 입적했고, 그로부터 13년 후 천축사에 가니 소를 탄 어린아이가 절로 들어오면서 "삼생의 인연으로 맺어진 영혼인데 정든 사람이 멀리서 찾아왔네."라는 시 한 수를 읊었다고 한다. 아주 특별하고 끊어지지 않는 인연을 비유하는 말이며, 때로는 다른 사람으로부터 도움을 받았을 때 이 말로 고마움을 표시한다. 불교에서 삼생은 태어나기 이전의 세상인 전생(前生), 지금 살고 있는 세상인 금생(今生), 죽은 이후의 세상인 후생(後生)을 말한다.

[예문] 어떤 사람이 자신을 도와주었을 때, 삼생유행이라는 말로 고마움을 전한다.

[출전] 불경(佛經)

삼십육계주위상책 三十六計走爲上策

석 **삼** | 열 **십** | 여섯 **육** | 꾀 **계** | 달아날 **주** | 할 **위** | 위 **상** | 계책 **책**

서른여섯 가지 계책 중에서 피하는 것이 제일 좋은 계책이란 뜻으로, 일의 형편이 불리할 때는 도망가는 것이 상책이라는 말

[유래] 제(齊) 명제의 가차 없는 살해 행위에 회계 태수(太守) 왕경칙(王敬則)은 개국 공신인데도 생명의 위협을 느껴 군사를 일으켰는데, 그가 군사에 명제의 학정에 불만을 가진 농민들이 가세하게 되자 출정한 지 10여 일 만에 건강과 흥성성을 함락시키는 위세를 떨쳤다. 이때 병석에 누워 있던 명제 대신에 정사를 돌보던 태자 소보권은 피난 준비를 서두르자, 왕경칙은 "단(檀) 장군의 36가지 계책 가운데 도망치는 것이 제일 상책이니 너희 부자는 어서 도망가는 것이 좋을 것이다."라고 자신 있게 충고했다.

[예문] 잘못을 하고도 삼십육계주위상책으로 때우는 것은 문제가 있다.

[유의어] 삼십육계주위상계(三十六計走爲上計)

[출전] 〈자치통감(資治通鑑)〉 141권

ㅅ

삼인성호 三人成虎

석 삼 | 사람 인 | 이룰 성 | 범 호

세 명이 시장에 호랑이가 나타났다고 하면 곧이 믿게 된다는 뜻으로, 거짓말이라도 여러 사람이 똑같이 하면 믿게 된다는 말

[유래] 위(魏)나라 혜왕 때 태자와 중신 방총이 볼모로 조(趙)의 도읍 한단(邯鄲)으로 가게 되었다. 그 전에 방총은 왕을 알현하고 시장에 호랑이가 나타났다고 하면 믿을 것인지 물었다. 왕은 세 사람이 와서 똑같은 말을 하면 믿을 것이라고 대답하였다. 그러자 방총이 “시장에는 분명히 호랑이는 없습니다. 세 사람이 연이어 똑같은 말을 하면 호랑이가 나타난 것이 됩니다.”라고 하고, 자신이 조나라로 떠나면 자신을 비방하는 자들이 나타날 것이니 믿지 말라고 당부했다.

[예문] 현대언론은 삼인성호를 조장하고 있다.

[유의어] 삼인언이성호(三人言而成虎), 시호삼전(市虎三傳), 십작목무부전(十斫木無不顚), 증삼살인(曾參殺人)

[출전] 〈전국책(戰國策)〉 위책(魏策) 혜왕(惠王), 〈한비자(韓非子)〉 내저설(內儲說)

ㅅ

삼일천하 三日天下

석 **삼** | 날 **일** | 하늘 **천** | 아래 **하**

짧은 동안 정권을 잡았다가 곧 실패함을 이르는 말로, 영화(榮華)가 짧음을 비유하여 이르는 말

[유래] 조선 인조 때 이괄이 평안병사로 있다가 영변에서 군을 일으켜 서울을 함락한 다음, 선조의 왕자 흥안군을 왕으로 세우고 그 경축으로 과거까지 보았다. 그러나 이괄의 군사가 정충신에게 패함으로써 사흘 만에 잡혀 대역부도라는 죄명으로 죽으니, 그 때 사람들이 그 사흘 동안 정권 잡았던 것을 조롱하여 '삼일천하'라고 했다.

ㅅ

[예문] 믿음이 부족한 집단은 삼일천하 이상을 이룰 수 없다.

삼종지도 三從之道

석 **삼** | 따를 **종** | 어조사 **지** | 도리 **도**

봉건시대에 여자가 지켜야 할 세 가지의 법도를 이르는 말

[유래] 여자가 '좇아야 할 세 가지의 도리(道理)'라는 뜻으로 '여자는 세 가지의 좇아야 할 길이 있으니(女子有三從之道), 집에서는 아버지의 뜻을 따르고(在家從父), 시집을 가면 지아비에게 순종하며(適人從夫), 지아비가 죽으면 아들의 뜻을 좇아야 한다(夫死從子)'고 했다.

[예문] 현대 여성에게 삼종지도를 강조하는 것은 시대착오적인 발상이다.

[유의어] 삼종의탁(三從依託), 삼종지덕(三從之德), 삼종지례(三從之禮), 삼종지의(三從之義)

[출전] 〈의례(儀禮)〉 상복전(喪服傳)

상가지구 喪家之狗

초상 **상** | 집 **가** | 어조사 **지** | 개 **구**

상갓집 개라는 뜻으로, 수척하고 초라한 모습로 여기저기를 떠돌아다니며 얻어먹을 것만 찾아다니는 사람을 비유한 말

[유래] 공자가 56세에 정(鄭)나라로 갔을 때 제자들과 헤어진 적이 있었는데, 어떤 이가 스승을 찾아다니는 자공(子貢)에게 어떤이가 자신이 본 공자의 모습을 "이마는 요임금과 같고, 목은 순 · 우 임금 때의 명재상 고요와 같으며, 어깨는 자산과 같았소이다. 그러나 허리 밑으로는 우임금보다 세 치나 짧았고, 그 초췌한 모습은 마치 상갓집 개와 같더이다."라고 설명했던 데에서 유래되었다.

[예문] 대원군은 안동 김씨들의 견제를 피하기 위해 온갖 파락호 행세를 하였기에 상가지구라 불렸다.

[출전] 〈공자가어(孔子家語)〉 곤서편(困誓篇), 〈사기(史記)〉 공자세가(孔子世家)

상궁지조 傷弓之鳥

상할 **상** | 활 **궁** | 어조사 **지** | 새 **조**

활에 다친 새라는 뜻으로, 한번 놀란 일로 그 뒤에 일어난 어떤 일도 경계하는 것을 이르는 말

[유래] 화살에 맞아서 상처가 난 새는 구부러진 나무를 보기만 해도 놀라니, 한번 싸움에서 졌던 장군을 다시 임명하는 일은 타당하지 않다는 위가(魏加)의 충고에서 유래되었다.

[예문] 아무리 상궁지조라지만 오히려 변화의 계기로 삼아야 한다.

[유의어] 경궁지조(驚弓之鳥)

[출전] 〈전국책(戰國策)〉 조책(趙策)

상분 嘗糞

맛볼 **상** | 똥 **분**

똥을 맛본다는 뜻으로, 지극한 효성 또는 지나친 아첨을 비유한 말

[유래] 당(唐)나라에 위원충(魏元忠)을 모시던 곽홍패(郭弘霸)가 있었는데, 위원충이 병에 걸렸을 때, 곽홍패는 혼자 몰래 문병을 가서 위원충에게 변을 보여달라고 한 후 아무 거리낌 없이 위원충의 변을 손으로 찍어 맛보고 나서 "변의 맛이 달지 않으니 곧 완쾌하실 것입니다."라고 말했다.

[예문] 권력에 눈이 어두운 사람은 상분도 마다하지 않는다.

[유의어] 상분지도(嘗糞之徒)

[출전] 〈남사(南史)〉 유검루전(庾黔婁傳), 〈서언고사(書言故事)〉

상전벽해 桑田碧海

뽕나무 상 | 밭 전 | 푸를 벽 | 바다 해

뽕나무밭이 바다로 바뀐다는 뜻으로, 세상일이 덧없이 바뀜을 이르는 말

[유래] '내년에 피는 꽃은 또 누가 보려는가. 뽕나무 밭도 푸른 바다가 된다는 것은 정말 옳은 말이다'라는 시의 한 구절에서 유래되었다.

[유의어] 고안심곡(高岸深谷), 능곡지변(陵谷之變)

[출전] 유정지(劉廷芝)의 시 '대비백발옹(代悲白髮翁)'

상중지희 桑中之喜

뽕나무 상 | 가운데 중 | 어조사 지 | 기쁠 희

뽕나무 밭에서의 즐거움이란 뜻으로, 남녀간의 밀회, 간통 또는 음사(淫事)를 비유한 말

[유래] 중국 위나라의 공실(公室)이 음탕하여 뽕나무 밭에서 정을 통하였다는 데에서 유래한다.

[예문] 물레방아간은 과거 상중지희의 온상이었다.

[유의어] 상중지기(桑中之期), 상중지약(桑中之約), 상중지환(桑中之歡)

[출전] 〈시경(詩經)〉 용풍편(庸風編)

새옹지마 塞翁之馬

변방 새 | 늙은이 옹 | 어조사 지 | 말 마

새옹이란 늙은이의 말이란 뜻으로, 인생에 있어서 길흉화복은 항상 바뀌어 미리 헤아릴 수가 없다는 말

ㅅ

[유래] 옛날에 새옹이 기르던 말이 오랑캐 땅으로 달아나서 노인이 낙심하였는데, 그 후에 달아났던 말이 준마를 한 필 끌고 와서 그 덕분에 훌륭한 말을 얻게 되었다. 그런데 얼마 후 아들이 그 준마를 타다가 떨어져서 다리가 부러졌고, 그로 인하여 아들이 전쟁에 끌려 나가지 아니하고 죽음을 면할 수 있었다.

[예문] 인간 만사 새옹지마라.

[유의어] 새옹득실(塞翁得失), 새옹화복(塞翁禍福), 화복규승(禍福糾纏)

[출전] 〈회남자(淮南子)〉 인간훈(人間訓)

서시빈목 西施嚬目

서녘 **서** | 베풀 **시** | 눈살 찌푸릴 **빈** | 눈 **목**

서시가 눈살을 찌푸린다는 뜻으로, 분수를 생각하지 않고 무조건 남을 따라하는 것을 비유하여 이르는 말

[유래] 월나라의 미인 서시가 속병이 있어 눈을 찌푸리자 이것을 본 못난 여자들이 눈을 찌푸리면 아름답게 보이는 줄 알고 따라서 눈을 찌푸리니 더욱 못나게 보였다는 데에서 유래한다.

[예문] 중국에 대한 환상으로 사업을 추진했다는 서시빈목이 될 가능성이 높다.

[유의어] 서시봉심(西施捧心), 서시효빈(西施效嚬)

[출전] 〈장자(莊子)〉 천운편(天運篇)

서제막급 噬臍莫及

씹을 **서** | 배꼽 **제** | 없을 **막** | 미칠 **급**

배꼽을 물려고 하여도 입이 닿지 않는다는 뜻으로, 일이 그릇된 뒤에는 후회하여도 아무 소용이 없음을 비유한 말

[유래] 등나라 기후의 신하가 기후에게 앞날을 예측하고 '사람에게 잡힌 사향노루가 배꼽의 향내 때문에 잡혔다고 제 배꼽을 물어뜯었다'고 간언한 데에서 유래한다.

[예문] 미리 공부하지 못해 성적이 곤두박질친 것을 보니 서제막급이다.

[유의어] 후회막급(後悔莫及)

[출전] 〈춘추좌씨전(春秋左氏傳)〉 장공6년조(莊公六年條)

선시어외 先始於隗

먼저 **선** | 비로소 **시** | 어조사 **어** | 높을 **외**

먼저 외부터 시작하라는 뜻으로, 가까이 있는 사람이나 말한 사람부터 시작하라는 말

ㅅ

[유래] 연(燕)나라 소왕이 재상 곽외(郭隗)를 불러 실지 회복에 필요한 인재 등용 방책을 묻자 곽외는 '매사마골(買死馬骨)'의 일화를 들며, 진정으로 지혜롭고 우수한 인재를 얻기를 원한다면 우선 자기부터 기용하라고 간언한 데에서 유래되었다.

[예문] 인재 등용에 있어서 선시어외가 오히려 문제를 가져올 수 있다.

[출전] 〈전국책(戰國策)〉 연책(燕策) 소왕(昭王)

선우후락 先憂後樂

먼저 **선** | 근심 **우** | 뒤 **후** | 즐거울 **락**

다른 사람보다 먼저 근심하고, 다른 사람보다 나중에 즐긴다는 뜻

[유래] 범중엄은 악양루를 개수할 때 지방장관의 부탁을 받고 쓴 '악양루기'라는 제목의 감상문에서 "옛날의 인자(仁

者)들은 지위나 명예를 기뻐하거나 신세를 비관하지도 않았다. …(중략)… 그들에게 언제 즐기냐고 묻는다면 틀림없이 '천하의 근심보다 앞서 근심하고, 천하의 즐김보다 나중에 즐긴다.'고 대답할 것이다."라고 했다.

[예문] 나라의 지도층은 선우후락 정신을 발휘할 때 그들의 지위를 보장받는다는 것을 잊지 말아야 한다.

[유의어] 선의후리(先義後利)

[출전] 범중엄(范仲淹)의 〈악양루기(岳陽樓記)〉

선즉제인 先則制人

먼저 **선** | 곧 **즉** | 억제할 **제** | 사람 **인**

선수를 치면 상대편을 제압할 수 있다는 뜻

[유래] 진승 · 오광의 난이 일어나자 회계(會稽)의 태수(太守) 은통(殷通)도 혼란한 틈을 이용하여 오중의 실력자인 항량(項梁)과 거사를 의논하였다. 이때 은통은 항량에게 "강서에서 반란이 일어나고 있는데 이것은 하늘이 진나라를 멸망시키려는 때가 온 것입니다. 내가 듣건대 먼저 선수를 치면 상대를 제압할 수 있고, 뒤지면 제압당하게 된다고 합니다. 그래서 나는 그대와 환초를 장군으로 삼아 군사를 일으킬까 합니다."라고 말했다.

[예문] 선즉제인의 자세로 사업을 추진해나가야 한다.

[유의어] 선발제인(先發制人), 진승오광(陳勝吳廣)

[출전] 〈사기(史記)〉 항우본기(項羽本紀)

설상가상 雪上加霜

눈 **설** | 위 **상** | 더할 **가** | 서리 **상**

눈 위에 서리가 내려 쌓였다는 뜻으로, 어려운 일이 연거푸 일어남을 비유함

[풀이] 마조(馬祖) 도일선사(道一禪師)의 법사 중에 대양화상(大陽和尙)이라는 스님이 있었는데, 하루는 이(伊) 선사라는 중이 인사하러 왔다. 이때 대양화상이 보이지 않는 곳에서의 수양이 소홀함을 꼬집어 "그대는 앞만 볼 줄 알고 뒤를 돌아볼 줄은 모르는구나." 하고 꾸짖자, 이 선사가 "눈 위에 다시 서리를 더하는 말씀입니다."라고 대답했다.

[예문] 눈보라가 몰아쳐 산을 오르기가 어려웠는데, 설상가상으로 주위마저 어두워지기 시작하였다.

[유의어] 병상첨병(病上添病), 엎친 데 덮친 격

[반의어] 금상첨화(錦上添花)

[출전] 도원(道源)의 〈경덕전등록(景德傳燈錄)〉

성동격서 聲東擊西

소리 **성** | 동녘 **동** | 칠 **격** | 서녘 **서**

동쪽을 칠 듯이 말하고 실제로는 서쪽을 친다는 뜻으로, 상대방을 속여 교묘하게 공략함을 비유한 말

[유래] 유방은, 항우와 표가 양쪽에서 쳐들어오는 위험에 처하자 한신에게 적을 공격하게 하였다. 한신은 포판을 쳐들어가기가 쉽지 않을 것으로 여겨졌지만, 병사들에게 낮에는 큰 소리로 훈련하도록 하고, 밤에는 불을 밝혀 적극적으로 공격하는 척을 하게 했다. 그리고 비밀리에 한나라 군대를 이끌고 하양에 다다라 뗏목으로 황허강을 건너서 매우 빠르게 전진한 후 위나라 왕 표의 후방 본거지인 안이를 점령하고 표를 사로잡았다.

[예문] 상대의 성동격서 전략을 잘 파악해야 한다.

[출전] 〈통전(通典)〉 병전(兵典)

ㅅ

성하지맹 城下之盟

성 **성** | 아래 **하** | 어조사 **지** | 맹서할 **맹**

성 아래에서 맹세한다는 뜻으로, 굴욕적인 항복이나 치욕적인 강화를 비유한 말

[유래] 〈춘추좌씨전〉의 '교(絞)의 사람들은 초나라의 인부 30명을 사로잡았다. 이튿날이 되자 교의 사람들은 인부를 더 사로잡기 위해 서로 앞을 다투어 산속으로 달려갔다. 그러나 초나라 군사들이 이를 미리 알고 산 아래에 숨어 있었

으므로, 교의 사람들은 대패하여 성 아래에서 맹세하고 돌아갔다'라는 구절에서 유래되었다.

[출전] 〈춘추좌씨전(春秋左氏傳)〉 환공12년조(桓公十二年條)

성혜 成蹊

이룰 **성** | 지름길 **혜**

샛길이 생긴다는 뜻으로, 덕이 있는 사람은 자신을 드러내지 않아도 자연히 사람들이 흠모하여 모여든다는 말

[유래] 이광의 무공(武功)에 대해 '복숭아와 오얏 꽃은 말을 하지 않아도 그 아름다움에 끌려 사람들이 저절로 모여들므로 아래에는 저절로 샛길이 생긴다'라는 말로 칭송했다는 데에서 유래한다.

[예문] 역사 속에는 성혜의 많은 인물들이 있다.

[원말] 도리불언하자성혜(桃李不言下自成蹊)

[출전] 〈사기(史記)〉 이장군열전(李將軍列傳)

세군 細君

가늘 **세** | 임금 **군**

제후의 부인을 일컫는 소군(小君)에서 온 말로, 편지 따위에서 자기의 아내를 이름

[유래] 동방삭이 그의 아내를 농담 삼아 부른 데에서 유래

한다.

[출전] 〈한서(漢書)〉 동방삭전(東方朔傳)

세월부대인 歲月不待人

해 세 | 달 월 | 아닐 불 | 기다릴 대 | 사람 인

세월은 사람을 기다려주지 않는다는 뜻으로, 세월은 한번 지나가면 다시 돌아오지 않으니 시간을 소중하게 아껴 쓰라는 말

[유래] 도연명의 잡시에 나오는 말로 '때를 놓치지 말고 부지런히 일해라. 세월은 사람을 기다려주지 않는다'라는 구절에서 유래한다.

[예문] 세월부대인이니 하루하루 열심히 살아야 한다.

[유의어] 일촌광음 불가경(一寸光陰 不可輕)

[출전] 도연명(陶淵明)의 〈잡시(雜詩)〉 '기일(其日)'

소년이로학난성 少年易老學難成

젊을 소 | 해 년 | 쉬울 이 | 늙을 로 | 배울 학 | 어려울 난 | 이룰 성

소년은 늙기 쉬우나 학문을 이루기는 어렵다는 말

[유래] 권학문(勸學文)에 나오는 시의 첫 구절 '소년은 늙기 쉬우나 학문을 이루기는 어려우니 순간순간의 세월을 헛되이 보내지 마라'에서 유래되었다.

[예문] 소년이로학난성인데 청소년기를 오락에 빠져 귀한 시간을 낭비하지 말아야 할 것이다.

[유의어] 성년부중래 일일난재신(盛年不重來 一日難再新)

[출전] 〈주문공문집(朱文公文集)〉 권학문(勸學文)

소상반죽 瀟湘斑竹

강 이름 **소** | 강 이름 **상** | 얼룩 **반** | 대나무 **죽**

눈물자국 모양의 무늬가 박혀 있는 대나무의 이름

ㅅ

[유래] 순임금은 요임금의 두 딸, 아황과 여영과 결혼하고 왕위를 물려받았는데, 재위 28년에 큰 물난리가 있자, 곤으로 하여금 치수(治水)토록 하였다. 그러나 9년이 지나도 완성하지 못했기 때문에 곤을 우산에 가두어 평생토록 나오지 못하게 한 후, 곤의 아들 우(禹)에게 그 일을 대신하게 했고, 결국 8년 만에 완공을 본다. 이에 순임금은 우를 치하하고자 소상강변으로 함께 사냥을 나갔다가 부친에 대한 일로 앙심을 품고 있는 우에게 죽임을 당했다. 이 소식을 들은 아황과 여영이 달려와 애통해하며 3일 밤낮을 피눈물을 흘리다 죽었고, 그 자리에 '눈물자국이 선명한 대나무'가 자라났다고 한다.

[유의어] 이비죽(二妃竹)

소심익익 小心翼翼

작을 **소** | 마음 **심** | 공경할 **익** | 공경할 **익**

마음을 작게 하고 공경한다는 뜻으로, 대단히 조심하고 삼가라는 말

[유래] 선왕(宣王)의 명으로 중산보(仲山甫)가 제(齊)나라로 성을 쌓으러 갈 때, 길보(吉甫)가 지은 시로 '중산보의 덕은 훌륭하고도 법도가 있네. 훌륭한 거동에 훌륭한 모습이요 조심하고 공경하며, 옛 교훈을 본받으며 위의에 힘쓰고, 천자를 따르며 밝게 명령을 펴드리네'라는 구절에서 유래한다.

[예문] 너무 생각이 지나쳐서 일을 과단성 있게 실천하지 못하는 소심익익한 사람이 있다.

[출전] 〈시경(詩經)〉 대아(大我) 증민편(蒸民篇)

속수지례 束脩之禮

묶을 **속** | 육포 **수** | 어조사 **지** | 예 **례**

묶은 육포의 예절이라는 뜻으로, 스승을 처음 만나 가르침을 청할 때 작은 선물을 함으로써 예절을 갖추는 것을 말한다.

[유래] 속수(束修)는 열 조각의 마른 고기로, 예물 가운데 가장 약소한 것이다. 공자는 모든 가르침은 예(禮)에서 시작된다고 보아서 제자들에게 가장 작은 선물인 속수 이상의 예물을 가지고 오도록 함으로써 제자의 예를 지키도록 하였다.

[예문] 요즘에는 속수지례의 의미를 넘어선 촌지가 문제다.

[출전] 〈논어(論語)〉 술이편(述而篇)

송양지인 宋襄之仁

송나라 **송** | 도울 **양** | 어조사 **지** | 어질 **인**

송나라 양공(襄公)의 인정이란 뜻으로, 쓸데없는 인정을 베푸는 것이나 무익한 동정이나 배려를 비유하여 이르는 말

[유래] 중국 춘추 시대에, 송나라의 양공이 적을 불쌍히 여겨 공자목이(公子目夷)의 진언을 받아들이지 않았다가 오히려 초나라에 패배하여 세상 사람들이 비웃었다는 데에서 유래한다.

[예문] 송양지인의 어리석음을 되풀이해서는 안 된다.

[출전] 〈십팔사략(十八史略)〉

수구초심 首丘初心

머리 **수** | 언덕 **구** | 처음 **초** | 마음 **심**

여우는 죽을 때 머리를 자기가 살던 굴로 향한다는 뜻으로, 고향을 그리워하는 마음을 일컫는 말

[유래] 은나라 말기 강태공 여상(呂尙)은 주(周)나라를 세운 공로로 영구(營丘)라는 곳에 봉해졌다가 그곳에서 죽었지만, 그를 포함하여 5대손에 이르기까지 모두 주나라 천자의

ㅅ

땅에 장사 지내졌다. 이를 두고 당시 사람들은 "음악은 자연적으로 발생하는 것을 즐기며, 예란 그 근본을 잊어서는 안 된다. 옛사람이 말하기를, 여우가 죽을 때 머리를 자기가 살던 굴 쪽으로 향하는 것은 인이라고 하였다."고 했다.

[예문] 원칙으로 돌아가자는 수구초심 바람이 거세게 불고 있다.

[출전] 〈예기(禮記)〉 단궁(檀弓)

수락석출 水落石出

물 수 | 떨어질 락 | 돌 석 | 날 출

물이 빠지니 돌이 드러난다는 뜻으로, 곧 흑막이 걷히고 진상이 드러남을 이름

[유래] 소동파는 늦가을 적벽의 경관을 '흐르는 강물 소리, 깎아지른 천 길 절벽. 우뚝 솟은 산과 작은 달, 물이 빠져 드러난 바위, 해와 달이 몇 번이나 바뀌었다고 이리도 강산을 알아볼 수 없단 말인가'라고 묘사하였다.

[예문] 큰 비가 그치자 마을은 수락석출의 몰골로 변해 있었다.

[출전] 소동파의 '후적벽부(後赤壁賦)'

수서양단 首鼠兩端

머리 수 | 쥐 서 | 두 량 | 끝 단

쥐가 머리를 내밀고 나갈까 말까 망설인다는 뜻으로, 이쪽저쪽 눈치만 살피며 자기에게 이로운 쪽을 택하려는 태도를 이르는 말

[풀이] 쥐의 성질은 의심이 많아 구멍에서 목을 내밀고 사방을 엿보며 나갈까 말까 결정을 짓지 못하는데, 이를 비유하여 나타낸 말이다.

[예문] 수서양단의 비열한 외교책으로는 문제를 해결할 수 없다.

[유의어] 좌고우면(左顧右眄)

[출전] 〈사기(史記)〉 위기무안후전(魏紀武安侯傳)

ㅅ

수석침류 漱石枕流

양치질 수 | 돌 석 | 베개 침 | 흐를 류

돌로 양치질하고 흐르는 물을 베개 삼는다는 뜻으로, 억지 고집을 부린다는 말

[유래] 진나라 사람인 손초가 젊었을 때 속세를 떠나 산속에 은거하기로 마음먹은 후 친구인 왕제(王濟)에게 그 마음을 털어놓으면서 "돌을 베개 삼아 눕고 흐르는 물로 양치질하는 생활을 하고 싶다."고 말할 것을 잘못하여 "돌로 양치질하고 흐르는 물을 베개 삼겠다."라고 말한 데에서 유래되었다.

[예문] 수석침류하지 말고 국가 교육의 백년대계를 위해 용단을 내려야 한다.

[유의어] 견강부회(牽强附會), 궤변(詭辯), 아전인수(我田引水), 추주어륙(推舟於陸)

[출전] 〈진서(晉書)〉 손초전(孫楚傳)

수어지교 水魚之交

물 수 | 물고기 어 | 어조사 지 | 사귈 교

물고기가 물을 떠나 살 수 없듯이 아주 친밀하여 떨어질 수 없는 사이

[유래] 유비와 제갈량과의 사이가 날이 갈수록 친밀해지는 것을 관우와 장비가 불평하자, 유비가 그들을 불러 "나에게 공명(孔明)이 있다는 것은 고기가 물을 가진 것과 마찬가지다. 다시는 불평을 하지 말아라."라고 타이른 데에서 유래되었다.

[예문] 은행과 기업의 관계는 수어지교의 관계다.

[유의어] 어수지락(魚水之樂), 어수지친(魚水之親), 여어득수(如魚得水)

[출전] 〈삼국지(三國志)〉 제갈량전(諸葛亮傳)

수자부족여모 竪者不足與謀

더벅머리 **수** | 놈 **자** | 아닐 **불** | 족할 **족** | 더불어 **여** | 의논할 **모**

어린 자와 더불어 일을 꾀할 수 없다는 뜻으로, 어리고 경험이 부족한 사람과는 큰일을 도모할 수가 없다는 말

[유래] 항우와 유방이 천하를 두고 다투던 때 항우는 유방을 죽이려고 '홍문의회'를 벌이지만, 유방의 사과로 마음이 누그러진 항우는 기회를 놓치고 만다. 함께 계획을 세웠던 범증은 "아아, 어린아이와 더불어 대사를 도모할 수가 없구나. 항우의 천하를 빼앗을 사람은 반드시 유방일 것이며, 우리는 이제 그의 포로가 될 것이다."라고 한탄했다.

[예문] 수자부족여모라고 심지가 약한 사람과는 큰일을 도모할 수 없다.

[출전] 〈사기(史記)〉 항우본기(項羽本紀)

수적천석 水滴穿石

물 **수** | 물방울 **적** | 뚫을 **천** | 돌 **석**

작은 물방울이라도 끊임없이 떨어지면 결국엔 돌에 구멍을 뚫는다는 뜻

[유래] 북송의 장괴애가 숭양 현령으로 재직하고 있었을 때 관아를 순찰하고 있었는데, 한 관원이 황급히 뛰어 나오기에 잡아보니 창고에서 훔친 엽전 한 닢이 상투 속에서 나왔다. 이에 장괴애는 '하루에 1전이면 천 일엔 천 전이요, 먹

줄에 쓸려 나무가 잘라지고 물방울이 돌에 떨어져 구멍이 뚫린다'라고 판결하고 엄하게 벌을 줬다.

[예문] 한 분야의 전문가가 되기 위해서는 수적천석의 노력이 있어야 한다.

[유의어] 산류천석(山溜穿石), 우공이산(愚公移山), 적수성연(積水成淵), 적토성산(積土成山)

[출전] 나대경(羅大經)의 〈학림옥로(鶴林玉露)〉

수주대토 守株待兎

지킬 수 | 그루터기 주 | 기다릴 대 | 토끼 토

그루터기를 바라보며 토끼가 나오기를 기다린다는 뜻으로, 어리석을 정도로 한 가지만을 고집하는 것을 비유한 말

[유래] 중국 송나라의 한 농부가 우연히 나무 그루터기에 토끼가 부딪쳐 죽은 것을 잡은 후, 또 그와 같이 토끼를 잡을까 하여 일도 하지 않고 그루터기만 지키고 있었다는 고사에서 유래한다.

[예문] 자신의 경험에만 의존하다가는 수주대토의 함정에 빠질 가능성이 있다.

[유의어] 각주구검(刻舟求劍), 미생지신(尾生之信)

[출전] 〈한비자(韓非子)〉 오두편(五蠹篇)

수즉다욕 壽則多辱

목숨 **수** | 곧 **즉** | 많을 **다** | 욕될 **욕**

오래 살면 욕된 일이 많다는 뜻으로, 오래 살수록 망신스러운 일을 많이 겪게 된다는 말

[유래] 요(堯)임금이 화(華)라는 변경에 이르렀을 때, 국경을 지키는 하급관리가 공손히 머리를 숙이며 만수무강, 부자, 자식을 많이 두기를 기원하자 이에 답으로 "아들이 많으면 못난 아들도 있어 걱정의 씨앗이 되고, 부자가 되면 쓸데없는 일이 많아져 번거롭고, 오래 살면 욕된 일이 많은 법이네."라고 한 데에서 유래되었다.

ㅅ

[예문] '공안 · 노동사범 1418명 특별사면 · 복권'의 근거인 사면법은 한마디로 '수즉다욕'이다.

[출전] 〈장자(莊子)〉 천지편(天地篇)

수청무대어 水淸無大魚

물 **수** | 맑을 **청** | 없을 **무** | 큰 **대** | 고기 **어**

물이 너무 맑으면 큰 물고기가 살 수 없다는 뜻으로, 사람이 너무 결백하면 남이 가까이하지 않는다는 말

[유래] 후한의 반초는 큰 공을 세우고 서역도호부의 도호가 되어 소임을 다하고 귀국했다. 후임자 임상이 인사차 찾아와서 서역을 다스리는 데 유의할 점을 묻자 반초는 "물이 너무 맑으면 고기가 없고, 사람이 너무 살피면 동지가 없느니라."라고 했다.

[예문] 친구가 없는 그를 보고 있자면 수청무대어가 생각난다.

[유의어] 수청무어(水清無魚), 수청어불서(水清魚不棲)

[출전] 〈후한서(後漢書)〉 반초전(班超傳)

순망치한 脣亡齒寒

입술 **순** | 없을 **망** | 이 **치** | 추울 **한**

입술이 없으면 이가 시리다는 뜻으로, 서로 떨어질 수 없는 밀접한 관계라는 말

[유래] 진(晉)나라 헌공은 괵나라를 공격할 야심을 품고 통과국인 우나라 우공에게 그곳을 지나도록 허락해줄 것을 요청했다. 우의 현인 궁지기는 헌공의 속셈을 알고 우왕에게 "괵과 우는 한 몸이나 다름없는 사이니, 괵이 망하면 우도 망할 것이옵니다. 옛 속담에도 수레의 짐받이 판자와 수레는 서로 의지하고, 입술이 없어지면 이가 시리다고 했는데, 바로 괵과 우의 관계를 말한 것입니다. 결코 길을 빌려주어서는 안 될 것입니다."라고 간언했다.

[예문] 순망치한이라고 중소기업이 약해지면 대기업도 경쟁력을 갖출 수 없음은 자명하다.

[유의어] 거지양륜(車之兩輪), 조지양익(鳥之兩翼)

[출전] 〈춘추좌씨전(春秋左氏傳)〉 희공5년조(僖公五年條)

시불가실 時不可失

때 **시** | 아닐 **불** | 옳을 **가** | 잃을 **실**

때는 한 번 가면 돌아오지 않는다는 뜻으로, 한 번밖에 오지 않는 기회를 놓치지 말라는 말

[유래] 훗날 주문왕이 왕자 시절 군사를 불러 모아 "이 소인은 새벽부터 밤까지 공경하고 두려워하며, 돌아가신 아버지 문왕의 명을 받았으니 하느님에게 제사를 지내고, 큰 땅에도 제사를 지냈으며, 그대 무리들을 거느리고 하늘의 벌하심을 이루려는 것이오. 하늘은 백성들을 가엾게 여기시니, 백성들이 바라는 바를 하늘은 반드시 그대로 따르시오. 그대들은 바라건대 나 한 사람을 도와 영원히 온 세상을 맑게 하시오. 때가 되었으니 잃어서는 안 되오!"라고 훈시한 데에서 유래한다.

[유의어] 물실호기(勿失好機)

[출전] 〈상서(尙書)〉 태서편(泰誓篇)

ㅅ

시오설 視吾舌

볼 **시** | 나 **오** | 혀 **설**

'내 혀가 아직 살아 있는가?'라는 뜻으로, 비록 몸이 망가졌어도 혀만 살아 있으면 뜻을 펼 수 있다는 말

[유래] 뛰어난 변론술로 천하를 주름잡고 돌아다니던 장의(張儀)는 소진(蘇秦)과 함께 귀곡선생(鬼谷先生)의 제자였다. 소진의 잔치에 억울한 누명을 쓰고 매질을 당하고 집으

로 돌아와 아내에게 "내 혀를 보시오. 아직 있소?"라고 물었다. 훗날 장의는 진나라의 재상이 되어 연횡책(連衡策)으로 소진이 이룩한 합종책을 깨는 데 성공했다.

[예문] 시오설이란 말이 있을 정도로 혀 하나로 세상을 놀라게 한 인물들이 많았다.

[동의어] 오설상재(吾舌尙在)

[출전] 〈사기(史記)〉 장의열전(張儀列傳)

시위소찬 尸位素餐

시동 시 | 자리 위 | 흴 소 | 먹을 찬

시동의 공짜 밥이란 뜻으로, 하는 일 없이 국가의 녹을 축내는 정치인을 비유한 말

[유래] 옛날 중국에는 제사지낼 때 조상의 혈통을 이은 어린아이를 시동이라 하여 조상의 신위에 앉혀 놓고 맛없는 반찬이란 의미를 가진 소찬(素餐)을 차려놓는 풍습이 있었는데, 이는 영혼이 어린아이의 입을 통해 마음껏 먹고 마시게 하려는 신앙에서 나온 풍습이었다. 그런데 주운전에 녹만 취하는 신하들을 일컬어 '오늘날 조정대신들이 위로는 임금을 바로잡지 못하고, 아래로 백성들을 유익하게 못하니, 다 공적 없이 녹만 받는 시위소찬자들이다'라고 평했는데, 이는 나라의 녹을 먹으면서 부정부패를 일삼는 공무원이나 정치인들을 가리키는 말이다.

[예문] 세력이 주도권을 오랫동안 장악하면 자연 시위소찬 현상이 나타난다.

[출전] 〈한서(漢書)〉 주운전(朱雲傳)

식마불음주상인 食馬不飮酒傷人

먹을 식 | 말 마 | 아니 불 | 마실 음 | 술 주 | 상할 상 | 사람 인

말고기를 먹고 술을 마시지 않으면 사람을 해치게 되니 너그러운 마음으로 은혜를 베풀라는 말

ㅅ

[유래] 진목공이 사냥을 나갔을 때 말 여러 마리가 없어졌는데, 산속에서 원시생활을 하고 있는 야만인들의 짓이라 여겨 군대를 풀어 모조리 잡아들였다. 군관들이 그들을 모두 사형에 처할 생각으로 임금의 결재를 청하자 목공은 "군자는 짐승 때문에 사람을 해치지 않는 법이다. 내가 들으니 좋은 말고기를 먹고 술을 마시지 않으면 사람을 상한다고 하더라."며 그들에게 모두 술을 나눠주게 한 다음 곱게 돌려보내 주었다. 훗날 목공이 위기에 처했을 때, 은혜를 입었던 이들이 도와주었다고 한다.

[출전] 〈사기(史記)〉

식소사번 食少事煩

먹을 **식** | 적을 **소** | 일 **사** | 번거로울 **번**

먹는 것은 적고 일은 많다는 뜻으로, 몸을 돌보지 않고 바쁘게 일한다는 말

[유래] 위나라 공략에 나선 제갈량이 사마의와 대치 상태에서 지구전을 펼치며 사자들만 오가고 있을 때, 사마의가 촉의 사자에게 "공명은 하루 식사와 일처리를 어떻게 하시오?" 하고 물었다. 사자는 "승상께선 새벽부터 밤중까지 손수 일을 처리하시며 식사는 아주 적게 하십니다."라고 하였다. 그러자 사마의는 "먹는 것은 적고 일은 많으니 어떻게 오래 지탱할 수 있겠소?"라고 말했고, 훗날 그의 예견처럼 제갈량은 54세의 나이로 일찍 죽었다.

[예문] 식소사번이라더니 또 자리 하나만 차지했다.

[출전] 〈삼국지(三國志)〉

식언 食言

먹을 **식** | 말씀 **언**

말을 번복하거나 약속을 지키지 않고 거짓말을 일삼는다는 뜻

[유래] 은나라 탕왕이 하나라 걸왕의 폭정을 보다 못해 군사를 일으켜 정벌하기로 했다. 그는 영지인 박 땅에서 백성들을 모아놓고 "그대들은 나 한 사람을 도와 하늘의 벌을 이루도록 하라. 공을 세운 자에게는 큰 상을 내릴 것이니라. 나

는 거짓말을 하지 않는다(짐불식언; 朕不食言).”고 말했다.

[예문] 정부나 정치인에 대한 우리 국민들의 불신은 그들의 식언에서 비롯되었다.

[출전] 〈서경(書經)〉 탕서(湯書), 〈춘추좌씨전(春秋左氏傳)〉

식자우환 識字憂患

알 식 | 글자 자 | 근심 우 | 근심 환

글자를 아는 것이 오히려 걱정을 끼친다는 뜻으로, 너무 많이 알기 때문에 쓸데없는 걱정도 그만큼 많다는 뜻

[유래] 모사꾼인 정욱은 유비에게 제갈량을 소개했던 서서(徐庶)가 효자라는 것을 이용하여 그의 어머니가 쓴 것처럼 꾸민 가짜 편지로 서서를 조조 진영으로 끌어들였다. 나중에 위부인은 서서가 조조의 진영으로 간 것이 자기에 대한 아들의 효심과 가짜 편지 때문이었다는 것을 알고는 “여자가 글씨를 안다는 것부터가 걱정을 낳게 한 근본 원인이다.”라며 한탄하였다.

[예문] 식자우환이라더니 텔레비전에 대해 좀 안다고 덤볐다가 멀쩡한 텔레비전을 고물로 만들어놓았다.

[출전] 〈삼국지(三國志)〉

식지동 食指動

밥 식 | 손가락 지 | 움직일 동

집게손가락이 움직인다는 뜻으로, 음식이나 사물에 대한 욕심, 또는 야심을 품는다는 말

[유래] 초나라 사람이 큰 자라를 정나라 영공에게 바치자영공은 그 자라로 죽을 끓여 신하들에게 나눠주려 했다. 송(宋)이 자가(子家)와 함께 들어와 배알하려 할 때 송의 둘째 손가락이 움직이자 "이렇게 식지가 움직이면 반드시 별식을 맛보았지."라고 말했고, 이를 알게 된 영공이 비웃으며 죽을 주지 않았다.

[예문] 식지동처럼 먹는 것이든 권력이든 욕심에서 비롯된다.

[출전] 〈춘추좌씨전(春秋左氏傳)〉 선공4년조(宣公四年條)

신출귀몰 神出鬼沒

귀신 신 | 날 출 | 귀신 귀 | 사라질 몰

귀신같이 나타났다가 사라진다는 뜻으로, 자유자재로 출몰해 소재를 알 수 없다는 말

[유래] '교묘한 행동은 신출귀행(神出鬼行)처럼 별과 같이 빛나고 하늘과 같이 운행한다'는 말에서 유래한 이 말은 도가사상을 기본으로 전략을 논한 것으로 전술, 군대의 세력, 병기의 규모 등이 적에게 노출되지 않도록 교묘한 작전을 펼치라는 뜻이다.

[예문] 그는 신출귀몰의 행적으로 사람들을 놀라게 한다.

ㅅ

[출전] 〈당희장어(唐戱場語)〉, 〈회남자(淮南子)〉 병약훈(兵略訓)

심복지환 心腹之患

마음 심 | 배 복 | 어조사 지 | 근심 환

가슴이나 배에 생긴 병이라는 뜻으로, 쉽게 치료하기 어려운 질병 또는 없애기 어려운 근심이나 병폐를 비유하여 이르는 말

[유래] 오(吳)나라 왕 합려(闔閭)는 월(越)나라 왕 구천(句踐)과 싸우다 상처를 입어 죽었다. 합려의 아들 부차(夫差)는 군사력을 키워 월나라를 정벌함으로써 아버지의 원한을 갚았다. 그 과정에서 오자서가 부차에게 월을 치는 명분으로 "월은 우리에게 '가슴이나 배에 생긴 질병'과 같은 존재로, 지금은 겉으로 복종하는 척하지만, 실제로는 우리나라를 집어삼킬 계책을 도모하고 있을 것입니다."라고 했다.

[예문] 그는 심복지환으로 자리에 누운 지 10년이 넘는다.

[유의어] 복심지질(腹心之疾), 심복지질(心腹之疾)

[출전] 〈춘추좌씨전(春秋左氏傳)〉, 〈후한서(後漢書)〉

실사구시 實事求是

열매 **실** | 일 **사** | 구할 **구** | 옳을 **시**

사실에 입각하여 진리를 탐구하려는 태도

[유래] '수학호고 실사구시(修學好古實事求是)'에서 비롯된 말로, 청(淸)나라 초기에 고증학(考證學)을 표방하는 학자들이 공리공론(空理空論)만을 일삼는 송명이학(宋明理學)을 배격하여 내세운 표어다.

[예문] 빈곤을 퇴치하자는 실사구시의 정신은 존경받아야 한다.

[출전] 〈후한서(後漢書)〉 하간헌왕덕전(河間獻王德傳)

십시일반 十匙一飯

열 **십** | 수저 **시** | 한 **일** | 밥 **반**

밥 열 술이 한 그릇이 된다는 뜻으로, 여러 사람이 조금씩 힘을 합하면 한 사람을 돕기 쉬움을 이르는 말

[예문] 십시일반으로 이웃돕기 성금을 모아왔다.

[유의어] 수적성천(水積成川), 적토성산(積土成山)

ㅅ

ㅇ

아도물 阿堵物

건성으로 대답하는 소리 **아** | 담 **도** | 재물 **물**
이 물건이라는 뜻으로, 돈 대신 사용한 말

[유래] 중국 진(晉)나라 왕연이 돈을 '이것'이라는 뜻의 '아도물'로 바꾸어 부른 데에서 유래한다.

[예문] 나는 비록 어렵게 살아도 아도물 때문에 나 자신을 구차하게 만들고 싶지는 않다.

[출전] 〈세설신어(世說新語)〉 규잠편(規箴篇)

아비규환 阿鼻叫喚

언덕 **아** | 코 **비** | 울부짖을 **규** | 부를 **환**
아비지옥과 규환지옥이라는 뜻으로, 불교에서 말하는 가장 고통스런 지옥에서 살려달라고 울부짖는 참상을 비유적으로 이르는 말

[풀이] 아비지옥은 불교에서 말하는 8대 지옥 중 가장 아래

에 있는 지옥으로 '잠시도 고통이 쉴 날이 없다' 하여 무간지옥(無間地獄)이라고도 한다. 이곳은 오역죄(五逆罪)를 범한 자들이 떨어지는 곳이다. 즉 부모를 살해한 자, 부처님 몸에 피를 낸 자, 삼보(보물, 법물, 승보)를 훼방한 자, 사찰의 물건을 훔친 자, 비구니를 범한 자 등이다. 규환(叫喚)'은 범어 'raurava'에서 유래한 말로 8대 지옥 중 4번째 지옥이다. '누갈'이라 음역하며 고통에 울부짖는다 하여 '규환'으로 의역한다.

[예문] 대형사고 현장은 그야말로 아비규환이었다.

[유의어] 아비초열지옥(阿鼻焦熱地獄)

[출전] 〈법화경(法華經)〉

ㅇ

아수라장 阿修羅場

언덕 아 | 닦을 수 | 비단 라 | 마당 장

끔찍하게 흐트러진 현장

[유래] 아수라는 본래 육도 팔부중(八部衆)의 하나로서 고대 인도신화에 나오는 선신(善神)이었는데, 후에 하늘과 싸우면서 악신(惡神)이 되었다고 한다. 그는 증오심이 가득하고 싸우기를 좋아해서 전신(戰神)이라고도 한다. 그가 하늘과 싸울 때 하늘이 이기면 풍요와 평화가 오고, 아수라가 이기면 빈곤과 재앙이 온다고 한다. 인도의 서사시 '마하바라타'에는 비슈누신의 원반에 맞아 피를 흘린 아수라들이 다시

공격을 당하여 시체가 산처럼 겹겹이 쌓여 있는 모습을 그리고 있다. 피비린내 나는 전쟁터를 아수라장이라 부르는 것도 여기에서 유래되었다.

[예문] 기념식장에 불이 나자 장내는 순식간에 아수라장으로 변했다.

아향 阿香

아름다울 아 | 향기 향

뇌신(雷神)을 가리키는 말, 또는 아름다운 여인

ㅇ

[유래] 진(晉)나라 의흥(義興)에 주(周)라는 사람이 먼 길을 떠났는데, 날이 저물어 어떤 외딴 집에 도착했다. 문 앞에 16,7세가량 된 한 여자에게 하룻밤 묵어갈 것을 청했다. 그녀는 주를 위해 불을 피우고 음식을 준비했다. 밤 8시가 되자 밖에서 어린아이가 "아향! 관리가 뇌거(雷車)를 밀라고 합니다." 하자 그녀가 나갔다. 잠시 후 밤이 되자 큰 우렛소리가 들리더니 비가 왔는데, 다음 날 아침 그곳에는 새로 만든 무덤만 하나 있을 뿐이었다. 즉, 아향이란 여인은 번개를 부르는 뇌신이었던 것이다.

[예문] 요즘처럼 가뭄이 심할 때는 아향의 너그러움이 그리워진다.

[출전] 〈법원주림(法苑珠林)〉

악목불음 惡木不蔭

악할 **악** | 나무 **목** | 아니 **불** | 그늘 **음**

나쁜 나무에는 그늘이 생기지 않는다는 뜻으로, 덕망이 있는 사람 주변에 따르는 무리들이 많다는 말

[유래] '선비는 덕망이 있고 큰마음을 가져야 한다. 나쁜 나무에는 그늘이 생기지 않는 법이다. 나쁜 나무도 이것을 수치스러워 하는데, 하물며 악인들과 함께 있는 경우에는 어떠하겠는가?'라는 말에서 유래한다.

[예문] 악목불음이 되려면 인격을 수양해 원만한 대인관계를 이루어야 한다.

[유의어] 수음조식(樹蔭鳥息)

[출전] 〈관자(管子)〉, 〈순자(荀子)〉

ㅇ

안도 安堵

편안할 **안** | 담 **도**

사는 곳에서 편안히 지냄, 또는 어떤 일이 잘 진행되어 마음을 놓음을 이르는 말

[유래] 전국시대 후기 연나라 소왕은 명재상 악의를 앞세워 5개 제후국과 연합, 제나라를 쳤다. 그런데 즉묵과 거만은 항복하지 않았다. 즉묵을 지키던 전단은 기회를 엿보다가 소왕이 죽고 혜왕이 즉위하자 첩자를 보내어 혜왕과 악의를 이간하는 한편, 연나라 장군들에게 돈을 보내면서 "즉묵이 항복한다면 우리 가족을 포로로 잡거나 약탈하지 마시고 집

안에서 편안히 살 수 있도록 해주십시오."라는 거짓 항복문서를 함께 보내 안심시킨 후 군사를 일으켜 대승을 거뒀다.

[예문] 나의 병이 심각하지 않다는 말에 남편은 안도의 표정을 지었다.

[출전] 〈사기(史記)〉 전단열전(田單列傳)

안서 雁書

기러기 안 | 글 서

철따라 이동하는 기러기가 먼 곳에 소식을 전한다는 뜻으로, 편지를 일컫는 말

ㅇ

[유래] 한무제 때 한나라의 사신 소무가 흉노에게 붙잡혀 있을 당시 기러기의 다리에 편지를 매어 한나라로 보냈다는 고사에서 유래되었다.

[예문] 컴퓨터의 보급으로 안서를 전하는 방식도 달라졌다.

[유의어] 안백(雁帛), 안신(雁信), 안찰(雁札)

[출전] 〈한서(漢書)〉 소무전(蘇武傳)

안석불출여창생하 安石不出如蒼生何

편할 **안** | 돌 **석** | 아니 **불** | 날 **출** | 같을 **여** | 푸를 **창** | 날 **생** | 어찌 **하**

편안한 돌이 나오지 않으면 백성들은 어찌하랴 라는 뜻으로, 현명한 사람이 나와야만 어려움에 처한 백성을 구할 수 있다는 말

[유래] 동진(東晉)시대 환온(桓溫)이 진나라를 무너뜨리고 제위에 오르려고 하여 정세가 무척 어지러웠다. 정치가 사안(謝安)은 세상을 등지고 은둔하다 백성들의 삶이 도탄에 빠지는 것을 보고, 40세가 넘어서야 정가에 나갔다. 이때 고령이란 사람이 "그대가 은거할 때 백성들이 이르기를 사안이 출사하지 않으면 누가 이 백성들을 구할 것인가라고 했습니다. 이제 그대가 나왔으니 백성들은 어떻게 당신을 구할 수 있을까요?"라고 물었다고 한다.

[예문] 어느 시대나 안석불출여창생하를 외치기는 마찬가지다.

[출전] 〈세설신어(世說新語)〉 배조편(排調篇)

안자지어 晏子之御

늦을 **안** | 아들 **자** | 어조사 **지** | 마부 **어**

안자의 마부라는 뜻으로, 변변치 못한 지위를 믿고 우쭐대는 기량이 작은 사람을 말함

[유래] 안영은 제(齊)나라의 명신으로 재능이 뛰어나고 겸손

ㅇ

해서 공자에게도 영향을 미칠 정도였기 때문에 안자(晏子)라는 경칭이 붙여졌다. 이 때 안영의 마차를 끄는 마부가 사람들이 경외의 눈길로 쳐다보자 마치 자기가 위대한 줄 알고 우쭐해져 하는 꼴이 그의 아내가 보기에도 역겨운 정도가 되었다. 나중에 아내가 함께 고 싶지 않다고 하자 그 후부터는 달라졌다고 한다.

[예문] 자리에 연연하는 사람들의 꼴이 안자지어나 다름없다.

[출전] 〈사기(史記)〉 관안열전(管安列傳)

안중지정 眼中之釘

눈 **안** | 가운데 **중** | 어조사 **지** | 못 **정**

눈에 박힌 못이란 뜻으로, 거추장스러운 존재나 눈에 거슬리는 사람이라는 말

[유래] 당나라 말기 오대(五代)에 걸친 혼란기에 조재례라는 악명 높은 탐관오리가 있었다. 그는 고관들에게 뇌물을 상납하여 출셋길에 오른 뒤 후량(後梁) · 후당(後唐) · 후진(後晉)의 세 왕조에 걸쳐 절도사를 역임했다. 그가 송주(宋州)에서 영흥절도사로 전임하게 되자 송주의 백성들은 춤을 추며 "그자가 떠나가게 되었다니 이젠 살았다. 마치 눈에 박힌 못이 빠진 것 같구나."라고 했다.

[예문] 어느 집단에나 안중지정인 사람이 하나씩은 있다.

[출전] 〈신오대사(新五代史)〉 조재례전(趙在禮傳)

알운곡 遏雲曲

막을 **알** | 구름 **운** | 곡 **곡**

지나가는 구름을 막는 노래라는 뜻으로, 매우 아름다운 노랫소리라는 뜻

[유래] 진나라의 유명한 가수 설담(薛譚)이 진청(秦靑)에게 노래를 배울 때, 설담은 스스로 진청에게서 노래를 다 배웠다고 생각하고는 돌아가겠다고 하였다. 진청은 이를 만류하지 않고 슬픈 노래를 부르면서 전송하였다. 노랫소리가 얼마나 아름다운지 숲과 나무를 뒤흔들고 지나가는 구름에까지 다다랐다. 이 노래를 들은 설담은 그 아름다움에 감동하여 자신의 배움이 아직도 멀었음을 깨닫고 다시 제자로 받아줄 것을 빌었다.

[예문] 알운곡처럼 아름다운 노래는 사람을 감동시키는 힘이 있다.

[출전] 〈열자(列子)〉 탕문편(湯問篇)

ㅇ

암중모색 暗中摸索

어두울 **암** | 가운데 **중** | 더듬을 **모** | 찾을 **색**

어둠 속에서 손으로 더듬어 찾는다는 뜻으로, 어림짐작으로 추측한다는 말, 또는 상대가 눈치채지 못하게 조사한다는 말

[유래] 측천무후 때 허경종(許敬宗)이란 학자는 건망증이 심하여 사람을 여러 번 만나도 그 얼굴을 잘 기억하지 못했다. 친구가 허경종의 건망증을 비웃자 그는 "그대들과 같은

사람들의 얼굴이야 기억하기 어렵지만, 하손(何遜), 유효작(劉孝綽), 심약(沈約) 같은 문단의 대가들을 만난다면 어둠 속에서 손으로 더듬어서라도 기억할 수 있소."라고 대꾸했다.

[예문] 사건의 단서를 잡으려고 암중모색을 거듭했다.

[유의어] 암중모착(暗中摸捉)

[출전] 〈수당가화(隋唐佳話)〉

앙급지어 殃及池魚

재앙 **앙** | 미칠 **급** | 연못 **지** | 고기 **어**

연못 속 물고기의 재앙이라는 뜻으로, 뜻밖의 횡액을 당함을 비유하는 말

[유래] 성문에 난 불을 연못물로 끄는 바람에 그 못의 물고기가 다 죽었다는 고사에서 유래한 말로 엉뚱하게 당하는 재난을 비유하여 이르는 말이다.

[예문] 전일 국내 주식시장의 폭락을 보면 앙급지어의 고사를 떠올리게 된다.

[출전] 〈여씨춘추(呂氏春秋)〉 필기편(必己編)

야서지혼 野鼠之婚

들 **야** | 쥐 **서** | 어조사 **지** | 혼인할 **혼**

들쥐의 혼인이란 뜻으로, 들쥐에게는 들쥐가 가장 좋은 배필이라는 말, 즉, 동류는 동류끼리 가장 잘 어울린다는 말이다. 또는 자기분수를 모르는 인간의 허영심을 풍자하여 이르기도 한다.

[유래] 두더지가 그 자식의 좋은 혼처를 구하기 위해 하늘, 해와 달, 구름, 바람, 돌부처에게 차례로 구혼했다. 이때 돌부처가 말하기를 "나는 비록 바람을 두려워하지 않으나 오직 두더지가 발밑을 뚫으면 곧 넘어진다. 그러니 저 두더지가 나보다 높다."고 하자, 두더지는 거만스레 스스로 만족하여 "천하의 높은 것이 우리만 한 것이 없구나."라고 하며 다른 두더지와 결혼을 시켰다.

[예문] 우리 사회의 결혼풍속도 야서지혼처럼 허영에 가득 차 있다.

[출전] 〈순오지(旬五志)〉

약롱중물 藥籠中物

약 **약** | 농 **롱** | 가운데 **중** | 만물 **물**

약장 속의 약이란 뜻으로, 없어서는 안 될 필요한 인물을 이르는 말

[유래] 당나라 측천무후 때 적인걸이라는 청렴강직한 명재상은 어지러웠던 정치를 바로잡고 민생을 안정시켜 그를 따르는 인재들이 많았다. 그중에 원행충(元行沖)이 적인걸에

ㅇ

게 "큰 집에는 맛있는 음식이 많아 배탈 나기 쉽습니다. 그러니 저 같은 쓴 약도 곁에 놔두십시오."라고 하자 적인걸이 웃으며 "자네야말로 내 약장 속의 약과 같은 존재이네. 하루라도 없어서는 안 되지."라고 답했다.

[예문] 누군가에게 약롱중물 같은 사람이 된다는 것은 의미 있는 일이다.

[유의어] 약롱지물(藥籠之物)

[출전] 〈당서(唐書)〉 적인걸전(狄仁傑傳)

ㅇ

약육강식 弱肉強食

약할 약 | 고기 육 | 굳셀 강 | 밥 식

약한 것이 강한 것에게 먹힌다는 뜻으로, 생존경쟁의 격렬함을 이르는 말

[유래] 한유(韓愈)는 문창이라는 승려에게 '지금의 불교라는 것은 누가 만들고, 누가 전한 것입니까? 새들이 몸을 숙여 모이를 쪼다가 몸을 들어 사방을 둘러보고, 짐승들이 깊은 곳에 있으면서 드물게 나타나는 것은 다른 것들이 자신을 해할까 두렵기 때문인 것입니다. 그리고도 이러한 상황에서 벗어나지 못하고, 약한 자의 고기를 강한 자가 먹고 있는 것입니다.'라는 글을 보냈는데, 여기에는 한유의 불교에 대한 관점이 잘 나타나 있다.

[예문] 자연은 약육강식만이 존재하는 세계다.

[유의어] 적자생존(適者生存)

[출전] 한유(韓愈)의 '송부도문창사서(送浮屠文暢師序)'

양금택목 良禽擇木

어질 량 | 새 금 | 가릴 택 | 나무 목

좋은 새는 좋은 나무를 가려서 둥지를 튼다는 뜻으로, 현명한 사람은 자기 재능을 키워줄 훌륭한 사람을 잘 택하여 섬긴다는 말

[유래] 공자가 천하를 돌아다니며 치국의 도를 유세하기 위해 위(衛)나라에 갔을 때의 일이다. 공문자(孔文子)가 대숙질(大叔疾)을 공격하기 위해 공자에게 상의했다. 공자는 제사 지내는 일은 배웠지만 전쟁에 대한 것은 전혀 아는 바가 없다고 말했다. 그 자리를 물러나온 공자는 제자에게 서둘러 떠나자고 했다. 제자가 까닭을 묻자 "좋은 새는 나무를 가려서 둥지를 튼다고 했다. 현명한 신하는 훌륭한 군주를 섬겨야 하느니라."라고 대답했다.

[예문] 양금택목이란 말처럼 뛰어난 관리자는 직원의 재능을 중요시한다.

[유의어] 양금상목서(良禽相木棲)

[출전] 〈춘추좌씨전(春秋左氏傳)〉 애공11년조(哀公十一年條)

ㅇ

양두구육 羊頭狗肉

양 양 | 머리 두 | 개 구 | 고기 육

양 머리를 걸어놓고 안에서는 개고기를 판다는 뜻으로, 겉과 속이 일치하지 않고 속임수를 쓰는 것을 비유하는 말

[유래] 제(齊)나라 영공(靈公)은 궁중여인들에게 남장시키는 별난 취미를 가지고 있었다. 그러자 곧 백성들 사이에도 남장여인이 날로 늘어났다. 결국 영공은 재상인 안영에게 궁 밖 남장여인들을 처벌하라는 금령을 내리게 했지만 유행은 좀처럼 수그러들지 않았다. 그 이유에 대해 안영이 말하길 "밖에는 양 머리를 걸어놓고 안에서는 개고기를 파는 것과 같사옵니다. 이제라도 궁중의 여인들에게 남장을 금하시오소서."라는 말로 간했다.

ㅇ

[예문] 직위에 편승하여 뇌물이나 받는 행위는 이미 공직자이기를 포기한 후안무치와 양두구육의 전형이다.

[유의어] 양질호피(羊質虎皮), 현옥매석(衒玉賣石)

[출전] 〈항언록(恒言錄)〉

양상군자 梁上君子

들보 량 | 위 상 | 군자 군 | 아들 자

들보 위의 군자라는 뜻으로, 도둑을 가리키는 말

[유래] 진식은 학식이 뛰어나고 성질이 온화하며 청렴결백하여 모든 사람의 존경을 받았다. 그가 현감으로 있을 때

어느 밤, 도둑이 그의 방으로 들어와 천장 들보 위에 웅크리고 기회를 엿보고 있었다. 진식은 아들과 손자들을 불러들여 "사람이란 누구나 자기 스스로 노력하지 않으면 안 된다. 착하지 못한 짓을 하는 사람도 반드시 처음부터 악한 사람은 아니다. 평소의 잘못된 버릇이 성격으로 변하여 나쁜 일을 하게 되는 것이다. 저 들보 위의 군자가 바로 그러한 사람이다."라고 훈계했다.

[예문] 관공서가 양상군자들의 단골 일터로 전락하고 있다.

[출전] 〈후한서(後漢書)〉 진식전(陳寔傳)

양약고구 良藥苦口

좋을 **량** | 약 **약** | 괴로울 **고** | 입 **구**

좋은 약은 입에 쓰다는 뜻으로, 충언(忠言)은 귀에 거슬린다는 말

[유래] 유방이 진나라의 도읍 함양(咸陽)에 입성하여 재보와 궁녀들을 보고 마음이 동하자, 현명한 참모로 이름난 장량(張良)이 "보물과 미색에 현혹되어 진(秦)왕의 음락을 본받으려 하니 포악한 하(夏)의 걸(桀)왕과 다를 바가 없습니다. 원래 충언은 귀에 거슬리나 행실에 이롭고, 독한 약은 입에 쓰나 병에 이롭다고 하였습니다. 부디 이곳을 떠나 적당한 곳에 진을 치자는 번쾌의 간언을 들으소서."라고 간한 데에서 유래되었다.

[예문] 양약고구라는 말은 잊고, 감언이설만 일삼는 정권은 결코 성공할 수 없다.

[유의어] 간언역어이(諫言逆於耳), 금언역어이(金言逆於耳), 충언역어이(忠言逆於耳)

[출전] 〈공자가어(孔子家語)〉 육본편(六本篇), 〈사기(史記)〉 유후세가(留侯世家),

양포지구 楊布之狗

버들 **양** | 베 **포** | 어조사 **지** | 개 **구**

양포의 개라는 뜻으로, 겉이 달라졌다고 해서 속까지 달라졌다고 생각하는 사람을 비유하여 이르는 말

ㅇ

[유래] 양포가 아침에 나갈 때 흰옷을 입고 나갔었는데, 돌아올 때는 비가 와서 검정 옷으로 갈아입고 들어왔다. 그러자 집에 기르고 있는 개가 낯선 사람으로 알고 마구 짖어댔다. 양포가 화가 나서 지니고 있던 지팡이로 개를 때리려 하자 형 양주가 그것을 보고 양포에게 "개를 탓하지 마라. 만일 너의 개가 조금 전에 희게 하고 나갔다가 까맣게 해 가지고 들어오면 너는 이상하게 생각지 않겠느냐?"라고 타일렀다.

[예문] 벼락부자가 됐다고 거들먹거리는 자들을 보면 양포지구란 말이 생각난다.

[유의어] 백왕흑귀(白往黑歸)

[출전] 〈한비자(韓非子)〉

양호이환
養虎貽患

기를 양 | 범 호 | 끼칠 이 | 근심 환
호랑이를 길러서 근심을 가진다는 뜻

[유래] 유방과 항우가 각기 진나라를 공격할 때 홍구를 경계로 서쪽 지구를 유방이, 동쪽지구를 항우가 각각 차지하여 서로 불가침 조약을 맺었다. 그러나 장량과 진평 등이 유방에게 "현재 유공께서 이미 천하의 영토 삼분의 이를 차지하고 있고, 항우의 부대는 지칠 대로 지치고 군량마저 떨어져 지금 가장 그 세력이 쇠약할 때입니다. 만일 이 기회에 그를 괴멸시키지 않으면 정말로 '호랑이를 길러 그에게 도리어 해를 입는 격'이 될 것입니다."라고 말한 데에서 유래되었다.

[예문] 간사한 것이 사람의 마음이라 잘 대해준 사람에게 양호이환으로 발등을 찍힐 수 있다.

[유의어] 양호후환(養虎後患), 삼 년 먹여 기른 개가 주인 발등 문다.

[출전] 〈사기(史記)〉

ㅇ

엄이도령 掩耳盜鈴

가릴 **엄** | 귀 **이** | 훔칠 **도** | 방울 **령**

귀를 막고 방울을 훔친다는 뜻으로, 자신이 듣지 않는다고 남도 듣지 않는 줄로 안다는 말

[유래] 진(晉)나라 명문가 범씨 집안에 대대로 내려오는 큰 종이 있었다. 그런데 범씨 집안이 몰락하여 어수선하게 되자 도둑이 들어 그 종을 훔치려 하였다. 그러나 종이 너무 무거워 옮길 수 없을 것 같자 도둑은 조각을 내어 가져가려고 망치로 종을 내리쳤다. 그러자 '꽝' 하는 요란한 소리가 났다. 도둑은 다른 사람들이 들을까 겁이 나서 얼른 자기 귀를 막았다고 한다.

[예문] 주민이 굶어죽는 처지에 우주개발을 들먹이는 북한의 언사가 속 들여다보이는 엄이도령이다.

[유의어] 엄목포작(掩目捕雀), 엄이도종(掩耳盜鐘)

[출전] 〈여씨춘추(呂氏春秋)〉

ㅇ

여도지죄 餘桃之罪

남을 **여** | 복숭아 **도** | 어조사 **지** | 죄 **죄**

먹다 남은 복숭아를 먹인 죄라는 뜻으로, 총애를 받는 것이 도리어 죄를 초래하는 원인이 된다는 말

[유래] 위(衛)나라에 미자하(彌子瑕)라는 미소년이 있었는데 모친의 문병에 그 수레를 몰래 타고 나가자 왕은 그 효성을 칭찬했다. 또 먹다 남은 복숭아를 왕에게 주었을 때에도

"그 맛있는 것을 다 먹지도 않고 과인에게 주다니, 진정 너의 사랑을 알겠도다."라며 칭찬할 정도로 총애를 받았다. 그러나 왕의 사랑이 식자 "나를 속이고 수레를 탔으며, 나에게 먹다 남은 복숭아를 주었도다."라고 했다. 즉, 과거에는 총애를 받던 일이 나중에는 죄의 근원이 되었던 것이다. 바로 애정과 증오의 변화가 심함을 가리킨다.

[예문] 중용의 도를 지키는 것이 바로 여도지죄의 교훈이다.

[유의어] 여도담군(餘桃啖君)

[출전] 〈한비자(韓非子)〉 세난편(說難篇)

여산진면 廬山眞面

오두막 **려** | 뫼 **산** | 참 **진** | 얼굴 **면**

여산(廬山)의 참모습이라는 말로, 여산은 보는 방향에 따라 다르게 보이는 데다 늘 구름에 가려져 있어 좀처럼 본모습을 볼 수 없다고 해서 사물의 진상을 알기 어려움에 비유하여 이르는 말

[유래] 소동파가 여산에 갔을 때 '가로 보면 산마루요, 옆에서 보면 봉우리, 멀리서 가까이서 높은데에서 낮은데에서 보는데 따라 다르구나. 여산의 참모습은 알지도 못하고, 이 몸은 아직도 산중에서 헤매고 있네'라며 산을 제대로 보지 못한 아쉬움을 표현한 데에서 유래한다.

[출전] 소동파(蘇東坡)의 시(詩)

여호모피 與虎謀皮

더불어 **여** | 범 **호** | 꾀할 **모** | 가죽 **피**

여우(호랑이)와 여우(호랑이) 가죽을 구할 일을 도모한다는 뜻으로, 근본적으로 이룰 수 없는 일을 비유한 말

[유래] 원래 호(狐; 여우)였는데, 후에 호(虎; 호랑이)로 바뀌었다. 주(周)나라 때 좌구명이 '어떤 사나이가 좋은 갑옷을 만들기 위해 여우(호랑이)에게 가죽을 벗어내라 하고, 맛있는 음식을 먹기 위해 양에게 고기를 썰어내라고 했다'는 우화를 인용하여 공자를 천거했다.

[예문] 아무 이득이 없는 곳에 희생을 강요하는 것은 여호모피에 다름없다.

[출전] 〈태평어람(太平御覽)〉

ㅇ

역린 逆鱗

거스를 **역** | 비늘 **린**

거꾸로 붙어 있는 비늘이라는 뜻으로, 임금의 노여움을 일컫는 말

[유래] 용(龍)이라는 짐승은 잘 길들이면 올라탈 수도 있지만, 그의 목 아래에 있는 직경 한 자쯤 되는 역린(다른 비늘)과 반대 방향으로 나 있는 비늘을 건드리면 반드시 사람을 죽인다는 전설에서 유래되었다.

[예문] 40대 기수론이니 50대 대망론이니 하는 세대논의가 당 지도부의 역린을 건드려 당내분란의 씨앗이 되었다.

[출전] 〈한비자(韓非子)〉 세난편(說難篇)

역부몽 役夫夢

부릴 **역** | 지아비 **부** | 꿈 **몽**

일꾼의 꿈이란 뜻으로, 인생의 부귀영화가 꿈과 같다는 말

[유래] 주(周)나라에 윤씨라는 사람이 있었는데, 재물에만 눈이 어두워 일꾼들을 마구 부려먹었다. 그런 그에게 한 늙은 일꾼이 있었는데 낮에는 신음하면서도 일을 하고 밤에는 지쳐서 멍하니 앉아 있다가 깊은 잠이 들곤 했다. 그런데 늙은 일꾼은 밤마다 임금이 되어 정사를 다스리며 마음껏 궁전에서 잔치하고 즐겁게 노는 꿈을 꾸었지만 윤씨는 반대의 꿈을 꾸었다.

[예문] 인생이란 역부몽이니 욕심을 버린다면 조금 더 편안해질 것이다.

[출전] 〈열자(列子)〉 주목왕편(周穆王篇)

역자교지 易子敎之

바꿀 **역** | 아들 **자** | 가르칠 **교** | 어조사 **지**

자식을 서로 바꾸어 가르친다는 뜻

[유래] 공자가 하나밖에 없는 아들을 직접 가르치지 않은 이

유를 공손추가 스승인 맹자에게 묻자, 맹자가 "가르치는 사람은 바르게 되라고 가르치는 것이다. 만일 그대로 실행하지 않으면 노여움이 따르게 되고, 그러면 부자간의 정리가 상하게 된다. 자식은 속으로 아버지가 내게 바른 일을 하라고 가르치지만 아버지 역시 바르게 못하고 있다고 생각할 것이다. 그래서 옛날 사람들은 서로 자식을 바꾸어 가르쳤다."고 했다.

[예문] 역자교지라, 예나 지금이나 부모가 직접 가르치기가 쉽지 않다.

[출전] 〈맹자(孟子)〉 이루(離婁)

ㅇ

역책 易簀

바꿀 역 | 대자리 책

침상을 바꾼다는 뜻으로, 학덕이 높은 사람의 죽음을 이르는 말

[유래] 증자가 죽을 때를 당하여 삿자리를 바꾸었다는 데에서 유래한다.

[예문] 퇴계 이황은 평소에 사랑하던 매화분에 물을 주게 하고, 침상을 정돈시킨 후, 단정히 앉은 자세로 역책하였다.

[출전] 〈예기(禮記)〉 단궁(檀弓)

연리지 連理枝

이을 **연** | 이치 **리** | 가지 **지**

나란히 붙은 나뭇가지라는 뜻으로, 다정한 연인이나 부부의 애정이 지극히 깊음을 비유하여 이르는 말

[유래] 백거이가 당현종과 양귀비의 뜨거운 사랑을 '하늘에서는 비익조가 되기를 원하고, 땅에서는 연리지가 되기를 원하네'라고 표현한 데에서 유래한다.

[예문] 평생동안 당신과 연리지로 살고자 합니다.

[참고] 비익연리(比翼連理)

[출전] 백거이(白居易)의 '장한가(長恨歌)', 〈후한서(後漢書)〉 채옹전(蔡邕傳)

ㅇ

연목구어 緣木求魚

인연 **연** | 나무 **목** | 구할 **구** | 고기 **어**

나무에 올라 고기를 얻으려고 한다는 뜻으로, 목적과 수단이 맞지 않아 불가능한 일을 굳이 하려 함을 비유하는 말

[유래] 맹자가 제나라 선왕과의 무력과 책략을 수단으로 하는 패도정치(覇道政治)에 대한 문답에서 맹자는 "천하통일을 하시고 사방의 오랑캐들까지 복종케 하시려는 것을 무력으로 이루려 한다면 나무에 올라 물고기를 구하는 것입니다."라며 왕도정치를 천명한 데에서 유래한다.

[예문] 큰 정부를 지향하면서 그 정부가 효율적으로 일하기

를 기대하는 것은 연목구어와도 같다.

[유의어] 지천사어(指天射魚)

[출전] 〈맹자(孟子)〉 양혜왕편(梁惠王篇)

연비어약 鳶飛魚躍

솔개 연 | 날 비 | 물고기 어 | 뛸 약

하늘에 솔개가 날고 물속에 물고기가 뛰노는 것과 같은 천지조화의 오묘한 작용을 이름

[유래] '산뜻한 구슬 잔엔 황금 잎이 가운데 붙었네. 점잖은 군자님께 복과 녹이 내리네. 복과 녹이 내리네. 솔개는 하늘 위를 날고, 고기는 연못에서 뛰고 있네. 점잖은 군자님께서 어찌 인재를 잘 쓰지 않으리오'라는 〈시경〉의 한 구절에서 유래한다.

[예문] 솔개는 날고, 물고기는 뛰는 연비어약의 좋은 경치로군요. 우리 겨레도 어느 때나 저 솔개와 저 잉어처럼 다시 한 번 자유를 찾을는지 모르겠소이다. - 박종화, 〈임진왜란〉

[출전] 〈시경(詩經)〉

연작안지홍곡지지 燕雀安知鴻鵠之志

제비 **연** | 참새 **작** | 어찌 **안** | 알 **지** | 기러기 **홍** | 고니 **곡** | 어조사 **지** | 뜻 **지**

'제비나 참새 따위가 어찌 기러기나 고니의 큰 뜻을 알리요'라는 뜻으로, 소인(小人)은 군자나 대인(大人)의 큰 뜻을 헤아리지 못한다는 말

[유래] 진(秦)나라 양성(陽城)에 진승(陳勝)이란 사람이 있었다. 그가 젊었을 적에 어떤 집에서 고용인으로 일하던 중 같은 처지의 친구에게 장래 부귀한 몸이 되더라도 서로 잊지 않도록 하자고 말하자, 친구는 우리같이 밭이나 가는 농사꾼 주제에 어떻게 부귀하게 될 수 있겠느냐고 대답했다. 이에 진승은 탄식하여, "아, 제비나 참새 따위가 어찌 기러기나 고니의 큰 뜻을 알리요."라고 말했다고 한다.

[출전] 〈사기(史記)〉 진섭세가(陳涉世家)

영서연설 郢書燕說

땅이름 **영** | 글 **서** | 나라이름 **연** | 말씀 **설**

말을 억지로 끌어다 붙여 교묘하게 이치에 맞추는 일

[유래] 중국 춘추전국시대의 초(楚)나라의 도읍 영(郢)에서 온 편지에 대하여 연(燕)나라 측에서 해석한 것을 뜻한다. 편지를 쓴 사람이 날이 어두워 하인에게 등촉을 들라고 명령한 다음, 자신도 편지에 '거촉(擧燭; 등촉을 들다)'이라 쓰

고 말았다. 이것을 읽은 연나라의 대신은 거촉을 명철함을 존중하라는 뜻으로 해석하고, 현자(賢者)를 많이 등용하여 치적을 올렸다는 고사(故事)에서 유래한다.

[예문] 영서연설의 고사는 제멋대로 해석의 전형으로 통하지만, 어쨌든 연나라 재상의 오해는 좋은 결과를 낳았다.

[유의어] 견강부회(牽强附會)

[출전] 〈한비자(韓非子)〉 외저설좌(外儲說左)

예미도중 曳尾塗中

끌 예 | 꼬리 미 | 길 도 | 가운데 중

꼬리를 진흙 속에 끌고 다닌다는 뜻으로, 부귀를 누리면서 구속된 생활을 하는 것보다는 비록 가난하더라도 자유로운 생활을 누리는 것이 낫다는 말

[유래] 초나라의 임금이 사자를 보내 장자에게 정치를 맡아 줄 것을 부탁하자, 낚시질을 하던 장자는 "초나라에는 신귀라는 3천년 묵은 거북이 등딱지가 묘당 안에 있는데, 왕은 그것을 비단으로 싸서 호화로운 상자 안에 소중히 받들어 모신다더군요. 그런데 그 거북이 죽어서 그와 같이 소중하게 여기는 뼈가 되기를 바라겠소? 아니면 그보다 살아서 진흙 속에 꼬리를 끌고 다니기를 바라겠소?"라고 대답했다는 데에서 유래되었다.

[예문] 정치인 중 예미도중을 받아들이는 사람이 몇이나 있을까?

[출전] 〈장자(莊子)〉 추수편(秋水篇)

오리무중 五里霧中

다섯 오 | 마을 리 | 안개 무 | 가운데 중

깊은 안개 속에 들어서게 되면 동서남북도 가리지 못하고 길을 찾기 어려운 것처럼 무슨 일에 대하여 알 길이 없음을 일컫는 말

[유래] 후한(後漢) 순제(順帝) 때 장해는 학문만 잘한 것이 아니라, 도술에도 능하여 곧잘 5리에 걸쳐 안개를 만드는 것으로 유명하였다. 당시 관서에 살던 배우라는 사람도 도술로 3리에 걸쳐 안개를 만들 수 있었지만, 오리 안개를 배우고자 장해를 찾았으나, 장해는 안개 속에 자취를 감추고 만나주지 않았다고 한다.

[예문] 살인 사건이 여전히 오리무중 상태다.

[출전] 〈후한서(後漢書)〉 장해전(張楷傳)

오사필의 吾事畢矣

나 오 | 일 사 | 마칠 필 | 어조사 의

나의 일은 끝났다는 뜻으로, 자신의 맡은 바 소임을 다했음을 강조하는 말

[유래] 남송(南宋)이 멸망할 때 원(元)에 끝까지 귀의하지 않은 신하로서 문천상(文天祥)이라는 사람이 있었다. 원나라는 전 왕조의 절개 있는 충신이었던 그를 귀화시키기 위해

온갖 수단과 방법을 동원했지만 그는 끝내 동요하지 않고 3년 동안의 옥살이 끝에 처형되고 말았다. 문천상은 사형될 때에 형리를 돌아보며 "나의 일은 끝났다."고 말했다.

[예문] 죽는 날까지 오사필의하는 마음으로 살아간다면 후회 없는 삶이 될 것이다.

[출전] 〈송사(宋史)〉 문천상전(文天祥傳)

오손공주 烏孫公主

까마귀 오 | 손자 손 | 공적 공 | 주인 주

무제의 딸로 위장하여 오손에 시집 간 강도왕의 딸 세군을 일컫는 말로, 정략결혼의 희생양이 된 슬픈 운명의 여인을 가리킨다.

ㅇ

[유래] 한나라 무제(武帝)는 흉노를 무찌르기 위해 장건(張騫)을 서역의 오손에 보내 동맹을 맺고, 무제의 형인 강도왕(江都王)의 딸 세군(細君)을 공주로 꾸며 오손왕에게 출가시킴으로써 동맹은 더욱 굳건히 했다. 결국 흉노는 한나라와 오손의 협공에 견디지 못하고 북방 멀리 쫓겨나고 말았다. 하지만 먼 이국의 이민족에게 주어진 오손 공주는 망향의 노래를 부르며 슬픔의 나날을 보냈다고 한다.

[예문] 기업의 이익을 위해 정략결혼을 하는 오손공주가 아직도 많다.

[출전] 〈한서(漢書)〉 서역전(西域傳)

오십보백보 五十步百步

다섯 **오** | 열 **십** | 걸음 **보** | 일백 **백** | 걸음 **보**

백 보를 물러간 사람이나 오십 보를 물러간 사람이나 도망한 사실에는 차이가 없다는 뜻

[유래] 중국 양(梁)나라 혜왕(惠王)이 정사(政事)에 관하여 맹자에게 묻자, '전쟁에 패하여 어떤 자는 백 보를, 또 어떤 자는 오십 보를 도망했다면, 백 보를 물러간 사람이나 오십 보를 물러간 사람이나 도망한 것에는 양자의 차이가 없다'고 맹자가 대답한 데에서 유래한다.

[예문] 49등이나 50등이나 오십보백보다.

[유의어] 대동소이(大同小異)

[출전] 〈맹자(孟子)〉

오월동주 吳越同舟

오나라 **오** | 월나라 **월** | 한 가지 **동** | 배 **주**

서로 미워하면서도 공통의 어려움이나 이해에 대해서는 협력하는 경우를 비유하는 말

[유래] 중국 춘추시대에 서로 적대 관계인 오나라의 왕 부차(夫差)와 월나라의 왕 구천(句踐)이 같은 배를 탔는데, 풍랑을 만나서 서로 단합했다는 데에서 유래한다.

[예문] 정권 재창출이란 목적이 오월동주라는 기묘한 공생관계를 탄생시킨 셈이다

[유의어] 동주상구(同舟相救), 동주제강(同舟濟江), 오월지부(吳越之富), 호월동주(胡越同舟)

[출전] 〈손자(孫子)〉 구지편(九地篇)

오유선생 烏有先生

어찌 오 | 있을 유 | 먼저 선 | 날 생

세상에 존재하지 아니하는 것처럼 꾸며낸 인물

[유래] 한무제가 사냥에 빠진 것을 풍간하기 위해 지은 사마상여의 '상림부'에 나오는 등장인물로 오유선생이 있다. 초(楚)의 사신으로 제(齊)나라에 간 자허(子虛)가 제왕(齊王)과 사냥하면서 서로 자국의 사냥터가 더 크고 호화롭다고 과장하자, 오유선생이 자허를 꾸짖었다. 이를 지켜본 무시공(無是公)이라는 자가 나서서 양비론(兩非論)을 편다는 내용이다. 여기에서 자허나 오유선생, 무시공은 모두 '이런 사람은 없다'라는 뜻을 가지고 있다.

[예문] 요즘 언론 보도에 의하면 있을 수 없는 일이 자주 일어나고 있다. 오유선생이 늘어나고 있는 것이다.

[출전] 사마상여(司馬相如)의 '상림부(上林賦)'

오장군 烏將軍

까마귀 **오** | 장수 **장** | 군사 **군**

돼지를 가리키는 말

[유래] 당(唐)나라 곽원진(郭元振)은 밤길에 길을 잃어 사당으로 들어가게 되었는데, 어떤 여자가 대성통곡을 하고 있었다. 이유인즉슨 마을 사당에 오장군이 있어서 해마다 재앙을 뿌려 마을 사람들은 처녀를 오장군에게 시집보내는데 올해 제물이 바로 자신이라는 것이었다. 곽원진은 분개하여 자신이 도와주기로 하고, 들어온 오장군과 싸웠는데 아침에 보니 오장군은 돼지였다고 한다.

[예문] 삼겹살집 간판이 '오장군'인 것을 보자 주인의 재치가 느껴졌다.

[출전] 〈유괴록(幽怪錄)〉

ㅇ

오조사정 烏鳥私情

까마귀 **오** | 새 **조** | 사사로울 **사** | 뜻 **정**

까마귀가 자라면 그 어미에게 먹이를 물어다 먹이듯 그처럼 부모를 모시는 지극한 효심을 이르는 말

[유래] 진(晉)나라 때 조모 유씨의 병세가 위독하자 이밀은 '저는 조모가 안 계셨더라면 오늘에 이를 수 없었을 것이며, 조모께서는 제가 없으면 여생을 마칠 수 없을 것입니다. 저는 금년 44세이고, 조모 유씨는 96세이니, 제가 폐하게 충

성을 다할 날은 길고 조모 유씨에게 은혜를 보답할 날은 짧습니다. 까마귀가 어미 새의 은혜에 보답하려는 마음으로 조모가 돌아가시는 날까지만 봉양하게 해주십시오'라는 글을 황제에게 올려 관직을 사양했다.

[예문] 그 부인은 결혼이후 넉넉하지 않는 살림에서도 10여 년 동안 팔순의 홀시아버지를 오조사정으로 봉양했다.

[출전] 이밀(李密)의 '진정표(陳情表)'

오합지중 烏合之衆

까마귀 오 | 합할 합 | 어조사 지 | 무리 중

까마귀 떼처럼 아무런 통제 없는 무리를 비유하여 이르는 말

ㅇ

[유래] 경엄이 군대를 이끌고 유수(劉秀)에게 협력하고자 달려가고 있을 때 부하 한 사람이 유수에게 가지 말고 왕랑(王郎)의 밑으로 가자고 하였다. 그러자 경엄이 그를 꾸짖으며 "우리 돌격대가 왕랑의 오합지중을 쳐부수기란 썩은 나무 꺾는 거나 마찬가지다."라고 말했다.

[예문] 리더가 있다지만 리더십이 제대로 발휘되지 못해 그 조직은 오합지중이었다.

[유의어] 오합지졸(烏合之卒), 와합지중(瓦合之衆)

[출전] 〈후한서(後漢書)〉 경엄전(耿弇傳)

옥상가옥 屋上架屋

집 옥 | 위 상 | 시렁 가 | 집 옥

지붕 위에 또 지붕을 얹는다는 뜻으로, 필요 없는 일을 이중으로 하는 것을 비유하는 말

[유래] '위진(魏晉) 이후에 쓰인 모든 책들은 이론과 내용이 중복되고 서로 남의 흉내만 내고 있으니, 그야말로 지붕 밑에 또 지붕을 만들고 평상 위에 또 평상을 만드는 것과 같다'라는 〈안씨가훈〉의 한 구절에서 유래되었다.

[예문] 공청회 과정에서 정부는 행정으로 가능한 일을 굳이 법제정을 해 오히려 옥상가옥을 만든다고 비난했다.

[유의어] 화사첨족(畵蛇添足)

[출전] 안지추(顔之推)의 〈안씨가훈(顔氏家訓)〉, 〈진서(晉書)〉

ㅇ

옥석혼효 玉石混淆

구슬 옥 | 돌 석 | 섞을 혼 | 뒤섞일 효

옥과 돌이 어지럽게 뒤섞여 있다는 뜻으로, 좋은 것과 나쁜 것이 뒤섞여서 좋고 나쁨을 구분하지 못할 때 쓰이는 말

[유래] '〈시경(詩經)〉 이나 〈서경(書經)〉이 도의 큰 바다라고 한다면, 제자백가의 글은 이것을 보충하는 냇물의 흐름이다. 방법은 달라도 도를 닦는 데는 다름이 없다. 옛사람들은 재능을 얻기 어려움을 탄식하여 곤륜산의 옥이 아니라 해서 야광주를 버리거나 성인의 글이 아니라 해서 수양

이 되는 말은 버리지 않았다. 또 천박한 시부를 감상하는가 하면 뜻 깊은 제자백가의 책을 하찮게 여기며 유익한 금언을 하찮게 생각한다. 그래서 참과 거짓이 뒤바뀌고 옥과 돌이 뒤섞이며, 아악도 속악과 같은 것으로 보고 아름다운 것도 누더기로 보니 참으로 개탄스럽기 짝이 없다.'라는 〈포박자〉의 한 구절에서 유래되었다.

[예문] 전집은 옥석혼효이니 단행본을 읽는 것이 낫다.

[유의어] 옥석구분(玉石俱焚), 옥석동쇄(玉石同碎)

[출전] 갈홍(葛洪)의 〈포박자(抱朴子)〉 외편(外篇) 상박(尙博)

ㅇ

온고지신 溫故知新

익힐 **온** | 옛 **고** | 알 **지** | 새로울 **신**

옛 것을 알면서 새 것도 안다는 뜻

[유래] 공자가 "옛 것을 알고 새 것을 알면 남의 스승이 될 수 있다."라고 한 데에서 유래되었다.

[예문] 고전은 온고지신이라는 말처럼 과거는 내일을 준비하는 안내자다.

[유의어] 박고지금(博古知今), 이고위감(以故爲鑑), 학우고훈(學于古訓)

[출전] 〈논어(論語)〉 위정편(爲政篇)

와각지쟁 蝸角之爭

달팽이 **와** | 뿔 **각** | 어조사 **지** | 다툴 **쟁**

달팽이 촉각 위에서의 싸움이란 뜻으로, 끝없이 광대한 우주 속의 조그마한 지구 그 한 귀퉁이에서의 싸움은 참으로 보잘것없다는 뜻

[유래] 제(齊)나라 위왕(威王)이 위(魏)나라 혜왕(惠王)을 배신하자 혜왕은 제나라를 치려하였다. 이때 대진인(戴晉人)이란 사람이 달팽이를 예로 들어 '그 왼쪽 뿔은 촉씨(觸氏)의 나라이고 오른쪽 뿔은 만씨(蠻氏)의 나라인데, 두 나라가 영토를 놓고 싸우다가 사람이 1만여 명이나 죽고, 달아나는 적을 보름 동안이나 추격하다 돌아왔다'고 비유한 데에서 비롯되었다.

[예문] 대권욕에 사로잡힌 도토리 정치인들의 와각지쟁으로 이 나라의 미래가 암담하다.

[유의어] 만촉지쟁(蠻觸之爭), 와우각상(蝸牛角上)

[출전] 〈장자(莊子)〉 칙양편(則陽篇)

와신상담 臥薪嘗膽

누울 **와** | 섶 **신** | 맛볼 **상** | 쓸개 **담**

섶을 지고 누워 곰 쓸개를 핥는다는 뜻으로, 원수를 갚거나 어떤 목적을 이루기 위해 괴로움을 참고 견딤을 비유한 말

[유래] 중국 춘추시대 오나라의 왕 부차(夫差)가 아버지의 원수를 갚기 위하여 장작더미 위에서 잠을 자며 월나라의 왕 구천(句踐)에게 복수할 것을 맹세하였는데, 훗날 부차에

게 패배한 월나라의 왕 구천은 쓸개를 핥으면서 복수를 다짐했다는 데에서 유래한다.

[예문] 자존심을 회복하기 위해 4년 동안 와신상담하던 유럽 축구는 이번 월드컵에서 무서운 에너지를 쏟아냈다.

[유의어] 절치액완(切齒扼腕), 회계지치(會稽之恥)

[출전] 〈사기(史記)〉 월세가(越世家), 〈십팔사략(十八史略)〉

완물상지 玩物喪志

희롱할 **완** | 물건 **물** | 잃을 **상** | 뜻 **지**

하찮은 물건에 대한 집착하여 큰 뜻을 잃은 것을 비유하여 이르는 말

ㅇ

[유래] 주나라를 세운 무왕은 건국공신들을 제후로 봉한 후, 먼 나라에 사신을 보내어 문덕과 무공을 전하고, 신하로서 자신을 왕으로 섬길 것을 요구하였다. 이때 서방의 여(旅)나라 사신이 큰 개 한 마리를 헌상하자, 무왕은 기뻐하며 사자에게 큰 선물을 내렸다. 이것을 본 태보(太保) 소공(召公)이 '사람을 가지고 놀면 덕을 잃고, 물건을 가지고 놀면 뜻을 잃습니다'라는 글을 올려 간언했다.

[예문] 조선조 선비들은 완물상지라 하여 서예나 그림 등에 빠지는 것을 경계했다.

[출전] 〈서경(書經)〉 여오(旅獒)

완벽 完璧

완전할 **완** | 구슬 **벽**

완전한 구슬이라는 뜻으로, 완전무결(完全無缺)한 것을 비유하는 말

[유래] 중국 전국시대 소양왕이 열다섯 성(城)과 조나라의 화씨벽(구슬)을 바꾸자고 요청하였는데, 소양왕이 거짓말을 하고 있다는 것을 안 조나라의 인상여가 '구슬을 완전하게 가지고 돌아오겠다'고 왕에게 말한 후 구슬을 가지고 진나라라에 갔다가 무사히 구슬을 가지고 돌아왔다는 데에서 유래한다.

[예문] 그는 완벽에 가까운 묘기를 펼쳤다.

[유의어] 연성지벽(連城之壁), 화씨지벽(和氏之壁)

[출전] 〈사기(史記)〉 인상여열전(藺相如列傳)

ㅇ

완화자분 玩火自焚

가지고 놀 **완** | 불 **화** | 스스로 **자** | 불사를 **분**

무모한 일로 남을 해치려다 결국 자신이 해를 입게 됨을 비유한 말

[유래] 어려서부터 장공의 총애를 받은 주우는 조금이라도 마음에 들지 않으면 곧 무력으로써 해결하려 했다. 장공이 죽고 환공(桓公)이 왕위를 계승하자, 주우는 환공을 죽이고 스스로 군주의 자리에 올라 주변 나라와 연합해 정나라를 공격했다. 이 소식을 들은 노나라 중중이 "주우는 무력만

을 믿고 잔인한 짓을 하면서도 태연합니다만, 무력에 의지했다간 국민을 잃게 됩니다. 무력이란 불과 같은 것이어서, 단속하지 않으면 장차 자신이 그 불 속에서 타게 될 것입니다."라고 말한 데에서 유래되었다.

[예문] 완화자분을 명심한다면 남을 헐뜯는 일은 더 못할 것이다.

[출전] 〈춘추좌씨전(春秋左氏傳)〉

왕형불형 王兄佛兄

임금 왕 | 맏이 형 | 부처 불 | 맏이 형

왕의 형이고, 부처의 형이란 뜻

[유래] 태종이 왕위를 셋째인 충녕(세종대왕)에게 물려주자 첫째 양녕은 술만 마시는 방탕의 길을 걷고, 둘째 효녕은 산속에 들어가 부처가 되었다. 그래서 양녕은 왕의 형도 되고, 부처의 형도 된다고 한 데에서 유래한다.

[출전] 〈성종실록〉, 〈세조실록〉

요동지시 遼東之豖

나라이름 **요** | 동녘 **동** | 어조사 **지** | 돼지 **시**

요동의 돼지라는 뜻으로, 견문이 좁고 오만한 탓에 하찮은 공을 득의양양하여 자랑함의 비유

[유래] 후한(後漢) 건국 직후, 어양태수 팽총이 논공행상에 불만을 품고 반란을 꾀하자 대장군 주부(朱浮)는 그의 비리를 꾸짖어 '그대는 이런 이야기를 들어본 적이 있는가? 옛날에 요동 사람이 그의 돼지가 머리가 흰 새끼를 낳자 이를 진귀하게 여겨 왕에게 바치려고 하동(河東)까지 가보니 그곳 돼지는 모두 머리가 희므로 크게 부끄러워 얼른 돌아갔다. 지금 조정에서 그대의 공을 논한다면 폐하(光武帝)의 개국에 공이 큰 군신 가운데 저 요동의 돼지에 불과함을 알 것이다'라는 내용의 글을 보냈다.

[예문] 모두 함께 이룩한 프로젝트를 그만의 공으로 내세우려 하는 것은 요동지시와 같다.

[출전] 〈문선(文選)〉 주부서(朱浮書), 〈후한서(後漢書)〉 주부전(朱浮專)

요령부득 要領不得

구할 **요** | 요소 **령** | 아니 **불** | 얻을 **득**

사물의 중요한 부분을 잡을 수 없다는 뜻으로, 말과 글의 요령을 잡을 수 없음을 이르는 말

[유래] 전한(前漢) 무제(武帝) 때 흉노의 잦은 침범으로 월지

ㅇ

와 손을 잡고 흉노를 협공할 계획을 세웠다. 월지의 사신으로 장건이 뽑혔는데 그곳에 도착하기도 전에 흉노에게 포로로 잡혀 10년을 살다 탈출해 사신으로서 월지와 대하국까지 찾아가 도움을 청하려 했으나 허사였다. 이 일을 사서(史書)는 '끝내 사명으로 하는 월지의 요령을 얻지 못한 채 체류한 지 1년이 지나 귀국 길에 올랐다'라고 적고 있다.

[예문] 도무지 말이 통하지를 않는 상황에서 요령부득을 절감하며 그저 한숨만 삼킨다.

[출전] 〈사기(史記)〉 대완전(大宛傳), 〈한서(漢書)〉 장건전(張騫傳)

ㅇ

요원지화 燎原之火

불탈 **요** | 들판 **원** | 어조사 **지** | 불 **화**

들판의 불길 같은 엄청난 기세로 어떤 일이 빠른 속도로 진행되어 원상태로 회복하기 어려운 상태를 가리키는 말

[유래] 탕(湯)임금의 10대 손인 반경(盤庚)이 황하의 수해를 피하기 위해 수도를 은(殷)으로 옮기려고 하자 여기저기서 반대의 소리가 많았다. 이에 관리들을 모아놓고 "너희는 어찌 나에게 고하지 않고서, 서로 뜬소문으로 부추겨 백성들을 공포에 잠기게 하는가? 마치 불이 들판에 붙은 것과 같아서, 너희에게 가까이 갈 수조차 없는데 어찌 그것을 박멸할 수 있겠느냐."라고 간곡히 부탁했다.

[예문] 청년과 학도들은 매우 위태로운 나라를 구국하기 위하여 요원지화처럼 일어섰다.

[출전] 〈서경(書經)〉 반경편(盤庚篇)

욕속부달 欲速不達

욕심 욕 | 빠를 속 | 아닐 불 | 이를 달

성급하게 서두르면 일이 성사되기 어렵고 너무 잘하려고 하다간 오히려 망친다는 뜻

[유래] 자하(子夏)가 거보라는 고을의 태수가 되면서 공자에게 정치하는 방법을 묻자, 공자가 "급히 서두르지 말고 작은 것에 집착하지 말라. 급하게 서두르면 일이 성사되기 어렵고, 작은 것에 매달리다 보면 큰일을 이루지 못하기 때문이다."라고 대답했다.

[예문] 욕속부달이라고 하듯이 대부분의 일이 급하면 체하게 되어 있다.

[원말] 욕교반졸(欲巧反拙)

[출전] 〈논어(論語)〉 자로편(子路篇)

ㅇ

용두사미 龍頭蛇尾

용 룡 | 머리 두 | 뱀 사 | 꼬리 미

용 머리에 뱀의 꼬리란 말로 시작은 그럴 듯하나 끝이 흐지부지하다는 의미

[유래] 어느 날 진존숙이 어느 중에게 화두를 던지자 갑자기 상대방이 '으악' 하고 큰 소리를 치고 나왔다. 다음에도 마찬가지여서 상대를 살펴 보니 상당한 수양을 쌓은 것 같았지만 어쩐지 수상한 구석도 엿보였다. '참으로 도를 깨친 것 같지는 않은 것 같구나. 용의 머리에 뱀의 꼬리가 아닐까 의심스럽군.'이라고 생각했는데, 아니나 다를까 다음 질문에 뱀 꼬리를 내밀듯 답변을 피했다고 한다.

[예문] 한국의 정당사는 거창한 구호 뒤에 초라하게 퇴장하는 용두사미가 대다수를 차지했다.

[출전] 환오극근(圜悟克勤)의 〈벽암록(碧巖錄)〉

우공문 于公門

어조사 우 | 공변될 공 | 문 문

우공의 문이라는 뜻으로, 선한 일을 많이 한 조상의 집안의 자손은 번성한다는 말

[유래] 우공이 덕을 쌓아 그를 위한 사당을 세울 때 마을 입구의 문이 무너지자 우공이 "문을 크고 높게 하고, 말 네 마리와 덮개가 높이 솟은 수레를 꾸미십시오. 나는 감옥의 죄수를 다스리면서 음덕을 많이 쌓아 원수를 진 일이 없습니

다. 그러므로 내 자손들이 반드시 흥할 것입니다."라고 말했다.

[예문] 조상이 덕을 쌓으면 우공문처럼 후손에게 복이 내린다는 말이 있다.

[출전] 〈한서(漢書)〉 우정국전(于定國傳)

우공이산 愚公移山

어리석을 **우** | 귀 **공** | 옮길 **이** | 뫼 **산**

어리석은 영감이 산을 옮긴다는 뜻으로, 어떤 큰일이라도 노력하면 반드시 이루어짐의 비유하여 이르는 말

[유래] 북산(北山)에 사는 90세에 가까운 우공(愚公)이 태형산과 왕산이 가로막혀 불편했기 때문에 자식들과 의논하여 산을 옮기기로 하였다. 친구 지수(智搜)가 웃으며 만류하자 그는 정색을 하고 "나는 늙어서 자자손손 한없이 대를 이어 산을 옮기겠지만, 산은 더 불어나는 일이 없지 않은가. 그러니 언젠가는 평평하게 될 날이 오겠지." 하고 대답하였다. 결국 옥황상제는 우공의 정성에 감동하여 두 산을 옮겨주었다고 한다.

[예문] 목표에 도달하는 그 순간까지 끝까지 차근차근 성실히 과제를 수행해나가는 것이 우공이산의 정신이다.

[유의어] 수적천석(水適穿石), 적토성산(積土成山)

[출전] 〈열자(列子)〉 탕문편(湯問篇)

ㅇ

우도할계 牛刀割鷄

소 우 | 칼 도 | 벨 할 | 닭 계

소 잡는 칼로 닭을 잡는다는 뜻으로, 작은 일을 하면서 동작이 지나치게 큼을 비유하여 이르는 말

[유래] 공자의 제자 자유가 노(魯)나라에서 무성(武城)의 읍재(邑宰)로 있을 때 공자는 고을에서 현가(絃歌) 소리를 듣고, 평소의 가르침이 실현되는 것을 보고 기쁘게 여기면서 농담을 섞어 "닭을 잡는 데 어찌 소 잡는 칼을 쓰리오?" 하자, 자유가 "이전에 선생님께서 말씀하시기를, '군자가 도(道)를 배우면 사람을 사랑하고, 소인이 도를 배우면 부리기가 쉽다'고 하셨습니다."라고 대답했다. 공자의 말은 자유가 나라를 다스릴 만한 인재인데도 무성과 같은 작은 읍에서 성실하게 일하는 모습이 보기 좋다는 뜻으로 한 말이다.

[예문] 이 정도의 일을 하는데 그렇게 많은 사람을 동원하다니, 우도할계가 따로 없구나.

[유의어] 할계언용우도(割鷄焉用牛刀)

[출전] 〈논어(論語)〉 양화편(陽貨篇)

ㅇ

우맹의관 優孟衣冠

넉넉할 우 | 맏이 맹 | 옷 의 | 갓 관

우맹의 의관을 차려 입는다는 뜻으로, 사이비한 것을 비유적으로 이르는 말

[유래] 중국 춘추시대 초나라의 이름난 배우 우맹이 죽은 손

숙오의 의관을 차리고 왕을 찾아가 설득하여 손숙오의 아들을 곤궁에서 구해냈다는 데에서 유래한다.

[예문] 똑같지는 않더라도 우맹의관과 같은 사이비 작품에서 간혹 보이고 있다.

[출전] 〈사기(史記)〉 골계전(滑稽傳)

우사생풍 遇事生風

만날 **우** | 일 **사** | 날 **생** | 바람 **풍**

일을 보면 바람이 인다는 뜻으로, 본뜻은 젊은 사람들이 눈치 보지 않고 기개 있게 일을 처리한다는 말이었으나 지금은 사사건건 문제를 일으킨다는 뜻으로 쓰임

[유래] 한(漢)나라 때 조광한은 성실하고 청렴한 사람으로 직위를 남용하여 비행을 저지는 두건을 참형으로 다스렸다. 〈한서〉에서는 그를 '일을 보면 바람이 일고 회피하는 바가 없다'고 표현했는데, 조광한은 결국 칼 같은 성격 때문에 간신배들의 모함을 받아 죽고 말았다.

[예문] 우사생풍하는 사람들의 기개야말로 언제나 조직을 새롭게 하는 활력소다.

[출전] 〈한서(漢書)〉 조광한전(趙廣漢傳)

ㅇ

우익이성 羽翼已成

깃 우 | 날개 익 | 이미 이 | 이룰 성

새의 날개와 깃이 이미 자랐다는 뜻으로, 충분히 성숙해졌다는 말

[유래] 황제가 척부인(戚夫人)의 간언에 넘어가 태자 유영(劉盈)을 폐하고 척부인의 아들인 조왕(趙王) 유여의(劉如意)를 태자로 삼고자 하자, 태자의 어머니 여후(呂后)는 유후(留侯)에게 도움을 청하였다. 유후는 황제가 존경하는 네 현자들을 태자의 선생이 되게 해서 자연스럽게 황제가 그 사실을 알게 했다. 황제는 척부인을 불러서 그 네 사람을 가리키며 "짐이 태자를 바꾸고자 하였으나, 저 네 사람들이 보좌하여 태자의 날개와 깃이 이미 이루어졌으니 그 지위를 어떻게 할 수가 없소."라고 말했다.

ㅇ

[예문] 우익이성의 단계에 이르기 위해서는 독서도 좋은 선생이다.

[출전] 〈사기(史記)〉 유후세가(留侯世家)

우화등선 羽化登仙

깃 우 | 화할 화 | 오를 등 | 신선 선

사람이 신선이 되어 하늘로 올라감을 이르는 말

[유래] 소동파(蘇東坡)가 '적벽부(赤壁賦)'에서 '훌쩍 세상을 버리고 홀몸이 되어 날개를 달고 신선이 되어 하늘로 오르

는 것만 같다'고 한 데에서 비롯되었다.

[예문] 지금 내 마음은 우화등선 하늘에 올라앉은 기분이다.

[출전] 소동파(蘇東坡)의 '적벽부(赤壁賦)'

운용지묘 運用之妙

움직일 **운** | 쓸 **용** | 어조사 **지** | 묘할 **묘**

모든 것을 운용하는 것은 마음먹기에 달려 있다는 말

[유래] 남송시대에 종택 휘하에 악비라는 장수가 있었는데, 어느 날 종택이 악비가 세운 계획을 보고 "자네는 용맹과 재능은 있으나 사군의 진영을 짜는 방식이 조금 약한 것 같네."라고 말했다. 그러자 악비는 기죽지 않고 "진을 친 후에 싸운다는 것은 병법의 기본상식입니다. 그러나 운용의 묘는 자기 마음에 달려 있습니다."라고 힘 있게 말했다. 악비는 자신의 말대로 금나라와 싸워 큰 공을 세우고 명장으로 이름을 날리게 되었다.

[예문] 운용지묘는 병법에서만이 아닌 일상생활에서도 필요한 것이다.

[원말] 운용지묘재일심(運用之妙在一心)

[출전] 〈송사(宋史)〉 악비전(岳飛傳)

ㅇ

원교근공 遠交近攻

멀 원 | 사귈 교 | 가까울 근 | 칠 공

먼 나라와 친교를 맺고 가까운 나라를 공략하는 외교 정책

[유래] 중국의 전국시대에 위(魏)의 범수(范雎)가 진(秦)의 소양왕(昭襄王)에게 진언한 것에서 유래한다. 〈전국책〉이나 〈사기〉에 의하면 범수는 가까운 나라를 그대로 두고 먼 나라를 공격하는 진의 대외정책은 실효를 거두기 어려우므로 반대로 먼 나라와 친교를 맺고 가까운 나라를 공격해야 한다고 역설하였다. 소양왕은 이 말을 받아들여 제(齊) · 연(燕) · 초(楚)에 대한 공격을 멈추고, 한(韓) · 위 · 조(趙)의 3국을 공격하였다.

[예문] 원교근공의 태도는 국경을 접하고 있는 대국과의 긴장관계 지속이 초래할 위험요소를 간과하고 있다.

[출전] 〈사기(史記)〉, 〈전국책(戰國策)〉

원수불구근화 遠水不救近火

멀 원 | 물 수 | 아니 불 | 구원할 구 | 가까울 근 | 불 화

먼 곳에 있는 물은 가까운 곳에서 난 불을 끄지 못한다는 뜻으로, 멀리 있으면 급할 때 아무 소용이 없다는 말

[유래] 중국 춘추시대 노나라의 이서가 "물에 빠진 사람을 구하려고 먼 월(越)나라에서 사람을 청한다면 월나라 사람

이 아무리 헤엄을 잘 친다고 해도 이미 늦고, 또한 집에 불이 난 경우 발해(渤海)와 같이 먼 바다에서 물을 가져와 끌려고 한다면 바닷물이 아무리 많다 해도 역시 늦습니다. 이처럼 먼 데 있는 물은 가까운 불을 끄지 못하는 것처럼 노나라가 이웃의 제나라의 공격을 받는다면 진나라와 형나라가 아무리 강국이라 해도 노나라의 위난을 구하지는 못할 것입니다."라고 목공에게 간언한 데에서 유래한다.

[예문] 원수불구근화라고 하지만 가까운 곳에 있는 이웃도 마음을 나누고 사는 것이 중요하다.

[유의어] 원교근공(遠交近攻), 편장막급(鞭長莫及)

[출전] 〈한비자(韓非子)〉 설림편(說林篇)

ㅇ

원입골수 怨入骨髓

원망할 **원** | 들 **입** | 뼈 **골** | 골수 **수**

원한이 뼈에 사무친다는 뜻으로, 원한이 마음속 깊이 맺혀 잊을 수 없다는 말

[유래] 춘추시대, 정나라를 급습하고 싶었던 진(秦)나라의 목공(穆公)은 백리해(百里奚)와 건숙(蹇叔)의 반대에도 불구하고 백리해의 아들 맹명시(孟明視), 건숙의 아들 서걸술(西乞術), 백을병(白乙兵) 세 사람을 장수로 삼아 출병을 강행했다. 그러나 이 세 장수는 북문(北門)을 지나갈 때 정나라의 소장수인 현고(弦高)의 꾀에 넘어가 진(晉)나라로 진

로를 바꿨고, 이에 진나라 태자 양공의 반격을 받아 포로가 되고 말았다. 이때 진나라 목공의 딸이자 태자의 어머니인 모후가 "목공은 이 세 사람에 대한 '원한이 사무쳐 있을 것'이니, 이들을 돌려보내 저희 아버님이 통쾌하게 삶아 죽이도록 해주십시오."라고 청했다.

[예문] 일제강점기의 피해자인 할머니들의 원입골수의 한을 무엇으로 풀 수 있겠는가.

[유의어] 원철골수(怨徹骨髓), 한입골수(恨入骨髓)

[출전] 〈사기(史記)〉 진본기(秦本記)

ㅇ

월단평 月旦評

달 **월** | 아침 **단** | 평론할 **평**

매달 첫날의 평이라는 뜻으로, 인물에 대한 비평을 말함

[유래] 중국 후한(後漢) 때에 허소라는 사람이 매월 초하루마다 마을 사람들의 인물을 평했다는 데에서 유래한다.

[예문] 오늘 가장 가까운 사람에게 월단평을 들어보라.

[유의어] 월조평(月朝評)

[출전] 〈십팔사략(十八史略)〉, 〈후한서(後漢書)〉 허소전(許劭傳)

월하빙인 月下氷人

달 월 | 아래 하 | 얼음 빙 | 사람 인

부부의 인연을 맺어 준다는 전설상의 늙은이로 중매쟁이를 이르는 말

[유래] 중국 당나라의 위고(韋固)가 달밤에 어떤 노인을 만나 장래의 아내에 대한 예언을 들었다는 고사와 진나라 영고책이라는 사람이 얼음 위에서 어떤 사람과 이야기를 나눈 꿈을 꾼 후 결혼하게 되었다는 고사에서 비롯되었다.

[예문] 요즘에도 월하빙인을 직업으로 삼는 사람들이 많다.

[유의어] 월하노인(月下老人)

[출전] 〈진서(晉書)〉 예술전(藝術傳), 〈태평광기(太平廣記)〉 정혼점(定婚店)

ㅇ

위편삼절 韋編三絕

가죽 위 | 엮을 편 | 석 삼 | 끊을 절

가죽으로 맨 책 끈이 세 번이나 끊어지다는 뜻으로, 그만큼 독서에 힘쓰는 것을 이르는 말

[유래] 공자가 주역을 즐겨 읽어 책의 가죽 끈이 세 번이나 끊어졌다는 데에서 유래되었다.

[예문] 정보화 사회이라고 위편삼절의 교훈이 퇴색되는 것은 아니다.

[유의어] 독서삼도(讀書三到)

[출전] 〈사기(史記)〉 공자세가(孔子世家)

유교무류 有敎無類

있을 **유** | 가르칠 **교** | 없을 **무** | 무리 **류**

가르침에는 차별이 없다는 이 말은 배우고자 하는 사람에게는 누구에게나 배움의 문이 개방되어 있다는 공자의 말

[유래] 호향(互鄕)이란 곳은 천한 직업의 사람들이 사는 곳이었다. 어느 날 그곳에 사는 한 아이가 공자를 만나고자 하자 제자들이 돌려보내려고 했는데, 공자는 그 아이를 맞아 그가 묻는 말에 친절히 대답해주었다. 그런 후에 제자들에게 "사람들이 깨끗한 마음으로 찾아오면 그 마음만을 받아들이면 됐지 그 사람의 과거와 행동까지 따질 것이 있느냐?"라고 말했다.

[예문] 고액의 대학등록금은 유교무류의 정신을 위배하는 것이다.

[출전] 〈논어(論語)〉 위령공편(衛靈公篇)

유능제강 柔能制剛

부드러울 **유** | 능할 **능** | 제압할 **제** | 굳셀 **강**

부드러운 것이 강한 것을 이긴다는 뜻

[유래] '부드러움은 능히 굳셈을 제어하고, 약한 것은 능히

강함을 제어한다. 부드러움은 덕이고 굳셈은 도둑이다. 약함은 사람을 돕는 것이고 강함은 사람을 공격하는 것이다' 라는 구절에서 유래되었다.

[예문] 유능제강의 기술을 바탕으로 하는 유도의 특징은 작은 힘으로 큰 힘을 제압할 수 있다는 데에 있다.

[유의어] 유능승강(柔能勝剛)

[출전] 〈도덕경(道德經)〉, 〈육도삼략(六韜三略)〉, 〈황석공소서(黃石公素書)〉

유자가교 孺子可敎

젖먹이 **유** | 아들 **자** | 옳을 **가** | 가르칠 **교**

젊은이는 가르칠 만하다는 뜻으로, 열심히 공부하려는 아이를 칭찬하는 말

[유래] 유방(劉邦)을 도와 한나라를 개국한 책사 장량(張良)이 황석공(黃石公)이라는 기인에게서 〈태공병법서〉라는 책을 받는 과정에 대한 고사에서 유래된 말이다.

[출전] 〈십팔사략(十八史略)〉, 〈한서(漢書)〉 장량편(張良篇)

유좌지기 宥坐之器

용서할 **유** | 앉을 **좌** | 어조사 **지** | 그릇 **기**

항상 곁에 두고 보는 그릇이라는 뜻으로, 마음을 가지런히 하기 위한 스스로의 기준을 이르는 말

[유래] 공자가 주(周)나라 환공(桓公)의 사당(祠堂)을 찾았을 때 사당 안에는 의식 때 쓰는 그릇인 의기(儀器)가 놓여 있었다. 공자가 그 그릇의 쓰임새를 묻자 사당지기는, "항상 곁에 두고 보는 그릇입니다."라고 하였다. 공자는 고개를 끄덕이며 "나도 들은 적이 있습니다. 이 그릇은 속이 비면 기울어지고 가득 채우면 엎질러지는데, 알맞게 물이 차면 바로 선다고 하더군요."라고 말했다.

[예문] 누구나 마음속에 유좌지기를 놓고 살면 중용의 자세를 갖출 수 있을 것이다.

[출전] 〈공자가어(孔子家語)〉

유지경성 有志竟成

있을 **유** | 뜻 **지** | 마침내 **경** | 이룰 **성**

굳건한 뜻이 있으면 반드시 이루어낸다는 뜻

[유래] 후한의 광무제가 경엄이 임치를 함락한 공을 칭찬하며, "옛날에는 한신이 역하(歷下)를 함락시켜 한나라의 기초를 이룩하더니, 이제는 그대가 천하를 안정시킬 수 있게 했구려. 역시 뜻이 있는 사람은 반드시 이루어내는구려."라

고 한 데에서 유래되었다.

[예문] 유지경성이니 절대 포기하지 말아라.

[출전] 〈후한서(後漢書)〉 경엄전(耿弇傳)

은감불원 殷鑑不遠

나라이름 은 | 거울 감 | 아니 불 | 멀 원

은나라의 거울은 먼 데 있지 않다는 뜻으로, 남의 실패를 본보기로 삼아야 한다는 말

[유래] '은나라의 거울은 먼 데 있지 않다. 전대인 하나라에 있다'는 노래는 서백이 중국 고대 왕조인 하의 걸왕(桀王)을 빗대어 은나라 주왕(紂王)에게 간언할 때 사용했다. 이 둘은 혁명으로 망한 왕이라는 공통점과 함께 폭군의 대명사다.

[예문] 은감불원이라고 했던가. 남의 실패를 나의 거울로 삼아야 한다.

[유의어] 복차지계(覆車之戒)

[출전] 〈시경(詩經)〉 대아편(大雅篇)

ㅇ

읍참마속
泣斬馬謖

울 **읍** | 벨 **참** | 말 **마** | 일어날 **속**

사사로운 감정을 버리고 엄정히 법을 지켜 기강을 바로 세우는 일을 비유하는 말

[유래] 중국 촉나라 제갈량이 군령을 어기어 가정(街亭) 싸움에서 패한 마속을 눈물을 머금고 참형에 처하였다는 데에서 유래한다.

[예문] 당 지도부는 읍참마속의 심정이라는 표현을 써가며 공천비리 척결에 대한 단호한 의지를 내비쳤다.

[출전] 〈삼국지(三國志)〉 촉지(蜀誌) 마속전(馬謖傳)

ㅇ

응대여류
應對如流

응할 **응** | 대답할 **대** | 같을 **여** | 흐를 **류**

물 흐르듯 응대한다는 뜻으로, 언변의 능수능란함을 비유하는 말

[풀이] 남조(南朝) 때의 서면(徐勉)은 관직에 있으면서 한 번도 자기의 직권을 남용하지 않았다. 또 늘 부하들의 수고를 위로하고 공로 또한 모두 그들에게로 돌렸다. 항상 서면이 집무하는 책상은 공문으로 넘쳤으며, 와중에 손님이 방문하더라도 여유를 잃지 않고 늘 '물 흐르듯 자연스럽게 응대'했다고 한다. 주어진 환경에서 자기의 본분을 다하는, 신명으로 일하는 사람의 대표적인 이야기다.

[예문] 응대여류의 참 의미는 언변의 기술적인 면이 아니라

마음가짐으로 받아들여야 한다.

응접불가 應接不暇

응할 **응** | 접할 **접** | 아니 **불** | 겨를 **가**

응대하여 맞이할 겨를이 없다는 뜻으로, 몹시 바쁨을 비유하는 말

[유래] 왕자경이 '산음의 길을 좇아 오르다 보면, 산천은 서로 비추어 반짝이는 것이 갈수록 아름다워 사람에게는 응대할 겨를을 주지 않는다. 만약 가을이나 겨울이면 더욱 마음에 품기가 어렵다'고 하였다는 데에서 유래한다.

[예문] 아무리 응접불가라도 찾아볼 곳은 찾아봐야 하지 않겠는가.

[출전] 〈세설신어(世說新語)〉 언어편(言語篇)

의기양양 意氣揚揚

뜻 **의** | 기운 **기** | 드날릴 **양**

뜻한 바가 이루어져 자랑스럽게 행동하는 모양을 이르는 말

[유래] 춘추(春秋)시대 제(齊)나라의 국상인 안자(晏子)의 마부가 분수도 모르고 의기양양 거들먹거리는 모습에 그의 아내가 실망하여 헤어지자고 했던 이야기에서 비롯되었다.

[예문] 새로운 것을 해냈다는 뿌듯함에 의기양양할 줄 알았

ㅇ

건만 의외로 담담하다.

[유의어] 양양득의(揚揚得意), 의기충천(意氣衝天)

[출전] 〈사기(史記)〉 관안열전(管晏列傳)

의불경신하유이고 衣不更新何由而故

옷 의 | 아니 불 | 거칠 경 | 새 신 | 어찌 하 | 말미암을 유 | 말 이을 이 | 연고 고

헌것도 새것이었을 때가 있었다는 뜻

[유래] 진(晉)나라의 환거기(桓車騎)는 새 옷 입기를 무척 싫어해서 낡은 옷만 입고 다녔는데, 하루는 환거기가 목욕을 한 후 부인이 일부러 새 옷을 가져다주자, 그가 몹시 노했다. 그러자 부인이 "새 옷이 낡아서 헌옷이 되는 것이지, 무슨 방법으로 헌옷이 되리오?" 하고 중얼거렸고, 환거기는 크게 웃으며 새 옷을 입었다.

[예문] 의불경신하유이고라, 노인들도 청춘이 있었다는 것을 젊은 사람들은 왜 모를까.

[출전] 〈세설신어(世說新語)〉 현원편(賢媛篇)

의식족즉지영욕 衣食足則知榮辱

옷 **의** | 밥 **식** | 족할 **족** | 곧 **즉** | 알 **지** | 영화로울 **영** | 욕될 **욕**

의식이 족해야 영욕(榮辱)을 안다는 뜻으로, 의식이 족한 생활의 안정이 있어야만 도덕과 예절을 알게 된다는 말이다.

[유래] 법가사상(法家思想)을 주장한 관중(管仲)의 말로 '창고에 곡식이 가득 차면 예절을 알고, 의식이 갖추어지면 영욕을 안다'는 뜻이다. 이는 곧 백성은 입고 먹는 것이 넉넉해야 예의나 체면, 법 따위를 알게 된다는 말이다.

[예문] 의식족즉지영욕이라, 먹고 사는 문제가 항상 먼저해결되어야 한다.

[출전] 〈관자(管子)〉 목민편(牧民篇)

ㅇ

의심암귀 疑心暗鬼

의심할 **의** | 마음 **심** | 어두울 **암** | 귀신 **귀**

의심이 생기면 귀신이 생긴다는 뜻으로, 의심으로 인한 망상, 또는 선입견으로 인한 판단 착오를 비유한 말

[유래] 어떤 사람이 이웃집 뜰에 말라죽은 오동나무를 보고 주인에게 "말라죽은 오동나무는 불길합니다." 하고 충고하였다. 이 말을 들은 주인이 오동나무를 베어버리자 이번에는 베어버린 오동나무를 땔감으로 쓰게 달라고 했다. 이에 주인은 화를 내며 "말라죽은 오동나무를 불길하다고 한 이유는 땔감 욕심에서 비롯된 음흉함이었군요."라고 하였다.

[예문] 다른 모반자를 찾아야 했기 때문에 모두 의심암귀에 빠져 있었다.

[유의어] 절부지의(竊鈇之疑), 배중사영(杯中蛇影)

[출전] 〈열자(列子)〉 설부편(說符篇)

이관규천 以管窺天

써 이 | 대롱 관 | 엿볼 규 | 하늘 천

대롱으로 하늘을 엿본다는 뜻으로, 견문이 좁음을 비유하여 이르는 말

[유래] 의성으로 일컬어지는 편작이 괵이라는 나라에 갔을 때, 마침 병을 앓던 태자가 숨졌다는 소식을 듣고 그는 궁정의사를 찾아갔다. 태자의 병을 알아낸 편작은 태자를 소생시키겠다고 했다. 궁정의사가 말도 안 된다고 하자, 편작은 "당신의 의술 따위는 대롱으로 하늘을 엿보며 좁은 틈새로 무늬를 보는 것과 같소."라고 말하며 탄식했다. 결국 편작은 죽지 않은 사람을 고쳤던 것이다.

[예문] 그들의 주장을 들어주는 것은 이관규천의 우를 범하는 꼴이다.

[유의어] 용관규천(用管窺天), 정저지와(井底之蛙), 정중관천(井中觀天)

[출전] 〈사기(史記)〉

ㅇ

이도살삼사
二桃殺三士

두 이 | 복숭아 도 | 죽일 살 | 석 삼 | 선비 사
복숭아 두 개로 무사 세 명을 죽인다는 뜻으로, 교묘한 책략으로 상대를 자멸하게 하는 것을 비유한 말

[유래] 제(齊)나라 재상인 안영(晏纓)이 경공(景公)의 호위 무사를 복숭아 두 개로 제거한 고사로, 제갈량의 시, '하루 아침에 참언을 입어, 두 복숭아가 세 장사를 죽였다'와 이백의 시, '제나라의 재상은 힘이 남산을 갈아엎는 세 명의 장사를 죽이는데, 두 개의 복숭아를 사용하였다'를 통해 세상에 알려지게 되었다.

[예문] 이도삼살사 같은 책략은 어떻게 쓰이느냐에 따라 평가를 달리 할 수 있다.

[출전] 〈안자춘추(晏子春秋)〉 간(諫) 하편(下篇)

ㅇ

이란격석
以卵擊石

써 이 | 알 란 | 부딪칠 격 | 돌 석
계란으로 바위를 친다는 뜻으로, 손해만 볼 뿐 이익이 없는 어리석은 일을 비유한 말

[유래] 전국시대 초기, 점쟁이에게 비웃음을 당하자 묵자가 "당신의 말은 근거 없는 미신이오. 당신의 말을 믿는다면 천하에 길을 걸을 수 있는 사람은 아무도 없을 것이오. 그러한 말로써 나의 말을 비난하는 것은 마치 계란으로 돌을 치는 것과 같소. 천하의 계란을 다 없앤다 해도 돌은 깨어

지지 않을 것이오."라고 말했다.

[예문] 혼자서 여러 명을 상대하며 싸운다는 것은 이란격석일 뿐이다.

[출전] 〈묵자(墨子)〉 귀의편(貴義篇)

이목지신 移木之信

옮길 **이** | 나무 **목** | 어조사 **지** | 믿을 **신**

위정자가 나무 옮기기로 백성들을 믿게 한다는 뜻으로, 남을 속이지 않거나 약속을 반드시 지킨다는 말

ㅇ

[유래] 진(秦)의 효공(孝公)에게는 상앙(商鞅)이라는 재상이 있었다. 상앙은 위(衛)나라의 공족(公族) 출신으로, 법률에 밝았는데, 그가 표방한 것은 법치주의를 바탕으로 한 강력한 부국강병책이었다. 그가 법률을 제정하고 공포하지 않고 백성들에게 신의를 지킨다는 것을 알리기 위해 나무를 옮겨 심는 계책으로 인정을 받은 후 법을 공포했다.

[예문] 약속한 것은 반드시 시행함으로써 남을 속이지 않는다는 이목지신의 교훈을 다시 한 번 되새길 필요가 있다.

[유의어] 사목지신(徙木之信)

[출전] 〈사기(史記)〉 상군열전(商君列傳)

이심전심 以心傳心

쓰 이 | 마음 심 | 전할 전 | 마음 심

마음에서 마음으로 전한다는 뜻

[유래] 석가세존이 영취산에서 설법을 할 때 꽃잎을 집어 들고 살짝 비틀었는데 그 의미를 가섭만이 알고 웃었다는 이야기에서 유래되었다. 결국 마음이 통한 가섭에게 불교의 진수가 전해졌다고 한다.

[예문] 두 사람 사이에는 어느덧 이심전심으로 우정이 싹트고 있었다.

[유의어] 교외별전(教外別傳), 불립문자(不立文字), 염화미소(拈華微笑)

[출전] 〈오등회원(五燈會元)〉, 〈전등록(傳燈錄)〉

이용후생 利用厚生

이로울 리 | 쓸 용 | 두터울 후 | 날 생

모든 물질들의 작용을 충분히 발휘하게 하여 백성들의 의식(衣食)을 풍족하게 한다는 뜻

[유래] 우가 순임금에게 "덕으로만 옳은 정치를 할 수 있고, 정치는 백성을 보양(保養)하는데 있으니, 물·불·쇠·나무·흙 및 곡식들을 잘 다스리시고, 또 덕을 바로 잡고 쓰임을 이롭게 하며 삶을 두터이 함을 잘 조화시키십시오."라고 간언한 데에서 유래한다.

[예문] 실학자들은 실천적 학문이란 백성들의 일상적인 생활을 이롭게 하고 삶을 풍요롭게 하는 것이어야 한다고 생각하여 이용후생을 중시했다.

[출전] 〈서경(書經)〉 대우모편(大禹謨篇)

이전투구 泥田鬪狗

진흙 니 | 밭 전 | 싸울 투 | 개 구

진흙 수렁에서 싸우는 개의 추악한 모습을 비유하여 이르는 말

[유래] 함경도 출신인 조선 태조에게 정도전이 한 말로, 함경도 사람들은 진흙탕에서 싸우는 개처럼 악착같다는 의미다. 그 외에도 옛날에는 8도 사람들에 대해 각각 4자로 평가했는데, 경기도는 경중미인(鏡中美人; 거울에 비친 미인과 같다), 충청도는 청풍명월(淸風明月; 맑은 바람과 밝은 달빛 같은 품성), 전라도는 풍전세류(風前細柳; 바람에 하늘거리는 가는 버드나무와 같다), 경상도는 송죽대절(松竹大節; 소나무와 대나무 같은 곧은 절개), 강원도 사람들은 암하노불(岩下老佛; 바위 아래 있는 늙은 부처와 같은 품성), 황해도는 춘파투석(春波投石; 봄 물결에 돌을 던진 것과 같다), 평안도는 산림맹호(山林猛虎; 산속에 사는 사나운 호랑이와 같다)고 했다. 오늘날에는 볼썽사납게 다투는 모습을 비유하는 말로 쓰인다.

[예문] 정치권이 대화와 타협 없이 이전투구를 일삼는 통에

ㅇ

시민들만 고통받고 있다.

이판사판 理判事判

이치 **리** | 쪼갤 **판** | 일 **사** | 쪼갤 **판**

뾰족한 방법이 없어 막다른 상황에 이름

[유래] 한자말 이판(理判)과 사판(事判)이 붙어서 된 말인데, 불교 용어로서 조선시대에 생성된 말이다. 조선이 억불숭유(抑佛崇儒)를 표방하자 천민 계급으로 전락한 승려들 또한 활로를 모색했는데, 그 하나는 사찰(寺刹)을 존속시키는 것이었고, 다른 하나는 불법(佛法)의 맥(脈)을 잇는 것이었다. 그래서 일부는 폐사(廢寺)를 막기 위해 기름이나 종이, 신발을 만드는 제반 잡역(雜役)에 종사하면서 사원을 유지하였다. 한편으로 이와는 달리 은둔(隱遁)하여 참선 등을 통한 수행으로 불법을 잇는 승려들이 있었다. 이를 두고 앞의 것을 사판, 뒤의 것을 이판이라 하였다.

[예문] 국가적 위기 상황에서 이판사판식 처리를 강행한다면 그것은 의회정치의 참모습이라 할 수 없다.

ㅇ

이포역포 以暴易暴

쓰 이 | 사나울 포 | 바꿀 역 | 사나울 포

폭력을 폭력으로 다스린다는 뜻으로, 정치를 하는데 있어 힘에 의지하는 것을 비유한 말

[유래] 수양산(首陽山)에 들어간 백이와 숙제는 고비를 꺾어 배를 채웠다. 그들은 굶주려 죽기 전에 '저 서산에 올라 산중의 고비나 꺾자구나. 포악한 것으로 포악한 것을 다스렸으니, 그 잘못을 알지 못하는구나. 신농(神農), 우(禹), 하(夏)의 시대는 홀연히 지나가고 우리는 장차 어디로 돌아갈 것인가? 아! 이제는 죽음뿐이로다. 쇠잔한 우리의 운명이여!'라는 노래를 지었다.

[예문] 아직도 이포역포의 정치 행태가 남아 있는 곳이 적지 않다.

[출전] 〈사기(史記)〉 백이열전(伯夷列傳)

익자삼우 益者三友

이로울 익 | 놈 자 | 석 삼 | 벗 우

자신을 이롭게 하는 세 친구라는 뜻

[유래] 서로 사귀어 이롭고 보탬이 되는 친구로는 직(直; 정직), 양(諒; 믿음), 다문(多聞; 지식)의 세 종류가 있다는 말이다. 반대로 해로운 친구, 즉 손자삼우(損者三友)로는 편벽(便辟; 간사), 선유(善柔; 치렛말), 편녕(便佞; 아첨)의

세 종류가 있다고 하였다.

[예문] 청소년기에 익자삼우를 갖는다면 인생이 행복해질 가능성이 그만큼 커진다.

[출전] 〈논어(論語)〉 계씨편(季氏篇)

인금구망 人琴俱亡

사람 **인** | 거문고 **금** | 함께 **구** | 죽을 **망**

사람의 죽음을 몹시 슬퍼함을 비유적으로 이르는 말

[유래] 진(晉)나라의 왕헌지가 죽자 그가 쓰던 거문고도 가락이 맞지 않았다는 데에서 유래한다.

[예문] 친한 친구를 사고를 잃었으니 인금구망이로구나!

[유의어] 인금병절(人琴并絕), 인금지탄(人琴之歎)

[출전] 〈세설신어(世說新語)〉

인면수심 人面獸心

사람 **인** | 낯 **면** | 짐승 **수** | 마음 **심**

사람의 얼굴을 하였으나 마음은 짐승과 같다는 뜻으로, 사람의 도리를 지키지 못하고 배은망덕하거나 행동이 흉악하고 음탕한 사람을 일컫는 말

[유래] 반고는 흉노들을 가리켜 '오랑캐들은 머리를 풀어 헤치고 옷깃을 왼쪽으로 여미며, 사람의 얼굴을 하였으되 마

ㅇ

음은 짐승과 같다'고 표현하였는데, 이는 미개한 종족으로서의 북쪽 오랑캐를 일컫는 말이었다. 그러나 지금은 마음이 흉악한 사람을 일컬을 때 사용한다.

[예문] 최근 보험금을 노리고 친족을 해치는 인면수심의 범죄까지 종종 발생하고 있다.

[유의어] 의관금수(衣冠禽獸), 철면피(鐵面皮)

[출전] 〈한서(漢書)〉 흉노전(匈奴傳)

인사유명 人死留名

사람 **인** | 죽을 **사** | 남길 **유** | 이름 **명**

사람은 죽어서 이름을 남긴다는 뜻으로, 사람은 그 삶이 헛되지 않으면 방명(芳名)은 길이 남는다는 말

ㅇ

[유래] 왕언장(王彦章)은 병졸에서 시작하여 후량(後梁)의 태조(太祖)인 주전충(朱全忠)의 장군이 된 용장이다. 당제(唐帝)가 대군을 이끌고 침략해오자 중상을 입고 포로가 되고 말았다. 이때 당제가 그를 자신의 휘하에 두고자 했으나, 그는 거절하고 스스로 죽음의 길을 택했다. 그는 글을 읽지 못했지만 언제나 "표범은 죽어서 가죽을 남기고 사람은 죽어서 이름을 남긴다."는 말을 즐겨 썼다고 전해진다.

[예문] 인사유명이라는데 나는 과연 그런 인물이 될 수 있을까?

[출전] 〈오대사(五代史)〉 왕언장전(王彦章傳)

인생감의기 人生感意氣

사람 **인** | 날 **생** | 느낄 **감** | 뜻 **의** | 기운 **기**

사람의 생은 의지와 용기에 감동한다는 뜻

[유래] 위징이 지은 '술회'라는 시의, '계포(季布)는 두 번 승낙하지 않았고, 후영의 말 한마디는 중했도다. 인생은 의기에 감동하니 공명(功名)을 또 누가 입에 담으리'라는 구절에서 유래되었다.

[예문] 그는 참여정부는 인생감의기의 기개를 갖고 있으므로 앞으로는 서서히 오해와 불안이 씻겨 나갈 것이라고 전망했다.

[출전] 〈당시선(唐詩選)〉 위징(魏徵)의 '술회(述懷)'

ㅇ

인생조로 人生朝露

사람 **인** | 날 **생** | 아침 **조** | 이슬 **로**

인생은 아침 이슬과 같이 덧없다는 말

[유래] 한무제의 사신으로 흉노(匈奴)의 땅에 간 소무는 그들의 내분에 휘말려 포로가 되었다. 항복을 거부한 소무는 북해(北海) 근방의 한 섬으로 추방되었다. 이에 투항한 한나라 명장 이릉이 찾아와 그를 위로하며 "자네가 이렇게 절조를 지킨다고 해서 알아줄 사람이 누가 있는가? 인생은 아침 이슬과 같다고 하니, 정말 덧없는 것이 아닌가. 그런데

어찌하여 자기를 이렇게 괴롭히고 있는가?"라고 설득했다고 한다.

[예문] 인생조로인데 어찌 이렇게 아옹다옹 사는 걸까?

[유의어] 인생초로(人生草露)

[출전] 〈한서(漢書)〉 소무전(蘇武傳)

인자무적 仁者無敵

어질 **인** | 놈 **자** | 없을 **무** | 대적할 **적**

인자한 사람에게는 적이 없다는 뜻

ㅇ

[유래] 양나라 혜왕이 맹자에게 혼란한 정국에 대해 조언을 구하자, 맹자가 "저들은 백성들이 일할 시기를 빼앗아 밭을 갈지 못하게 함으로써 부모는 추위에 떨며 굶주리고, 형제와 처자는 뿔뿔이 흩어지게 만들고 있습니다. 이렇듯 저들이 백성을 도탄에 빠뜨리고 있는데, 왕께서 가서 정벌한다면 누가 감히 대적하겠습니까? 그래서 이르기를 '인자한 사람에게는 적이 없다'고 하는 것입니다. 왕께서는 의심하지 마십시오."라고 대답했다.

[예문] 그는 평생 가슴속에 새기며 살아왔다는 인자무적처럼 적을 만들지 않고 그 자리를 물러나고 싶어 한다.

[유의어] 둔필승총(鈍筆勝聰)

[출전] 〈맹자(孟子)〉 양혜왕장구상편(梁惠王章句上篇)

일거양득 一擧兩得

한 일 | 들 거 | 두 량 | 얻을 득

한 가지 일로써 두 가지 이익을 거둔다는 뜻

[유래] 힘이 장사인 변장자가 여관에 투숙했는데, 밤이 깊어 밖에서 호랑이가 나타났다는 소리가 들렸다. 그가 호랑이를 잡으러 나가려고 하자, 여관의 사동 아이가 말리면서, "지금 호랑이 두 마리가 나타나서 서로 소를 차지하려고 싸우고 있습니다. 잠시 후면 한 마리는 죽고, 한 마리는 상처를 입을 것입니다. 그러면 그때 가서 잡으십시오."라고 하였다. 사동의 말대로 변장자는 힘 안 들이고 한꺼번에 호랑이 두 마리를 잡았다. 일거양득이라는 말을 쓰게 된 것은 이때부터였다.

[예문] 두 도시 간의 협력은 인력 부족을 해결하여 범죄에 효과적으로 대처하기 위한 일거양득의 묘수로 떠올랐다.

[유의어] 일거양획(一擧兩獲), 일석이조(一石二鳥), 일전쌍조(一箭雙鳥)

[출전] 〈전국책(戰國策)〉 진책(秦策), 〈진서(晉書)〉 속석전(束皙傳), 〈춘추후어(春秋後語)〉

ㅇ

일거수일투족 一擧手一投足

한 **일** | 들 **거** | 손 **수** | 한 **일** | 던질 **투** | 발 **족**

손을 한번 드는 일과 발을 한번 옮겨 놓는 일이라는 뜻으로, 사소한 하나의 동작이나 행동을 이르는 말

[유래] 한유는 '응과목시여인서(應科目時與人書)'라는 편지에서 '힘이 있는 그대가 나를 궁한 처지에서 옮겨주는 것은 손이나 발을 잠깐 움직이는 것과 같은 손쉬운 노력에 지나지 않는다'라고 했다.

[예문] 그의 일거수일투족은 모두 조국을 위한 것이다.

[출전] 〈문장궤범(文章軌範)〉

ㅇ

일국삼공 一國三公

한 **일** | 나라 **국** | 석 **삼** | 공변될 **공**

한 나라에 임금이 셋이라는 뜻으로, 많은 사람들이 저마다 구구한 의견을 제시하는 것을 이르는 말

[유래] 춘추시대, 진(晋)나라의 군주인 헌공(獻公)은 공자(公子) 중이(重耳)와 이오(夷吾)를 위하여 대부(大夫)인 사위(士蔿)를 시켜서 포(蒲)땅과 굴(屈)땅에 성을 쌓게 하였다. 사위는 세 사람의 견해 때문에 문책을 듣고 집에 돌아와서 '여우가죽 옷 갈래갈래 찢어지듯, 한 나라에 세 임금 있으니, 내 누구를 따라야 할꼬'라는 시를 읊었다.

[예문] 여야 대선 후보들의 TV토론회가 방영되었는데, 바로

일국삼공의 형상이었다.

[출전] 〈춘추좌씨전(春秋左氏傳)〉

일궤십기 一饋十起

한 **일** | 먹일 **궤** | 열 **십** | 일어날 **기**

한 끼 식사에 열 번 일어선다는 뜻으로, 위정자가 백성들을 위하여 수고로움을 아끼지 않음을 이르는 말

[유래] 중국 하나라의 우왕이 한 끼의 밥을 먹는 도중에 열 번이나 일어나 찾아온 손님을 맞이했다는 데에서 유래한다.

[예문] 요즘 선거판을 보면 이 일궤십기라는 말이 제대로 어울리고 있다. 사람을 만나기 위해 동분서주하고 있는 것이다.

[유의어] 토포악발(吐哺握髮)

[출전] 〈회남자(淮南子)〉 범론훈(氾論訓)

일망타진 一網打盡

한 **일** | 그물 **망** | 칠 **타** | 다할 **진**

한 번의 그물질로 모두 잡는다는 뜻으로, 범인이나 어떤 무리를 한꺼번에 모조리 잡을 때 쓰는 말

[유래] 북송(北宋) 인종(仁宗) 때 청렴 강직하기로 이름난 두연(杜衍)이 재상으로 있을 때 일이다. 관직에 있는 두연의

사위인 소순흠(蘇舜欽)이 공금을 유용하는 부정을 저질렀다. 그러자 평소 두연에 대한 감정이 좋지 않은 어사(御史) 왕공진(王拱辰)은 쾌재를 부르고 소순흠을 엄히 문초했다. 그리고 그와 관계된 사람을 잡아서 취조하자 연루자가 여러 명 나왔다. 이들을 모두 하옥시킨 왕공진이 기뻐하며, "나는 한 그물로 하나도 남기지 않고 모두 잡았다."라고 말한 데에서 유래되었다.

[예문] 그는 부하들에게 범죄자들의 일망타진을 명령했다.

[출전] 〈송사(宋史)〉 인종기(仁宗紀)

ㅇ

일명경인 一鳴驚人

한 일 | 울 명 | 놀랄 경 | 사람 인

새가 한 번 울면 사람이 놀란다는 뜻으로, 평소에는 과묵하던 사람이 갑자기 사람을 놀라게 할 만한 일을 해내는 것을 비유하는 말

[유래] 중국 춘추 전국 시대의 제나라 순우곤(淳于髡)이 새를 예로 들어 위왕(威王)에게 간한 데에서 유래한다.

[예문] 뛰어난 리더가 되려면 일명경인할 추진력을 보여줄 필요가 있다.

[출전] 〈사기(史記)〉 골계열전(滑稽列傳)

일모도원 日暮途遠

날 일 | 저물 모 | 길 도 | 멀 원

날은 저물고 갈 길은 멀다는 뜻으로, 할 일은 많지만 시간이 없음을 비유하는 말

[유래] 오자서는 원수인 초나라 평왕의 무덤을 파헤치고 그 시신을 꺼내 300번이나 채찍질을 가한 후에야 그만두었다. 산중으로 피한 친구 신포서(申包胥)가 오자서의 행동을 지적하자, 오자서는 "해는 지고 갈 길은 멀어, 도리에 어긋난 일을 할 수밖에 없었다."라고 말했다.

[예문] 일모도원의 심정으로 '필승 해법'을 찾아야 한다.

[유의어] 일모도궁(日暮途窮)

[출전] 〈사기(史記)〉 오자서열전(伍子胥列傳)

ㅇ

일목난지 一木難支

한 일 | 나무 목 | 어려울 난 | 지탱할 지

큰 집이 무너지는 것을 나무 기둥 하나로 떠받치지 못하듯 이미 기울어지는 대세를 혼자서는 더 이상 감당할 수 없음을 비유한 말

[유래] 위나라 명제(明帝)의 사위인 임개(任愷)는 가충(賈充)이라는 사람과의 불화로 그만 면직당하고 말았다. 그는 권세를 잃게 되자, 자신을 돌보지 않고 무절제한 생활을 하게 되었는데, 어떤 사람이 임개의 친구인 화교(和嶠)에게 말하길 "당신은 어찌 친구인 임개의 방탕함을 보고도 구하지 않고 좌시만 하는 거요?"라고 물었다. 이에 화교는 "임

개의 방탕은 마치 북하문(北夏門)이 무너질 때와 같아서 나무 기둥 하나로 떠받쳐 될 일이 아니기 때문이오."라고 대답했다.

[예문] 핵문제로 북한은 일목난지에 빠지고 말았다.

[출전] 〈세설신어(世說新語)〉 임탄편(任誕篇)

일사천리 一瀉千里

한 **일** | 쏟을 **사** | 일천 **천** | 마을 **리**

어떤 일이 거침없이 진행됨, 또는 말이나 글이 조금도 거침이 없음을 이르는 말

[원문] 엄연협리경주 편각일사이천리(儼然峽裡輕舟 片刻一瀉而千里)

[예문] 그는 회의를 10분 동안 일사천리로 진행했다.

[출전] 〈복혜전서(福惠全書)〉 29권

일엽락천하지추 一葉落天下知秋

한 **일** | 잎 **엽** | 떨어질 **락** | 일천 **천** | 아래 **하** | 알 **지** | 가을 **추**

한 잎 낙엽이 지는 것으로 천하가 가을인 것을 안다는 뜻으로, 작은 것으로 큰 일을 짐작할 수 있음을 비유한 말

[유래] '산적 한 점을 맛보고, 가마솥 안의 고기 맛을 다 알고, 깃털과 숯을 걸어 놓고 방의 건조하고 습한 기운을 안

다. 이것은 작은 것으로써 큰 것을 아는 것이다. 한 잎 낙엽이 지는 것을 보고 장차 해가 저물 것을 알고, 항아리 속의 얼음을 보고 천하의 추위를 안다. 이것은 가까운 것으로써 먼 것을 아는 것이다'라는 구절에서 유래되었다.

[예문] 일엽락천하지추라, 그의 밝은 얼굴에서 좋은 일이 있음을 느끼게 된다.

[출전] 〈회남자(淮南子)〉 설산훈(說山訓)

일의대수 一衣帶水

한 일 | 옷 의 | 띠 대 | 물 수

옷의 띠만큼 좁은 강이라는 뜻으로, 강폭이 좁음을 비유한 말

[유래] 수(隋)나라의 문제(文帝)가 진(陳)나라를 공격하면서 양쯔강(揚子江)을 두고 "나는 백성들의 어버이로서, 어찌 옷의 띠와 같은 물을 한하여 이를 구원하지 않을 수 있겠는가."라고 했다는 데에서 유래했다.

[예문] 집 앞에 일의대수한 개천이 흐른다.

[유의어] 일우명지(一牛鳴地), 지호지간(指呼之間)

[출전] 〈남사(南史)〉 진본기(陳本紀)

일이관지 一以貫之

한 **일** | 써 **이** | 꿰뚫을 **관** | 어조사 **지**
하나의 이치로써 모든 일을 꿰뚫는다는 말

[유래] 공자가 "사(賜)야, 너는 내가 많이 배워서 그것을 모두 기억하는 줄로 아느냐?" 하고 묻자 자공이 대답하기를, "그렇습니다. 아닌가요?"라고 대답했다. 이에 공자는 "아니다. 나는 하나로 꿸 뿐이다."라고 하였다.

[예문] 그는 늘 일이관지의 태도를 견지하고 있다.

[유의어] 초지일관(初志一貫)

[출전] 〈논어(論語)〉 위령공편(衛靈公篇) · 이인편(里仁篇)

일일여삼추 一日如三秋

한 **일** | 날 **일** | 같을 **여** | 석 **삼** | 가을 **추**
하루가 3번의 가을과 같다는 뜻으로, 몹시 애태우며 기다림을 비유한 말

[유래] '저 칡을 캐어 하루를 보지 않으면 석 달이나 지난 듯, 저 쑥을 캐어 하루를 보지 않으면 가을이 세 번 지난 듯, 저 약쑥을 캐어 하루를 보지 않으면 삼 년이나 지난 듯'이라는 내용의 시에서 유래한다.

[예문] 일일여삼추 같은 그리움으로 편지를 쓴다.

[유의어] 一日三秋(일일삼추)

[출전] 〈시경(詩經)〉 왕풍(王風)의 시 '채갈(采葛)'

일자천금 一字千金

한 **일** | 글자 **자** | 일천 **천** | 쇠 **금**

글자 한 자에 천금이라는 뜻으로, 매우 빼어난 글자나 시문을 비유한 말

[유래] 중국 진(秦)나라 여불위가 〈여씨춘추〉를 지어 함양(咸陽) 성문에 놓아두고, 내용 가운데 한 글자라도 첨삭(添削)하는 사람이 있다면 천금을 주겠다고 한 데에서 유래한다.

[예문] 우리 문학에도 일자천금과 같은 작품이 많이 있다.

[유의어] 일자백금(一字百金)

[출전] 〈사기(史記)〉 여불위열전(呂不韋列傳)

일장공성만골고 一將攻成萬骨枯

한 **일** | 장수 **장** | 공 **공** | 이룰 **성** | 일만 **만** | 뼈 **골** | 마를 **고**

한 장수의 전공은 만 명의 군사가 싸움터에서 죽은 결과라는 뜻으로, 오직 공이 장수에게만 돌아가는 것을 개탄하는 말

[유래] '나라가 전쟁에 빠져드니, 백성이 어찌 나무를 하고 풀 뜯는 것을 즐기랴. 그대에게 부탁하노니 후를 봉하는 일을 말하지 말라. 한 장수가 공을 이루면 만 명의 뼈가 마른다'는 시 구절에서 유래되었다.

ㅇ

[예문] 일장공성만골고이니 서로를 위하여 서로가 상처받지 않고 함께 잘살기 위하여 함께 노력해야 할 것이다.

[출전] 조송(曹松)의 시 '기해세(己亥歲)'

일전쌍조 一箭雙鵰

한 일 | 화살 전 | 쌍 쌍 | 수리 조

한 대의 화살로 두 마리의 새를 맞춘다는 뜻으로, 단 한 번의 조치로 두 가지를 수확한다는 말

[유래] 중국 북주(北周)의 사람 장손성(張孫晟)이 돌궐(突厥)의 사신으로 갔을 때 있었던 일에서 유래된 말이다. 하루는 장손성이 돌궐의 왕 섭도와 사냥을 하러 나갔는데, 문득 하늘을 보니 한 마리 새가 비호처럼 날아가 다른 새가 물고 있는 고깃덩어리를 빼앗으려 하는 것을 보게 되었다. 이에 섭도는 장손성에게 화살 두 대를 주면서, 두 마리를 동시에 떨어뜨리라 하였다. 결국 말이 떨어지자마자 장손성의 손을 떠난 한 대의 화살이 두 마리를 같이 꿰어버렸다고 한다.

[예문] 좋아하는 연구도 하고 월급까지 받으니 그야말로 일전쌍조다.

[유의어] 일석이조(一石二鳥), 일거양득(一擧兩得)

[출전] 〈북사(北史)〉

일제인부지 一齊人傅之 중초인휴지 衆楚人休之

한 **일** | 나라이름 **제** | 사람 **인** | 스승 **부** | 어조사 **지** | 여럿 **중** | 나라이름 **초** | 사람 **인** | 떠들 **휴** | 어조사 **지**

제(齊)나라 사람 한 명을 스승으로 삼고 초(楚)나라 사람 여럿이 떠든다는 뜻으로, 환경의 영향을 비유하는 말

[유래] 맹자가 대불승(戴不勝)에게 "여기에 초나라의 대부(大夫)가 있어 그 아들을 제나라의 말을 하게 하려면 제나라 사람으로 스승을 삼을까? 초나라 사람으로 스승을 삼을까?" 하고 묻자 "제나라 사람입니다."라고 대답했다. 이에 맹자는 "제나라 사람 한 명이 스승이 되었으나, 모든 초나라 사람이 지껄이면 날마다 종아리를 치면서 제나라의 말을 가르쳐도 하지 못한다. 또한 제나라의 수도인 장악(蔣嶽)에 수년 동안을 두면서, 날마다 종아리를 쳐서 초나라의 말을 하게 하더라도 하지 못할 것이다."라고 말했다.

[예문] 맹자가 일제인부지중초인휴지라 함은 자신도 환경의 영향을 많이 받은 경험이 있기 때문일 것이다.

[유의어] 맹모삼천(孟母三遷)

[출전] 〈맹자(孟子)〉 등문공(滕文公) 하(下)

일폭십한 一曝十寒

한 일 | 쬘 폭 | 열 십 | 찰 한

하루 햇볕을 쬐고 열흘 춥다는 뜻으로, 일을 꾸준히 하지 못하고 중단됨이 많음을 비유하는 말

[유래] "왕이 지혜롭지 않은 것은 이상할 것이 없다. 비록 천하에 쉽게 자라는 물건이 있을지라도 하루 햇볕을 쬐고 열흘을 차게 한다면 자라지 못한다."고 한 맹자의 말에서 유래되었다.

[유의어] 십한일폭(十寒一曝)

[출전] 〈맹자(孟子)〉 고자(告子) 상(上)

ㅇ

임갈굴정 臨渴掘井

임할 임 | 목마를 갈 | 팔 굴 | 우물 정

목이 마르고서야 우물을 판다는 뜻으로, 미리 준비하지 않고 지내다가 일을 당하고 나서야 비로소 황급히 서두르는 것을 비유하는 말

[유래] 춘추시대 제나라 경공(景公)이 소공(昭公)에게 노(魯)나라에서 도망쳐온 이유를 묻자, 소공은 주변에 간신과 소인배만 두었기 때문이라고 했다. 이에 경공은 안자(晏子)에게 소공을 도와주라고 했는데, 안자는 "무릇 어리석은 자는 후회가 많고, 불초한 자는 스스로 현명하다고 합니다. 물에 빠진 자는 수로를 살피지 않았기 때문이며, 길을 잃은 자는 길을 묻지 않았기 때문입니다. 물에 빠지고서야 수로를 찾고, 길을 잃고서야 길을 묻는 것은 전쟁에 직면해서야

병기를 만들고 음식을 먹다가 '목이 말라서야 물을 마시기 위해 급히 우물을 파는 것'과 같은 일이니, 아무리 빨리 한다고 한들 이미 때가 늦은 것입니다."라며 거절했다.

[유의어] 갈이천정(渴而穿井)

[출전] 〈안자춘추(晏子春秋)〉

ㅇ

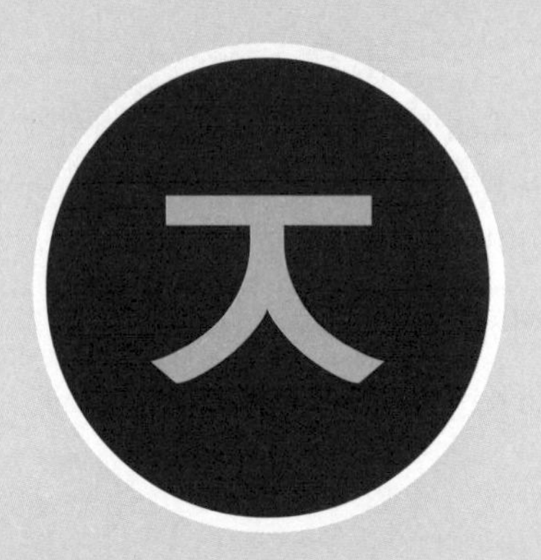

자강불식 自强不息

스스로 **자** | 굳셀 **강** | 아니 **불** | 숨 쉴 **식**

스스로 힘쓰고 쉬지 않는다는 말

ㅈ

[유래] 〈역경〉의 '천체의 운행은 건실하다. 군자는 그것으로써 스스로 힘쓰고 쉬지 않는다'라는 구절에서 유래되었다.

[예문] 재테크에도 자강불식의 태도가 필요하다.

[출전] 〈역경(易經)〉 건괘(乾卦) 상전(象傳)

자두연두기 煮豆燃豆萁

삶을 **자** | 콩 **두** | 태울 **연** | 콩 **두** | 콩깍지 **기**

콩을 삶는 데 콩깍지를 태운다는 뜻으로, 형제간의 다툼을 비유하는 말

[유래] '콩을 삶는데 콩깍지로 불을 때니, 콩이 솥 안에서 우

는구나. 본래 같은 뿌리에서 나왔거늘, 서로 삶기를 어찌 이리 급하게 구는가?'라는 시 구절에서 유래되었다.

[예문] 비단 역사뿐만 아니라 현실에서도 많은 형제들이 자두연두기의 아픔을 겪고 있다.

[유의어] 골육상쟁(骨肉相爭)

[출전] 조식(曹植)의 시 '칠보지시(七步之詩)' 〈세설신어(世說新語)〉 문학편(文學篇)

자포자기 自暴自棄

스스로 자 | 사나울 포 | 스스로 자 | 버릴 기

스스로 자신을 학대하고 돌보지 아니한다는 뜻

[유래] 맹자가 "스스로를 해치는 자와는 더불어 진리를 말할 수 없고, 스스로를 버리는 자와는 더불어 진리를 행할 수 없다. 말하자면 예의(禮義)를 비방하는 것을 스스로를 해치는 것이라 하고, 내 몸이 인(仁)에 살고 의(義)를 좇지 않는 것을 스스로를 버리는 것이라 한다."라고 한 데에서 유래되었다.

[예문] 암을 이겨낸 사람들의 공통점은 자포자기하지 않고 끝까지 암과 싸웠다는 것이다.

[출전] 〈맹자(孟子)〉 이루편(離婁篇)

ㅈ

장경오훼 長頸烏喙

길 장 | 목 경 | 까마귀 오 | 부리 훼

긴 목에 까마귀 부리같이 뾰족한 입이라는 뜻으로, 사람의 관상을 표현할 때 쓰는 말

[유래] 이 말은 범려가 월왕(越王) 구천(勾踐)의 관상(觀相)을 본 후 "나는 새가 다하면 좋은 활은 쓸모가 없고, 토끼 사냥이 끝나면 사냥개는 삶겨 죽으니, 적국(敵國)이 망하면 모사(謀士)가 죽는 법이오. 게다가 구천의 상(相)은 목이 길고 입은 까마귀 주둥이요. 이런 인물은 어려움은 함께 할 수 있으나, 즐거움은 함께 누릴 수 없소."라고 말한 데에서 유래한다.

[예문] 장경오훼가 좋고 나쁨이 문제가 아니라 스스로 개척하는 것이 중요하다.

[출전] 〈사기(史記)〉 월왕구천세가(越王句踐世家)

ㅈ

장수선무다전선고 長袖善舞多錢善賈

길 장 | 소매 수 | 잘할 선 | 춤출 무 | 많을 다 | 돈 전 | 잘할 선 | 장사할 고

소매가 길면 춤추기가 수월하고 재물이 많으면 장사를 잘한다는 뜻으로, 조건이 좋은 사람이 성공하기도 쉽다는 말

[유래] '긴소매는 춤을 잘 추고, 재물이 많으면 장사를 잘한다. 이는 자본이 풍부하면 공업에 쉬움을 말한다. 따라서

다스림에 있어서 강하면 도모하기 쉽고, 약하고 어지러우면 계획하기가 힘들다'고 한 속담에서 유래되었다.

[예문] '개천에서 용 난다'는 말은 옛말이고, 지금은 장수선무다전선고다.

[출전] 〈한비자(韓非子)〉 오두편(五蠹篇)

저수하심 低首下心

낮을 **저** | 머리 **수** | 아래 **하** | 마음 **심**

머리를 낮추고 마음을 아래로 향하게 한다는 뜻으로, 머리 숙여 복종함을 비유한 말

[유래] 한유가 조주의 자사로 부임했을 때, 악어로 인한 피해가 있자 '악어들에게 1주일간의 여유를 줄 테니 남쪽의 바다에 가 살도록 하라. 만약 어기면 포수를 시켜 모두 죽여버리겠다'는 내용의 '제약어문'이란 글을 지었는데, 그중에 '자사가 비록 어리석고 약하나, 또한 어찌 악어를 위하여 머리를 낮추고 마음을 아래로 향하겠는가?'라고 한 문장이 있었다.

[예문] 겸손한 사람만이 진정한 저수하심에 이를 수 있다.

[출전] 한유(韓愈)의 '제악어문(祭鰐魚文)'

전거복후거계 前車覆後車誡

앞 전 | 수레 거 | 엎어질 복 | 뒤 후 | 수레 거 | 경계 계

앞의 수레가 엎어지면 뒤의 수레가 경계한다는 뜻으로, 선인들의 실수나 잘못이 후세 사람들에게는 경계가 된다는 말

[유래] '진(秦)나라는 몹시 빨리 멸망하였다. 어떻게 하여 멸망하였는지는 그 수레바퀴의 자국을 보면 알 수 있다. 그런데도 그 바퀴 자국을 피하지 않는다면, 뒤에서 오는 수레는 곧 엎어질 것이다. 무릇, 나라의 존망과 다스림과 혼란의 열쇠가 바로 여기에 있다'라는 〈한서〉의 한 구절에서 유래한다.

[예문] 전거복후거계는 역사를 안고 살아가는 모든 사람들에게 해당하는 말이다.

[유의어] 복차지계(覆車之戒), 온고지신(溫故知新)

[출전] 〈한서(漢書)〉 가의전(賈誼傳)

ㅈ

전거후공 前倨後恭

앞 전 | 오만할 거 | 뒤 후 | 공손할 공

전에는 거만했는데 나중에는 공손해졌다는 뜻으로, 상대의 입지에 따라 태도가 일변하는 것을 비유한 말

[유래] 전국시대에 종횡가(縱橫家)로 손꼽히는 소진(蘇秦)이 학문에만 집중해 있을 때는 그의 가족들이 그를 비웃었지만, 합종의 맹약의 장(長)이 되어 여섯 나라의 재상을 겸해

고향을 들렀을 때는 태도를 달리했다. 그러자 소진이 "옛날에는 무척 거만했는데, 지금은 이다지도 공손해지셨습니까?"라고 말했다고 한다.

[예문] 돈과 권력의 유무에 따라 전거후공하는 현실이다.

[출전] 〈사기(史記)〉 소진열전(蘇秦列傳)

전전긍긍 戰戰兢兢

두려워할 **전** | 두려워할 **전** | 조심할 **긍** | 조심할 **긍**

겁을 먹고 벌벌 떨며 몸을 움츠린다는 뜻으로, 위기감에 절박해진 심정을 비유한 말

[유래] 악정(惡政)을 한탄한 시, '감히 맨손으로 범을 잡지 못하고, 감히 걸어서 황허강을 건너지 못한다. 사람들은 그 하나는 알지만, 그 밖의 것들은 알지 못한다. 두려워서 벌벌 떨며 조심하기를 마치 깊은 연못에 임한 것같이 하고, 살얼음 밟듯이 해야 하네'에서 유래되었다.

[예문] 생필품 담합 혐의에 소비자의 신뢰를 잃는 등 회사의 이미지에 큰 타격을 입지 않을까 전전긍긍하고 있다.

[유의어] 소심익익(小心翼翼)

[출전] 〈시경(詩經)〉 소아편(小雅篇)

전전반측 輾轉反側

돌아누울 **전** | 구를 **전** | 돌아올 **반** | 기울 **측**

이리저리 뒤척인다는 뜻으로, 근심과 걱정으로 잠을 이루지 못함을 비유하여 이르는 말

[유래] '관관저구(關關雎鳩)'의 한 구절로 '구하여도 얻지 못하니 자나 깨나 생각이구나. 생각하고 또 생각하여 이리저리 뒤척이는구나'에서 유래되었다.

[예문] 내일 걱정 때문에 밤새도록 잠을 못 이루고 전전반측했다.

[유의어] 전전불매(輾轉不寐)

[출전] 〈시경(詩經)〉 국풍편(國風篇) '관관저구(關關雎鳩)'

ㅈ

전차복철 前車覆轍

앞 **전** | 수레 **차** | 엎어질 **복** | 바퀴자국 **철**

앞의 수레가 엎어진 바퀴자국이라는 뜻으로, 실패의 전례 또는 앞 사람의 실패를 거울삼아 경계하라는 것을 비유한 말

[유래] 위나라 문후(文侯)가 중신들을 불러 주연을 베푸는 자리에서 벌주놀이를 하다 자신이 규약을 어겼는데도 마시려 하지 않자, 공손불인(公孫不仁)이 "속담에 '전차복철 후차지계'라는 말이 있는데 이는 전례(前例)를 거울삼아 주의하라는 교훈입니다. 신하나 임금 되기가 모두 쉬운 일은 아닙니다. 지금 임금께서 법을 만들고, 그 법이 지켜지지 않는 전례를 만드시면 대체 어떻게 되겠습니까. 아무래도 이

잔을 받으셔야 하겠습니다."라고 말했다.

[예문] 지난번의 실패를 전차복철 삼아 이번엔 꼭 성공하겠다.

[유의어] 복차지계(覆車之戒), 전차복 후차계(前車覆後車戒), 전철(前轍)

[출전] 〈설원(說苑)〉 선설편(善說篇)

전화위복 轉禍爲福

구를 **전** | 재앙 **화** | 할 **위** | 복 **복**

화가 오히려 복이 된다는 뜻

[유래] 관중(管仲)을 평하기를 "정치의 실재면에 있어, 번번이 화를 전환시켜 복으로 하고 실패를 전환시켜 성공으로 이끌었다. 어떤 사물에 있어서도 그 경중을 잘 파악하여 그 균형을 잃지 않도록 신중하게 처리했다."라고 한 데에서 유래한다.

[예문] 현재의 어려움을 전화위복의 계기로 삼아야겠다.

[유의어] 새옹지마(塞翁之馬)

[출전] 〈사기(史記)〉 관안열전(管晏列傳)

ㅈ

전문거호후문진랑
前門拒虎後門進狼

앞 전 | 문 문 | 막을 거 | 범 호 | 뒤 후 | 문 문 | 나아갈 진 | 이리 랑

앞문의 호랑이를 막으니 뒷문의 이리가 나온다는 뜻으로, 한쪽의 재난을 피하자 또 다른 재난이 나타남을 비유하는 말

[유래] 후한(後漢)의 어린 화제(和帝)는 선대 장제의 황후였던 두태후(竇太后)와 그녀의 오빠 두현(竇玄)이 정권을 잡게 되자, 명목상의 임금으로 전락하고 말았다. 이에 화제는 환관 정중을 시켜 두현을 제거하게 했지만, 두씨 일족이 사라지자 정중이 권력을 휘두르게 되었고, 결국 후한은 자멸하게 되었다.

[예문] 어떤 일이든 중심을 잡지 못하면 전문거호후문진랑의 꼴을 벗어나지 못한다.

[출전] 〈조설항평사(趙雪航評史)〉

절각
折角

부러뜨릴 절 | 뿔 각

뿔을 부러뜨린다는 뜻으로, 기세를 누르거나 콧대를 납작하게 만드는 것을 뜻함

[유래] 한나라 원제는 양구역의 대가로 이름이 높은 오록충종(五鹿充宗)이 많은 학자들이 보는 앞에서 논쟁하도록 했다. 이 논쟁에서 주운이 승리하자 오록충종의 이름 가운데 '사슴 록(鹿)'자가 들어 있는 것을 두고, 사람들은 "오록이 드

세고 뿔이 길지만, 주운이 그 뿔을 부러뜨렸다."라고 했다.

[예문] 학문을 하는 사람은 절각의 의미를 되새기며 끊임없이 정진해야 한다.

[출전] 〈한서(漢書)〉 주운전(朱雲傳)

절영지회 絕纓之會

끊을 **절** | 갓끈 **영** | 어조사 **지** | 모일 **회**

갓끈을 끊고 노는 잔치라는 뜻으로, 남자의 넓은 도량을 이르는 말

[유래] 초나라 장왕(楚莊王)이 밤에 신하들과 연회를 베풀며 놀다가 촛불이 꺼졌는데, 어떤 신하가 그 틈을 타 장공이 총애하는 미인을 끌어안고 희롱하였다. 미인은 그 신하의 갓끈을 끊은 다음 왕에게 촛불을 밝혀 그 사람을 색출해 벌할 것을 청했다. 그러나 장왕은 그 말을 듣지 않고, 모든 신하들에게 갓끈을 끊게 한 후 불을 밝히라고 명해 그 사람이 누구인지 모르도록 하였다. 그런 일이 있은 지 3년 후 초나라는 진(晉)나라와 싸우게 되었는데 죽을힘을 다해 싸운 장수가 있어 승리했는데, 물어보니 바로 3년 전 왕이 구해준 바로 그 사람이었다.

[예문] 잘못을 꾸짖기보다 절영지회로 품었을 때 감동이 더해진다.

[출전] 〈설원(說苑)〉 복은(復恩)

ㅈ

절전 折箭

부러뜨릴 **절** | 화살 **전**

화살을 부러뜨린다는 뜻으로, 힘을 한 군데로 합하여 서로 협력하는 것을 비유한 말

[유래] 북위(北魏) 토곡혼(吐谷渾)의 왕 아시(阿豺)에게는 아들이 20명 있었다. 그는 아들들을 불러놓고 화살 하나씩을 부러뜨려 보라고 하자 모두 부러뜨렸다. 그 다음으로 19개의 화살을 부러뜨리라고 했는데 아무도 성공하지 못했다. 아시는 "화살 하나는 쉽게 부러졌으나 많은 것은 그렇지 않았다. 나라도 이와 같다. 각기 혼자서 행동하면 분열되지만, 모두가 하나로 의지를 모으면 견고해지는 것이다."라고 충고했다.

[예문] 절전하지 않으면 이 난국을 타개할 수 없다.

[출전] 〈북사(北史)〉 토곡혼전(吐谷渾傳)

ㅈ

절차탁마 切磋琢磨

끊을 **절** | 갈 **차** | 쪼일 **탁** | 갈 **마**

학문이나 덕행 등을 배우고 닦음을 이르는 말

[유래] 대학에 '자르듯 하고 쓸 듯함은 학문을 말하는 것이요, 쪼일 듯하고 갈 듯함은 스스로 닦는 일이다'라고 하였는데, 여기에서 절차는 학문을 뜻하고, 탁마는 수양을 뜻한다.

[예문] 우리는 그 어려웠던 시기를 우리의 기술적 기반을 탄탄하게 쌓아올린 절차탁마의 기회로 본다.

[출전] 〈대학(大學)〉, 〈논어(論語)〉 학이편(學而篇), 〈시경(詩經)〉 위풍편(衛風篇)

절함 折檻

부러뜨릴 **절** | 난간 **함**

난간을 부러뜨린다는 뜻으로 간절히 간언하는 일, 또는 심하게 책망하는 일

[유래] 중국 전한(前漢)의 주운(朱雲)이 성제(成帝)에게 간하자 성난 임금이 그를 끌어내라고 했다. 이때 주운이 어전의 난간을 붙잡고 계속 간하다가 그가 잡았던 난간이 부러졌다는 데에서 유래한다.

[예문] 아랫사람을 절함으로 대해야 할 때가 있고, 너그러움으로 끌어안을 때가 있는 것이다.

[출전] 〈한서(漢書)〉 주운전(朱雲傳)

점입가경 漸入佳境

점차 **점** | 들 **입** | 아름다울 **가** | 지경 **경**

경치나 문장, 또는 어떤 일의 상황이 점점 갈수록 재미있게 전개된다는 뜻

[유래] 그림뿐만 아니라 문학과 서예에도 능하여 많은 작품을 남긴 고개지는 사탕수수를 즐겨먹었는데, 늘 가느다란 줄기 부분부터 먼저 씹어 먹었다. 이를 이상하게 여긴 친구들이 사탕수수를 먹을 때 왜 거꾸로 먹는지 묻자 그가 "갈수록 점점 단맛이 나기 때문이다."라고 했다.

[예문] 정계의 갈등이 점점 점입가경이다.

[유의어] 자경(蔗境), 가경(佳境)

[출전] 〈진서(晉書)〉 고개지전(顧愷之傳)

ㅈ

정신 挺身

빼어날 **정** | 몸 **신**

많은 사람들 중에서 자신의 몸을 빼낸다는 뜻으로, 곧 어려운 사정에 처했을 때 앞장서서 그 곤란에 대처한다는 말

[유래] 당태종(唐太宗) 이세민이 건성 · 원길과의 후계자 싸움에서 그의 장수 경군홍(敬君弘)의 분투상을 '군홍은 앞장서서 용감하게 싸웠다(君弘挺身出戰)'고 표현한 데에서 유래한다.

[예문] 아직도 정신대 할머니들의 문제가 해결되지 않은 채 역사가 흘러가는 것을 보면 부끄럽기 짝이 없다.

[출전] 〈구당서(舊唐書)〉

정중지와 井中之蛙

우물 **정** | 가운데 **중** | 어조사 **지** | 개구리 **와**

우물 안 개구리라는 뜻으로, 식견이 좁음을 비유하여 이르는 말

[유래] 북해(北海)의 해신(海神)인 약(若)이 황하(黃河)의 하신(河神)인 하백(河伯)에게 "우물 안에서 살고 있는 개구리에게 바다를 이야기해도 알지 못하는 것은, 그들이 좁은 장소에서 살고 있기 때문이다. 또 여름 벌레에게 얼음을 말해도 알지 못하는 것은, 그들이 여름만을 굳게 믿고 있기 때문이다."라고 말한 데에서 유래되었다.

[예문] 주변 국가들은 발 벗고 뛰고 있는데, 우리는 정치 싸움, 이념 논쟁에 매달려 정중지와로 남아 있을까 걱정된다.

[유의어] 감정지와(坎井之蛙), 월견폐설(越犬吠雪), 정저지와(井底之蛙), 촉견폐일(蜀犬吠日)

[출전] 〈장자(莊子)〉 추수편(秋水篇), 〈후한서(後漢書)〉 마원전(馬援傳)

조강지처 糟糠之妻

지게미 **조** | 쌀겨 **강** | 어조사 **지** | 아내 **처**

지게미와 쌀겨로 끼니를 이을 때의 아내라는 뜻으로, 가난한 살림을 함께 꾸려온 아내를 이르는 말

[유래] 후한(後漢) 광무제(光武帝)는 미망인이 된 누나가 송홍에게 마음이 있는 것을 알고 그의 마음을 떠보자, 송홍은 "신은 가난할 때 친하였던 친구는 잊어서는 안 되고, 지게미와 쌀겨를 먹으며 고생한 아내는 집에서 내보내지 않는다고 들었습니다."라고 대답했다고 한다.

[예문] 아들을 못 낳는다고 아내를 버린다는 것은, 더욱이 조강지처를 버린다는 것은 사람이 아닙니다. – 박종화, 〈다정불심〉

[출전] 〈후한서(後漢書)〉 송홍전(宋弘傳)

ㅈ

조령모개 朝令暮改

아침 **조** | 명령 **령** | 저녁 **모** | 고칠 **개**

아침에 영을 내리고 저녁에 고친다는 뜻으로, 일관성 없는 정책을 빗대어 쓰는 말

[유래] 전한(前漢)시대에 재정 경제에 밝았던 어사대부 조착이 변방의 부족한 곡식 문제를 해결할 수 있는 묘책을 '논귀속소(論貴粟疏)'라는 상소를 통해 내놓았다. 그는 여기에서 백성들이 농사짓느라고 얼마나 고통에 시달렸는지를 기록하고 있다. 또한 "홍수와 가뭄을 당하면 갑자기 세금을 징

수하고 부역을 동원하고 있는데, 이는 세금과 부역의 시기가 정해지지 않아 아침에 영을 내리고 저녁에 고치는 식의 결과를 초래하고 있는 것입니다."라는 말로 법령을 지나치게 자주 바꿔서는 안 된다는 것을 강조했다.

[예문] 조령모개하는 입시제도로 인해 수험생들이 혼란을 겪고 있다.

[유의어] 조변석개(朝變夕改)

[출전] 〈사기(史記)〉 평준서(平準書), 〈한서(漢書)〉 식화지(食貨志)

조명시리 朝名市利

아침 조 | 이름 명 | 저자 시 | 이로울 리

명성은 조정에서, 이익은 시장에서 다투라는 뜻으로, 무슨 일이든 격에 맞는 곳에서 하라는 말

ㅈ

[유래] 진(秦)나라 혜문왕(惠文王) 때 사마조(司馬錯)가 촉정벌론을 내세우자, 종횡가(縱橫家)인 재상 장의는 중원(中原) 출병을 주장하며 "변경의 촉을 정벌한들 군사와 백성만 피폐하게 하고, 명리가 없다. 명성은 조정에서 다투고 이익은 저자에서 다툰다는 말처럼 삼천 지방은 천하의 저자이고, 주 황실(皇室)은 천하의 조정이니 중원으로 가자."고 한 데에서 비롯되었다.

[예문] 자기 역할에 충실하는 것이야말로 조명시리를 아는

것이다.

[유의어] 적시적지(適時適地)

[출전] 〈전국책(戰國策)〉 진책(秦策)

조삼모사 朝三暮四

아침 조 | 석 삼 | 저물 모 | 넉 사

눈앞에 보이는 차이만 알고, 정작 그 결과가 같음을 모름, 또는 간사한 꾀로 남을 속여 희롱함을 이르는 말

[유래] 중국 송나라의 저공(狙公)의 고사로, 먹이를 아침에 세 개, 저녁에 네 개씩 주겠다는 말에는 원숭이들이 적다고 화를 내더니 아침에 네 개, 저녁에 세 개씩 주겠다는 말에는 좋아하였다는 데에서 유래한다.

[예문] 공무원연금 개혁안을 두고 시민단체들은 조삼모사식 눈속임이라며 전면 재검토를 요구하고 있다.

[출전] 〈열자(列子)〉 황제편

조제모염 朝薺暮鹽

아침 조 | 냉이 제 | 저물 모 | 소금 염

냉이와 소금만으로 끼니를 해결할 정도로 몹시 빈곤한 생활을 비유하여 이르는 말

[유래] 당(唐)나라 한유의 '송궁문'이라는 글은 자신에게 어

려움을 주는 다섯 가지의 일들을 귀신으로 묘사하고, 이것들을 쫓아버리려는 자신의 마음을 해학적으로 그려내고 있는데, 그중 자신에게서 떠나줄 것을 부탁하는 한유에게 가난 귀신 궁귀(窮鬼)가 "선생과 함께 사는 동안 아침에는 냉이 나물을 먹고 저녁에는 소금으로 반찬하였지만, 오직 저만이 선생님을 보살펴주었고, 지금까지 한 번도 배반한 적이 없었습니다."라고 대답했다는 데에서 유래한다.

[예문] 조제모염으로 살아간다고 하더라도 희망을 있기에 행복하다.

[출전] 한유(漢愈)의 '송궁문(送窮文)'

종남첩경 終南捷徑

끝 종 | 남녘 남 | 빠를 첩 | 지름길 경

출세와 영달의 지름길, 또는 목적 달성의 지름길

[유래] 진사시험에 급제한 노장용이란 사람이 빠른 출세를 위해 종남산에 은거하는 방법을 써서 결국 벼슬길에 오르게 되었다. 당시 종남산에는 사마승정이라는 진짜 현인이 은거하고 있었는데, 조정에서 관직을 맡아달라고 간청했지만 듣지 않았다. 사마승정이 장안에 왔다가 돌아갈 때 노장용이 배웅을 했는데 그가 종남산을 가리키며 영험 있는 산이라고 말하자, 사마승정은 "내가 보기에는 벼슬길로 가는 지름길일 뿐이오."라고 말했다.

[예문] 많은 정치지망생들이 오늘도 종남첩경을 찾고 있다.

[출전] 〈신당서(新唐書)〉 노장용전(盧藏用傳), 〈역세진선체도통감(曆世眞仙體道通鑑)〉

종옥 種玉

심을 종 | 구슬 옥

구슬을 심는다는 뜻으로, 아름다운 여인을 아내로 맞이하는 것을 비유하여 이르는 말

[유래] 중국 한나라의 양공(楊公) 옹백(雍伯)이 옥을 심어 미인 아내를 얻었다는 고사에서 유래한다.

[예문] 농촌 총각들이 종옥을 위해 다른 나라로 발길을 돌리고 있다.

[출전] 〈수신기(授神機)〉

ㅈ

종용유상 從容有常

쫓을 종 | 얼굴 용 | 있을 유 | 항상 상

얼굴색과 행동에 변함이 없다는 뜻으로, 군자를 이르는 말

[유래] 공자에 의하면 군자는 최고의 인격과 선을 갖춘 자였기 때문에, 희로애락(喜怒哀樂)이라는 감정의 변화가 얼굴에 나타나면 안 된다고 여겼다. 얼굴은 인격을 나타낸다고 보았던 것이다.

[예문] 정치 지도자가 존경받기 위해서는 종용유상하는 자세가 필요하다.

[유의어] 처변불경(處變不驚)

[출전] 〈예기(禮記)〉

좌단 左袒

왼 좌 | 벗을 단

왼쪽 소매를 벗으라는 뜻으로, 찬성의 의사를 표시하거나 한편이 된다는 것을 비유한 말

[유래] 중국 전한(前漢) 때에, 여후(呂后)가 반란을 꾀할 때 공신 주발(周勃)이 군사들에게 여후를 돕고자 하는 자는 우단 오른쪽 소매를 벗고 한나라 왕실을 돕고자 하는 자는 왼쪽 소매를 벗으라고 명하자 모두 왼쪽 소매를 벗었다는 데에서 유래한다.

[예문] 좌단과 같은 편 가르기는 역사책 곳곳에서 찾아볼 수 있다.

[출전] 〈사기(史記)〉 여후본기(呂后本紀)

ㅈ

좌우명 座右銘

자리 **좌** | 오른 **우** | 샛길 **명**

늘 자리 옆에 갖추어 두고 가르침으로 삼는 말이나 문구

[풀이] 제(齊)나라 환공(桓公)이 죽자 묘당을 세우고 각종 제기를 진열해놓았는데, 그중 하나가 이상한 술독이었다. 텅 비어 있을 때는 기울어져 있다가도 술을 반쯤 담으면 바로 섰고, 가득 채우면 다시 엎어지는 술독이었다. 공자는 제자들과 함께 그곳을 찾아 공부도 그 그릇과 같다고 말하고는, 집에 돌아와 똑같은 술독을 만들어 의자 오른쪽에 두고는 스스로를 가다듬었다고 한다.

[예문] 사람마다 자신을 가다듬는 좌우명이 하나씩은 있다.

ㅈ

주공삼태 周公三笞

두루 **주** | 공변될 **공** | 석 **삼** | 매질할 **태**

주공의 세 차례 매질이라는 뜻으로, 자식들을 엄하게 교육시키는 것을 비유하여 이르는 말

[유래] 주공에게 세 차례의 매질을 당한 백금(伯禽)과 강숙봉(康叔封)이 현자인 상자(商子)를 만나 남산의 남쪽과 북쪽에 있는 '교(橋)·재(梓)'라는 나무를 보고, 아버지의 도리와 자식의 도리를 알게 되었다는 고사에서 유래되었다.

[예문] 요즘 부모들은 주공삼태를 외면하는데, 자칫 버릇없는 자녀로 만드는 것은 아닌지 걱정스럽다.

[출전] 〈설원(說苑)〉 건본편(建本篇)

주마간산 走馬看山

달릴 **주** | 말 **마** | 볼 **간** | 뫼 **산**

달리는 말 위에서 산천을 구경한다는 뜻

[유래] 맹교가 늦은 급제를 하고 한 술좌석에서 '지난 날 궁색할 때는 자랑할 것 없더니, 오늘 아침에는 우쭐하여 생각에 거칠 것이 없어라. 봄바람에 뜻을 얻어 세차게 말을 모니, 하루 만에 장안의 꽃을 다 보았네'라고 읊은 칠언절구에서 유래되었다.

[예문] 20일이란 제한된 시간에 수십 개의 피감기관에 대한 국감을 진행하다보니 주마간산으로 흐르는 제도적 허점도 나온다.

[출전] 맹교(孟郊)의 '등과후(登科後)'

주지육림 酒池肉林

술 **주** | 못 **지** | 고기 **육** | 수풀 **림**

술로 연못을 이루고 고기로 숲을 이룬다는 뜻으로, 호사스러운 술잔치를 이르는 말

[유래] 중국 은나라 주왕이 못을 파 술을 채우고, 숲의 나뭇가지에 고기를 걸어 잔치를 즐겼던 일에서 유래한다.

[예문] 매일 밤 주지육림에서 살아온 그가 라이프스타일을 바꾼 이유는 체력을 낭비하지 않기 위해서였다.

[유의어] 육산포림(肉山脯林)

[출전] 〈사기(史記)〉 은본기(殷本紀)

죽마고우 竹馬故友

대나무 **죽** | 말 **마** | 연고 **고** | 벗 **우**

죽마를 타던 옛 친구라는 뜻으로, 소꿉동무를 이르는 말

[유래] 진(晉)나라의 간문제(簡文帝)때 환온과 은호는 어릴 때 친구였지만 정적이 되어 반목했다. 왕희지가 화해시키려고 했으나 은호가 듣지 않았다. 어느 날 출병했던 은호가 낙마하여 대패하자 환온은 "은호는 어려서 나와 함께 죽마를 타고 놀던 친구다. 내가 죽마를 버리면 언제나 은호가 가지고 갔다. 그러니 그가 내 밑에 있는 것은 당연한 것이다."라며 그를 규탄하는 상소를 올렸다.

[예문] 죽마고우는 늘 어린 시절의 모습으로 떠올려진다.

[유의어] 기죽지교(騎竹之交), 죽마지호(竹馬之好)

[출전] 〈세설신어(世說新語)〉 품조편(品藻篇), 〈진서(晉書)〉 은호전(殷浩傳)

ㅈ

준조절충 樽俎折衝

술통 **준** | 도마 **조** | 꺾을 **절** | 충돌할 **충**

술자리에서 적의 창끝을 꺾는다는 뜻으로, 평화로운 교섭으로 일을 유리하게 담판 짓거나 흥정함을 이르는 말

[유래] 안영은 중국의 많은 나라를 상대로 외교 수완을 발휘하였는데, 사람들은 안영이 제나라를 반석에 올려놓았다고 할 정도였다. 그의 외교 수완에 대한 언행을 기록한 것이 바로 〈안자춘추〉인데, 여기서 안영을 두고 평하기를 '술통과 도마 사이를 나가지 아니하고 천리 밖에서 절충한다 함은, 안자를 두고 하는 말이다'고 하였다.

[예문] 현재 급박하게 돌아가는 남북문제를 해결하기 위해서는 무력을 쓰지 않고도 담판을 지을 수 있는 준조절충이 요구된다.

[유의어] 준조지사(樽俎之師)

[출전] 〈안자춘추(晏子春秋)〉 내편(內篇)

중과부적 衆寡不敵

무리 **중** | 적을 **과** | 아니 **불** | 대적할 **적**

적은 수효가 많은 수효를 대적하지 못한다는 뜻

[유래] 제(齊)나라 선왕(宣王)이 천하의 패권을 잡기 위한 방법을 맹자에게 묻자, 맹자는 "작은 것은 결코 큰 것을 이길 수 없고, 무리가 적은 것은 무리가 많은 것을 대적할 수 없

ㅈ

으며, 약한 것은 강한 것에 패하기 마련입니다. 왕도로써 백성을 열복(悅服)시킨다면 그들은 모두 전하의 덕에 기꺼이 굴복할 것입니다."라는 말로 왕도정치를 강조했다.

[예문] 군민이 힘을 합해 도처에서 항거해 나섰으나 결국 중과부적으로 적에게 쫓기는 신세가 되고 말았다.

[출전] 〈맹자(孟子)〉 양혜왕편(梁惠王篇)

중구난방 衆口難防

무리 **중** | 입 **구** | 어려울 **난** | 막을 **방**

여러 사람의 입을 막기는 어렵다는 뜻

[유래] 소공(召公)이 주여왕(周厲王)의 탄압 정책에 반대하며 "백성의 입을 막는 것은 개천을 막는 것보다 어렵습니다. 개천이 막혔다가 터지면 사람이 많이 상하게 되는데, 백성들 역시 이와 같습니다. 그러므로 내를 막는 사람은 물이 흘러내리도록 해야 하고, 백성을 다스리는 사람은 그들이 생각하는 대로 말을 하게 해야 합니다."라고 충언(衷言)한 데에서 유래한다.

[예문] 정부 부처별로 대응책이 중구난방으로 나오지 않게 조율된 의견으로 국민을 안심시켜야 한다.

[출전] 〈십팔사략(十八史略)〉

중석몰촉 中石沒鏃

가운데 **중** | 돌 **석** | 잠길 **몰** | 화살 **촉**

돌에 화살이 깊이 박혔다는 뜻으로, 정신을 집중하여 전력을 다하면 어떤 일도 이룰 수 있다는 말

[유래] 명궁 이광이 명산(冥山)으로 사냥하러 갔다가 풀숲에 호랑이가 자고 있는 것을 보고 급히 화살을 쏘아 맞혔는데 호랑이는 꼼짝도 하지 않는 것이었다. 이상하게 생각되어 가까이 가서 보니 그가 맞힌 것은 화살이 깊이 박혀 있던 것은 호랑이처럼 생긴 돌이었다고 한다.

[예문] 급격한 경영 환경 변화 속에서 살아남기 위해 중석몰촉의 자세로 임해야 한다.

[유의어] 사석음우(射石飮羽), 일념통암(一念通巖), 정신일도하사불성(精神一到何事不成)

[출전] 〈사기(史記)〉 이장군열전(李將軍列傳)

ㅈ

중원축록 中原逐鹿

가운데 **중** | 근원 **원** | 쫓을 **축** | 사슴 **록**

중원의 사슴을 쫓는다는 뜻으로, 제위를 두고 다툼을 비유하는 말

[유래] 한고조 때 한신이 반란을 일으켰으나 실패하고 목숨을 잃자, 고조는 한신이 죽으면서 괴통의 말을 듣지 않은 것을 후회했다는 말을 듣고 괴통을 잡아왔다. 이때 괴통은 "진(秦)이 기강이 무너지고 천하가 어지러워지자 각지에 영

웅호걸들이 일어났는데, 진나라가 사슴(鹿; 帝位)을 잃음으로 해서 천하는 모두 이것을 쫓았던 것이오며, 그중 키 크고 발 빠른 걸물(고조 유방)이 이것을 잡았던 것이옵니다."라고 항변했다.

[예문] 동물의 세계에서도 중원축록의 상황이 벌어지는 것은 당연한 일이다.

[유의어] 각축(角逐), 중원장리(中原場裡)

[출전] 〈사기(史記)〉 회음후열전(淮陰侯列傳)

중취독성 衆醉獨醒

무리 **중** | 술 취할 **취** | 홀로 **독** | 술 깰 **성**

모두 취해 있는데 홀로 깨어 있다는 뜻으로, 세상의 모든 사람이 불의와 부정을 저지르고 있지만 혼자 깨끗한 삶을 산다는 뜻

ㅈ

[유래] 초(楚)나라의 애국시인 굴원(屈原)의 고사로, 조정에서 쫓겨나 초췌한 몰골로 강가를 서성이던 굴원에게 한 어부가 연유를 묻자, 굴원은 "세상이 온통 혼탁한데 나 홀로 깨끗하고, 모두들 취하여 있는데 나만 홀로 깨어 있다가 이렇게 쫓겨나고 말았소."라고 대답했다.

[예문] 나라를 잃고 중취독성의 심정으로 세상을 버린 인물들이 우리 역사에도 있다.

[출전] 〈사기(史記)〉 굴원가생열전(屈原賈生列傳)

증삼살인 曾參殺人

일찍 증 | 석 삼 | 죽일 살 | 사람 인

증삼이 사람을 죽였다는 뜻으로, 사실이 아닌데도 사실이라고 말하는 자가 많으면 진실이 됨을 비유한 말

[유래] 증자(曾子)가 노(魯)나라의 비(費)라는 곳에 있을 때, 그곳의 사람 중에 증자와 이름과 성이 같은 사람이 있었다. 하루는 그가 살인을 하자, 사람들이 증자의 어머니에게 가서 증자가 살인을 했다고 했다. 그 어머니가 믿지 않았지만 세 사람이 같은 말을 되풀이하자 아들을 의심했다고 한다.

[예문] 마녀사냥이야말로 증삼살인에 다름없다.

[유의어] 삼인성호(三人成虎)

[출전] 〈전국책(戰國策)〉 진책(秦策)

지강급미 舐糠及米

핥을 지 | 겨 강 | 미칠 급 | 쌀 미

겨를 핥다가 급기야 쌀까지 먹어치운다는 뜻으로, 외부의 적이 마침내 내부마저 장악하게 되었음을 뜻하거나 인간의 욕심이 끝이 없음을 비유하는 말

[유래] 한(漢)나라의 조정에서는 어사대부 조착(晁錯)이 주도하여 오(吳)나라의 영토를 삭감할 것을 논의하였다. 이를 알게 된 오왕 비가 교서왕과 손을 잡고 반란을 일으키려고 설득하면서 '겨를 핥다 쌀에 이른다'는 식으로 한나라가 점점 더 많은 땅을 요구할 것이라고 한 데에서 유래되었다.

ㅈ

[예문] 졸속적인 외교는 지강급미의 상황을 초래할 수 있다.

[출전] 〈사기(史記)〉 오왕비열전(吳王妃列傳)

지난이퇴 知難而退

알 **지** | 어려울 **난** | 말 이을 **이** | 물러날 **퇴**

형세가 불리한 것을 알면 마땅히 물러서야 한다는 뜻

[유래] '사정이 좋음을 보고 진격하고, 어렵다는 것을 알고는 물러난다는 것은 용병의 바른 원칙이다'라는 구절에서 유래한다.

[예문] 지난이퇴라고, 가야할 때가 언제인가를 알고 떠나는 사람의 뒷모습은 아름다운 것이다.

[출전] 〈춘추좌씨전(春秋左氏傳)〉 선공12년조(宣公十二年條)

지록위마 指鹿爲馬

가리킬 **지** | 사슴 **록** | 위할 **위** | 말 **마**

사슴을 가리켜 말이라 한다는 뜻으로, 윗사람을 농락하고 권세를 함부로 부리는 것을 비유한 말

[유래] 중국 진(秦)나라의 조고(趙高)가 자신의 권세를 시험해보고자 황제 호해(胡亥)에게 사슴을 가리키며 말이라고 한 데에서 유래한다.

[예문] 자신들의 치부를 덮는 데 급급해 지록위마하지 말고 진상규명에 나서야 한다.

[출전] 〈사기(史記)〉 진시황본기(秦始皇本紀)

지상담병 紙上談兵

종이 **지** | 위 **상** | 말할 **담** | 병사 **병**

종이 위에서 병법을 말한다는 뜻으로, 실제적인 쓰임에서는 필요 없음을 비유한 말

[유래] 전국시대 조나라의 조괄은 수많은 병법서를 읽어 병법에 능통했지만 실전에 있어서는 그의 병법이 아무런 소용이 없었다는 고사에서 유래되었다.

[예문] 지상담병한 사람은 회사에 큰 도움이 되지 않는다.

[출전] 〈사기(史記)〉 염파인상여열전(廉頗藺相如列傳)

지어지앙 池魚之殃

못 **지** | 고기 **어** | 어조사 **지** | 재앙 **앙**

연못 속 물고기의 재앙이라는 뜻으로, 뜻밖의 횡액을 당함을 비유하는 말

[유래] 춘추시대 송(宋)나라에 환퇴라는 사람이 죄를 지어 도망치다 연못에 버렸다는 보석을 찾기 위해 연못물을 다 퍼내어 애꿎은 물고기들만 다 죽었다는 고사에서 유래되었다.

[예문] 사회가 복잡하게 돌아갈수록 지어지앙 같은 뜻밖의 횡액을 당하는 일이 생긴다.

[유의어] 앙급지어(殃及池魚), 모진 놈 옆에 있다가 벼락 맞는다.

[출전] 〈여씨춘추(呂氏春秋)〉 필기편(必己篇)

지음 知音

알 지 | 소리 음

소리를 알아듣는다는 뜻으로 자기의 속마음을 알아주는 친구를 이르는 말

[유래] 춘추시대 거문고의 명수 백아(伯牙)가 거문고를 타면 그의 친구 종자기(鍾子期)는 그 음으로 백아의 마음을 알아차렸다는 고사에서 유래한 말이다. 종자기가 죽자 백아는 거문고를 부수고 줄을 끊은 다음 다시는 거문고를 타지 않았다고 한다.

[예문] 마음이 통하는 지음을 가졌다는 것은 뜻 깊은 일이다.

[유의어] 백아절현(伯牙絕絃)

[출전] 〈열자(列子)〉 탕문편(湯問篇)

지자요수인자요산 智者樂水仁者樂山

슬기 **지** | 놈 **자** | 좋아할 **요** | 물 **수** | 어질 **인** | 놈 **자** | 좋아할 **요** | 뫼 **산**

지혜로운 사람은 물을 좋아하고, 어진 사람은 산을 좋아한다는 뜻

[유래] 공자(孔子)가 "지혜로운 자는 물을 좋아하고 어진 자는 산을 좋아하며, 지혜로운 자는 움직이고 어진 자는 고요하며, 지혜로운 자는 즐기고 어진 자는 오래 산다."라고 한 데에서 유래되었다.

[예문] 지자요수인자요산이라 했듯이 우리 산악회에는 정이 많고 어진 사람들이 많다.

[출전] 〈논어(論語)〉 옹야편(雍也篇)

지초북행 至楚北行

이를 **지** | 나라이름 **초** | 북녘 **북** | 다닐 **행**

초나라에 간다고 하면서 북쪽으로 간다는 뜻으로, 마음과 행동이 상반되는 것 또는 방향이 틀린 것을 비유하여 이르는 말

[유래] 전국시대 위왕이 천하의 인심을 얻으려고 정복 사업을 벌이려 하자, 신하 계량이 정복 사업은 오히려 그 명예를 훼손하는 길이라며 만류하면서 예로 든 이야기에서 유래되었다. (남원북철 유래 참조 – 111페이지)

[유의어] 남원북철(南轅北轍), 북원적초(北轅適楚)

[예문] 민심을 거스르는 정치는 지초북행을 초래한다.

[출전] 〈전국책(戰國策)〉 위책(魏策) 안리왕편(安釐王篇)

지치득거 舐痔得車

핥을 **지** | 똥구멍 **치** | 얻을 **득** | 수레 **거**

똥구멍을 핥아 수레를 얻는다는 뜻으로, 미천한 일을 하여 큰 이익을 얻는 것을 말함

[유래] 〈장자〉에 나오는 우화에서 유래된 말이다. 송(宋)나라 조상(曹商)이 진왕이 수레 100대를 준 것을 자랑하자, 장자가 "진나라의 임금이 병이 나서 의사를 불렀을 때, 종기를 째고 고름을 빠는 자에게는 수레 한 대를 주었고, 치질을 핥아서 고치는 자에게는 수레 다섯 대를 주었다네. 따라서 치료하는 하는 곳이 더러울수록 받는 수레의 숫자가 많았다네. 그런데 자네는 어떻게 그 치질을 빨았기에 그리 많은 수레를 얻었는가?"라고 비꼬았다고 한다.

[예문] 요즘에는 수단과 방법을 가리지 않는 지치득거의사람들이 많다.

[출전] 〈장자(莊子)〉 열어구(列禦寇)

ㅈ

지피지기백전불태 知彼知己百戰不殆

알 **지** | 저 **피** | 알 **지** | 몸 **기** | 일백 **백** | 싸울 **전** | 아니 **불** | 위태할 **태**

상대를 알고 나를 알면 백 번 싸워도 위태롭지 않다는 뜻으로, 상대와 나의 약점과 강점을 충분히 알아야 이길 수 있다는 말

[유래] '적과 아군의 실정을 잘 비교 검토한 후 승산이 있을 때 싸운다면 백 번을 싸워도 결코 위태롭지 않다. 적의 실정을 모른 채 아군의 전력만 알고 싸운다면 승패의 확률은 반반이다. 적의 실정은 물론 아군의 전력까지 모르고 싸운다면 싸울 때마다 반드시 패한다'는 말에서 유래되었다.

[예문] 지피지기백전불태라는 말도 있듯 투자에 있어서도 철저한 분석이 요구된다.

[출전] 〈손자(孫子)〉 모공편(謀攻篇)

ㅈ

지행합일 知行合一

알 **지** | 다닐 **행** | 합할 **합** | 한 **일**

중국 명대(明代) 중기의 유학자 왕양명(王陽明)이 제창한 지식과 행위에 관한 근본 명제

[유래] 중국 명나라 때의 왕양명의 학설. 주자의 '선지후행설(先知後行說)'에 대한 반대개념으로, 규범은 이미 마음속에 내재하고 있으므로 행위는 그 표현에 지나지 않는다는 주장이다. 즉, 양자는 별개의 것이 아니라 처음부터 하나라

는 것이다. 그러나 오늘날에는 알면 반드시 행하라는 의미로 사용된다.

[예문] 지식은 바로 그 아는 것을 몸으로 실천할 때 의미가 있다. 지행합일이 될 때 그 지식은 살아 있는 것이다.

징갱취제 懲羹吹虀

징계할 **징** | 국 **갱** | 불 **취** | 냉채 **제**

뜨거운 국에 데더니 냉채를 먹을 때도 분다는 뜻으로, 한 번의 실패로 모든 일을 지나치게 조심함을 비유한 말

[유래] 늘 위기에 처한 조국을 걱정하고, 나라를 그르치는 간신을 미워하는 자신의 고고한 심정을 노래했던 굴원이 '석송'이란 시에서 '뜨거운 국에 데어서 냉채까지 불면서도, 어찌하여 그 뜻을 바꾸지 못하는가'라고 표현했다.

[예문] 징갱취제라는 고사에서 굴원의 심정이 느껴진다.

[유의어] 오우천월(吳牛喘月), 징선기여(懲船忌輿)

[출전] 〈초사(楚辭)〉 '석송(惜誦)'

차래지식 嗟來之食

탄식할 **차** | 올 **래** | 어조사 **지** | 먹을 **식**

남을 업신여겨 무례한 태도로 주는 음식이라는 뜻

[유래] 춘추시대 제나라에 큰 기근이 들어 금오라는 부자가 인심을 얻기 위해 음식을 내놓았다. 어느 날 굶주림에 지쳐 거지꼴을 하고 나타난 남자에게 금오는 왼손에 밥, 오른손에는 마실 것을 들고 사나이에게 거만한 태도로 "이봐, 이리 와서 이걸 먹어라."고 말했다. 그러자 사내는 "내가 이런 차래지식 따위를 먹으려 하지 않았기 때문에 지금과 같은 꼴이 되고 말았다. 가짜 선심은 그만둬라."고 호통친 후 굶어 죽었다.

[예문] 차래지식의 태도로 성금이나 의연금 등을 전달해서는 안 된다.

[출전] 〈예기(禮記)〉 단궁(檀弓)

ㅊ

창업수성 創業守成

시작할 **창** | 업 **업** | 지킬 **수** | 이룰 **성**

일을 시작하기는 쉬우나 이룬 것을 지키기는 어렵다는 말

[유래] 당태종이 현신(賢臣)이 모인 자리에서 창업(개국)과 수성(나라는 발전시켜나가는 것) 중 어느 것이 어려운지 질문을 하였다. 방현령은 "우후죽순처럼 일어난 군웅 중에 최후의 승자만이 창업을 할 수 있으니, 당연히 창업이 어렵습니다."라고 했고, 위징은 "예로부터 임금의 자리는 간난 속에서 어렵게 얻어, 안일 속에서 쉽게 잃는 법입니다. 그런 만큼 수성이 어렵습니다."라고 반대의 의견을 냈다.

[예문] 제왕학에서 나오는 창업수성의 노하우는 CEO들이 경영에 적용시켜 볼 대목이 많다.

[출전] 〈당서(唐書)〉 방현령전(房玄齡傳), 〈자치통감(自治通鑑)〉, 〈정관정요(貞觀政要)〉 군도편(君道篇)

ㅊ

창해일속 滄海一粟

푸를 **창** | 바다 **해** | 한 **일** | 조 **속**

푸른 바다에 좁쌀 한 톨이라는 뜻으로, 아주 작고 보잘것없음을 비유한 말

[유래] 소동파의 '적벽부'의 한 구절로 '작은 배를 타고 술 바가지와 술동이를 들어 술을 서로 권하니, 우리의 인생이 하루살이처럼 짧고 우리 몸은 푸른 바다 속에 있는 한 톨 좁쌀

같구나. 아, 우리의 삶이란 너무도 짧구나. 어찌하여 장강(長江)처럼 다함이 없는가'에서 유래한다.

[예문] 온 생애를 바쳐 독서를 한다 해도 개인이 쌓을 수 있는 지식이란 그야말로 창해일속이다.

[유의어] 구우일모(九牛一毛)

[출전] 소동파(蘇東坡)의 '적벽부(赤壁賦)'

천고마비 天高馬肥

하늘 천 | 높을 고 | 말 마 | 살찔 비

가을 하늘이 높으니 말이 살찐다는 뜻으로, 가을은 기후가 매우 좋은 계절임을 형용하여 이르거나 활동하기 좋은 계절을 이르는 말

[유래] 당나라 초기의 시인 두심언(杜審言)이 지은 '구름은 깨끗한데 요사스런 별이 떨어지고, 가을 하늘이 높으니 변방의 말이 살찌는 구나. 말안장에 의지하여 영웅의 칼을 움직이고. 붓을 휘두르니 격문이 날아온다'라는 내용의 시에서 유래되었다.

[예문] 가을은 천고마비의 계절로 독서하기에도 좋다.

[유의어] 천고기청(天高氣淸), 추고새마비(秋高塞馬肥)

[출전] 두심언(杜審言)의 오언배율(五言排律)

ㅊ

천도시비 天道是非

하늘 **천** | 길 **도** | 옳을 **시** | 그를 **비**

하늘의 도는 옳은 것인가 그른 것인가, 곧 천도라는 것이 의심스럽다는 뜻

[유래] 사마천이 흉노와 싸우다 포로가 된 이릉을 비호하다 무제의 노여움을 사서 궁형에 처해졌다. 이를 두고 사마천은 정당한 일을 정당하게 주장하다 형을 받은 자신의 처지와 비교하여 〈사기〉에서 '정당한 땅을 골라서 딛고 정당한 발언을 해야 할 때만 말을 하며, 항상 큰길을 걸으며 공명정대한 이유가 없으면 발분하지 않고, 시종 근직하게 행동하면서도 오히려 재화를 당하는 예는 이루 헤아릴 수 없이 많다. 그래서 나는 의심한다. 천도는 과연 있는 것인가, 없는 것인가?'라고 묻고 있다.

[예문] 오늘날에도 여전히 천도시비를 묻고 싶을 뿐이다.

[출전] 〈사기(史記)〉 백이열전(伯夷列傳)

ㅊ

천려일득 千慮一得

일천 **천** | 생각 **려** | 한 **일** | 얻을 **득**

천 번을 생각하면 한 번 얻는 것이 있다는 뜻으로, 많이 생각할수록 좋은 것을 얻음을 비유하는 말

[유래] 한신이 모사 이좌거에게 연과 제를 공격해 승리할 방법을 묻자 이좌거는 "옛말에 '슬기로운 사람도 천 번 생각에 한 번의 실수가 있을 수 있고, 어리석은 사람도 천 번 생각에 한 번은 맞힐 수 있다'고 하였습니다. 그래서 미치광이의

말도 성인은 가려서 듣는다고 하였습니다."라고 대답한 데에서 유래되었다.

[예문] 천려일득이라고 하지 않던가. 많이 고민하면 분명 해답을 찾을 수 있을 것이다.

[출전] 〈사기(史記)〉 회음후열전(淮陰侯列傳)

천려일실 千慮一失

일천 **천** | 생각할 **려** | 한 **일** | 잃을 **실**

천 가지 생각 중의 한 가지 실수라는 뜻으로, 아무리 지혜로운 사람도 한 번쯤은 실수가 있다는 것을 비유하는 말

[유래] '천려일득' 유래와 같음

[예문] 독도 문제는, 천려일실이 허용되지 않는 영토 문제이기에 각별히 심사숙고해야 한다.

[유의어] 지자일실(智者一失)

[출전] 〈사기(史記)〉 회음후열전편(淮陰侯列傳篇)

천리안 千里眼

일천 **천** | 거리 **리** | 눈 **안**

천 리 밖을 보는 눈이란 뜻으로, 먼 곳에서 일어난 일까지도 꿰뚫어 보아 알고 있는 능력을 비유하여 이르는 말

[유래] 위나라 양일이 부하를 시켜서 끊임없이 정보를 모았

기 때문에 먼 곳의 일까지 잘 알고 있었다. 이를 가리켜 사람들이 양일은 천리안을 가졌다고 했다.

[예문] 천리안을 가진 뛰어난 인재들이 많다.

[출전] 〈위서(魏書)〉 양일전(楊逸傳)

천상여 天喪予

하늘 천 | 죽일 상 | 나 여

'하늘이 나를 망하게 하였구나!'라는 말

[유래] 공자가 사랑하는 제자 안연의 죽음을 접하고 애통해 하면서 한 말이다. 이는 곧 자신의 도를 이어갈 후계자가 없어졌음을 슬퍼하는 말이다.

[예문] 소중한 사람을 잃었을 때 누구나 한번쯤 천상여를 외칠 것이다.

[출전] 〈논어(論語)〉 선진편(先進篇)

천석고황 泉石膏肓

샘 천 | 돌 석 | 기름 고 | 명치끝 황

샘과 돌이 고황(심장과 횡경막 사이)에 들었다는 뜻으로, 자연을 사랑하는 마음이 고질병처럼 깊음을 비유하여 이르는 말

[유래] 당나라 고종(高宗) 때 은사로 명망이 높았던 전유암

은 기산에 은거하고 있었는데, 하루는 고종이 그가 사는 곳에 들러 "선생께서는 편안하신가요?"라고 안부를 묻자, "신은 샘과 돌이 고황에 걸린 것처럼, 자연을 즐기는 것이 고질병처럼 되었습니다."라고 대답했다.

[예문] 천석고황의 마음이 다시 여행을 떠나게 한다.

[유의어] 연하고질(煙霞痼疾)

[출전] 〈당서(唐書)〉 은일전(隱逸傳)

천의무봉 天衣無縫

하늘 천 | 옷 의 | 없을 무 | 꿰맬 봉

시(詩)나 문장의 흐름이 극히 자연스러워 조금도 저항을 느끼지 않음을 비유하여 이르는 말

[유래] 어느 여름 밤 곽한(郭翰)이란 사람이 뜰에 누워 있는데 하늘에서 선녀가 내려와 함께 밤을 지내게 되었다. 매일 밤 즐기다가 우연히 그녀의 옷을 보니 바느질 자국이 없어 그 연유를 물으니 "하늘의 옷은 원래 바늘이나 실로 꿰매는 것이 아닙니다."라고 대답했다 한다.

[예문] 여러 분야의 연구 성과를 소개하는 필력이 천의무봉의 솜씨다.

[출전] 〈태평광기(太平廣記)〉

천재일우 千載一遇

일천 **천** | 실을 **재** | 한 **일** | 만날 **우**

천 년에 한 번 만날 수 있는 기회란 뜻으로, 좀처럼 만나기 어려운 기회를 이르는 말

[유래] 중국 동진시대의 학자로 동양태수(東陽太守)를 지낸 원굉(遠宏)이 삼국시대의 건국 명신 20명을 찬양한 '삼국명신서찬(三國名臣序贊)'이란 글을 남겼는데, 그중 위나라의 순문약(荀文若)을 찬양한 글에서 '현명한 군주와 지모가 뛰어난 신하가 만나는 기회는 천년에 한 번쯤이다'라고 했다.

[예문] 차츰 시간이 지나가자 임이는 천재일우의 기회를 놓친 것이 분하고 억울했던 것 같았다. – 박경리, 〈토지〉

[유의어] 천세일시(千歲一時), 천재일시(千載一時), 천재일회(千載一會)

[출전] 〈문선(文選)〉

ㅊ

철면피 鐵面皮

쇠 **철** | 낯 **면** | 가죽 **피**

부끄러운 줄을 모르는 뻔뻔스러운 사람

[유래] 옛날 중국에 왕광원(王光遠)이라는 진사는 출세욕이 대단하여, 권력가와 교분을 맺기 위해 노력했는데, 심지어 채찍질로 문전박대를 당하면서도 이를 개의치 않고 웃어넘길 정도였다. 이런 그를 두고 당시 사람들은 '광원의 낯가죽

은 열 겹의 철갑처럼 두껍다'라고 말했다.

[예문] 윤리를 모르는 그런 철면피를 누가 좋아하겠소?

[유의어] 강안여자(强顔女子), 면장우피(面帳牛皮), 후안무치(厚顔無恥)

[출전] 〈북몽쇄언(北夢瑣言)〉

철중쟁쟁 鐵中錚錚

쇠 철 | 가운데 중 | 쇳소리 쟁 | 쇳소리 쟁

쇠 중에서도 쟁쟁하고 울리는 것이란 뜻으로, 같은 종류 가운데 특히 뛰어난 것의 비유로 쓰이는 말

[유래] 후한 광무제의 통일 천하에 있어 가장 강한 적은 적미(赤眉)였다. 많은 반란군 중에 그 위세가 대단했는데, 결국 광무제에게 패하게 되었다. 그들이 후회 없이 항복을 하자, 광무제는 "경들이야말로 철중쟁쟁, 용중교교하구나." 라고 칭찬했다.

[예문] 철중쟁쟁이라 하지만 같은 것 중 가장 뛰어난 것을 찾기란 힘들다.

[유의어] 용중교교(傭中佼佼)

[출전] 〈후한서(後漢書)〉 유분자전(劉盆子傳)

ㅊ

철환천하 轍環天下

수레바퀴자국 **철** | 고리 **환** | 하늘 **천** | 아래 **하**

수레를 타고 천하를 돌아다닌다는 뜻으로, 세계 각지를 여행하는 것을 이르는 말

[유래] 공자가 교화를 위하여 중국 천하를 돌아다닌 데에서 유래한다. 한유(韓愈)는 '진학해'에서 이를 두고 "옛날 맹자가 말을 아주 잘했는데, 공자의 도를 밝히고자 수레를 타고 온 세상을 돌아다니다가 마침내 길에서 늙게 되었다."라고 말했다.

[예문] 어느 정치인이 전국을 철환천하하고 있는 것이 기사에 실렸다.

[출전] 한유(韓愈)의 '진학해(進學解)'

ㅊ

청담 淸談

맑을 **청** | 말씀 **담**

중국의 위(魏) · 진(晉) · 육조(六朝) 시대에 유행한 철학적 담론(談論)

[유래] 후한(後漢) 때 당고(黨錮)의 화(禍)로 많은 선비가 횡사한 이래 귀족적 지식인들은 난세에 생명을 부지하고자 세속(世俗)에서 도피, 예절의 속박을 버리고 정치적 비판, 인물평론을 중심으로 한 청의(淸議)를 일삼았다. 위(魏)나라에 들어와 정치적 언론탄압(言論彈壓)과 유학(儒學)이 쇠퇴하자 청의는 노장(老莊)의 공리(空理)에 기초한 철학적 담

의(談議)로 발전했다.

[예문] 죽림사는 죽림칠현이 모여 청담을 일삼았던 절로 유명하다.

[유의어] 청담(淸譚), 청언(淸言)

[출전] 〈세설신어(世說新語)〉

청운지지 青雲之志

푸를 청 | 구름 운 | 어조사 지 | 뜻 지

'청운의 뜻'이란 의미로, 입신출세하고 싶은 마음 또는 고결하여 속세를 벗어나고 싶어 하는 마음을 비유하여 이르는 말

[유래] 당나라 때의 문인 장구령의 '조견경백발'이라는 오언절구 중에서 '옛날에는 청운의 뜻을 품고 있었지만, 어느 사이에 백발의 나이 되었구나. 누가 생각이나 했었으랴, 거울 속에서 나와 내 그림자가 서로 불쌍히 여기게 되리라고'라는 구절에서 유래된다.

[예문] 지금도 청운의 뜻을 품고 열심히 법전을 파고 있는 고시생들이 많다.

[유의어] 능운지지(陵雲之志)

[출전] 〈당시선(唐詩選)〉 장구령(張九齡)의 '조경견백발(照鏡見白髮)'

ㅊ

청천백일 青天白日

푸를 **청** | 하늘 **천** | 흰 **백** | 날 **일**

푸른 하늘에 쨍쨍하게 빛나는 밝은 태양이란 뜻으로, 세상에 아무런 부끄럼이나 죄가 없이 결백함, 또는 심사(心事)가 명백함을 비유하여 이르는 말

[유래] 한유(韓愈)가 최군(崔群)이라는 인품이 훌륭한 벗에게 보낸 편지 '여최군서'에 나오는 말로, '봉황과 지초(芝草)가 상서로운 조짐이라는 것은 누구나 다 아는 일이며, 청천백일이 맑고 밝다는 것은 노예조차도 알고 있다'는 구절에서 유래한다.

[예문] 그가 지은 죄가 청천백일에 낱낱이 드러나 더 이상 숨길 수가 없게 되었다.

[출전] '여최군서(與崔群書)', 〈주자전서(朱子全書)〉

청천벽력 青天霹靂

푸를 **청** | 하늘 **천** | 벼락 **벽** | 벼락 **력**

맑게 갠 하늘에서 치는 벼락이라는 뜻으로, 돌발적인 사고나 갑작스런 변화의 발생 등을 비유하는 말

[유래] 남송의 시인 육유(陸遊)의 오언고시에 나오는 것으로 '방옹(放翁)이 병으로 가을을 지내다가, 홀연히 일어나 술 취한 기운에 쓴 시가 바로 오래 칩거하던 용이 청천에 벼락을 치며 나는 것 같았다'라는 구절에서 유래한다.

[예문] 사고라니, 이게 무슨 청천벽력 같은 소리냐!

[출전] 육유(陸遊)의 오언고시(五言古詩) '구월사일 계미명기작(九月四日 鷄未鳴起作)'

청출어람 青出於藍

푸른 청 | 날 출 | 어조사 어 | 쪽 람

쪽에서 나온 푸른 물감이 쪽빛보다 더 푸르다는 뜻으로, 제자가 스승보다 더 나음을 비유하여 이르는 말

[유래] 전국시대의 유학자(儒學者)로서 성악설(性惡說)을 창시한 순자(荀子)가 쓴 '학문은 그쳐서는 안 된다. 푸른색은 쪽에서 취했지만 쪽빛보다 더 푸르고 얼음은 물이 이루었지만 물보다도 더 차다'라는 글에서 유래한다.

[예문] 과거 자신이 가졌던 경험과 도전을 넘어서는 청출어람의 제자가 되어주길 기대한다.

[유의어] 출람지예(出藍之譽), 출람지재(出藍之才), 후생가외(後生可畏)

[출전] 〈순자(荀子)〉 권학편(勸學篇)

초록몽 樵鹿夢

땔나무 초 | 사슴 록 | 꿈 몽

인생의 득실(得失)이 꿈과 같이 허무하고 덧없음을 비유하여 이르는 말

[유래] 옛날 어떤 사람이 사슴을 잡아서 파초 잎으로 덮어

두었으나 너무 기뻐 이리저리 왔다 갔다 하다가 그 장소를 잊어버려 한갓 꿈으로 생각하고 찾기를 단념했다는 이야기에서 유래한다.

[예문] 초록몽이고 말 것을 욕심을 버리지 못하는 것은 또한 인간이기 때문이다.

[유의어] 호접지몽(胡蝶之夢)

[출전] 〈열자(列子)〉 주목왕편(周穆王篇)

초미지급 焦眉之急

태울 **초** | 눈썹 **미** | 어조사 **지** | 급할 **급**

눈썹에 불이 붙은 것과 같이 매우 위급함을 비유하여 이르는 말

[유래] 불혜선사가 살아 있을 때의 일이다. 중들로부터 "어느 것이 가장 급박한 글귀가 되겠습니까?"라는 질문을 받았다. 이에 선사는 "불이 눈썹을 태우는 것(火燒眉毛)이다." 라고 대답했다. 이 '화소미모'가 '소미지급(燒眉之急)'이 되고, '소미지급'이 변해서 '초미지급'이 되었다고 한다.

[예문] 노사분규가 초미지급의 상태여서 일이 손에 안 잡힌다.

[유의어] 소미지급(燒眉之急), 화소미모(火燒眉毛)

[출전] 〈오등회원(五燈會元)〉

ㅊ

초인유궁초인득지 楚人遺弓楚人得之

나라이름 **초** | 사람 **인** | 잃을 **유** | 활 **궁** | 얻을 **득** | 어조사 **지**

초(楚)나라 사람이 잃은 활은 초나라 사람이 주울 것이라는 뜻으로, 도량이 좁음을 비유하여 이르는 말

[유래] 춘추시대 초나라 공왕(共王)이 하루는 사냥을 나갔다가 활을 잃어버렸다. 이에 신하들이 가서 활을 찾아오겠다고 하자, 공왕은 "초나라 사람이 잃은 활을 초나라 사람이 주울 것인데, 굳이 찾으러 갈 필요가 있겠느냐?" 하고 말했다. 이에 신하들은 임금의 도량이 매우 넓다고 칭송했으나, 공자는 초나라 사람만으로 한정한 것에 도량이 좁음을 안타까워했다.

[예문] 오늘날에는 초인유궁초인득지의 고사가 무색할 정도로 남을 배려하는 마음조차 없는 것이 현실이다.

[출전] 〈공자가어(孔子家語)〉 호생편(好生篇), 〈설원(說苑)〉

ㅊ

촌철살인 寸鐵殺人

마디 **촌** | 쇠 **철** | 죽일 **살** | 사람 **인**

한 치의 쇠붙이로 살인한다는 뜻으로, 날카로운 경구로 상대편의 급소를 찌름을 비유하여 이르는 말

[유래] 종고선사가 선(禪)에 대해 논하면서 '어떤 사람이 한 수레의 무기를 싣고 왔다고 해서 사람을 죽일 수 있는 것이 아니다. 나는 한 치도 안 되는 칼만 있어도 곧 사람을 죽일

수 있다'고 한 데에서 유래한다.

[예문] 대변인들은 타고난 순발력과 송곳 같은 언변으로 촌철살인의 귀재로 불리며 화려한 주목을 받는다.

[출전] 나대경(羅大經)의 〈학림옥로(鶴林玉露)〉

추기급인 推己及人

밀 추 | 몸 기 | 미칠 급 | 사람 인

제 마음을 표준 삼아 남의 마음을 추측한다는 뜻

[유래] 중국 춘추시대 제(齊)나라에 사흘 밤낮을 쉬지 않고 큰 눈이 내렸다. 제나라의 경공(景公)은 따뜻한 방 안에서 여우 털로 만든 옷을 입고 설경의 아름다움에 푹 취해 있었다고 한다. 이에 안자는 "옛날의 현명한 군주들은 자기가 배불리 먹으면 누군가가 굶주리지 않을까를 생각하고, 자기가 따뜻한 옷을 입으면 누군가가 얼어 죽지 않을까를 걱정했으며, 자기의 몸이 편안하면 또 누군가가 피로해 하지 않을까를 늘 염려했다."고 하면서 추기급인의 마음 자세를 버려야 한다고 충고했다.

[예문] 추기급인이라더니, 내 배 부르다고 종놈 배고픈 줄 모르는구나.

[출전] 〈논어(論語)〉

추지선 秋之扇

가을 **추** | 어조사 **지** | 부채 **선**

사랑을 잃게 된 처지를 뜻하는 말

[유래] 여름에 시원한 바람을 일으켜주어 주인에게 사랑받았지만, 가을이 되자 쓸모없게 되어 한구석으로 밀려나고 만 부채의 가련한 처지를 말한다. 이에 비유하여, 사랑을 잃게 된 처지를 뜻하는 말로 쓰인다.

[예문] 추지선처럼 사라져버린 젊음이여!

[출전] 반첩여의 시 '원가행(怨歌行)'

춘래불사춘 春來不似春

봄 **춘** | 올 **래** | 아니 **불** | 같을 **사** | 봄 **춘**

봄이 와도 봄 같지 않다는 뜻

[유래] 자주 침범하는 흉노족을 달래기 위해 한나라 원제는 흉노 왕에게 궁녀를 주기로 했다. 원제는 궁중화가 모연수에게 명하여 궁녀들의 초상화를 그려놓게 했는데 그중 가장 못나게 그려진 왕소군을 찍었다. 그녀는 모연수에게 괘씸죄에 걸려 뛰어난 미모에도 불구하고 못나게 그려졌던 것이다. 오랑캐 땅으로 떠나는 왕소군의 실물을 본 원제는 땅을 치고 후회했다. 훗날 동방규가 척박한 곳으로 간 가련한 왕소군의 심정을 '오랑캐 땅에는 꽃도 풀도 없으니, 봄이 와도

봄 같지 않구나'라고 읊었다고 한다.

[예문] 춘래불사춘이라, 화려한 시절도 옛말이다.

[출전] 동방규(東方虯)의 시 '소군원(昭君怨)', 〈한서(漢書)〉

축록자불견산 逐鹿者不見山

쫓을 **축** | 사슴 **록** | 놈 **자** | 아니 **불** | 볼 **견** | 뫼 **산**

사슴을 쫓는 사람은 산을 보지 못한다는 뜻으로, 이욕에 미혹된 사람은 사람의 도리를 잊어버린다는 말, 또는 큰일에 뜻이 있는 사람은 사소한 일에 구애되지 않음을 비유하여 이르는 말

[유래] 도가(道家)사상을 중심으로 엮은 〈회남자〉에 '사슴을 쫓는 사람은 산을 보지 못하고, 돈을 움키는 사람은 사람을 보지 못한다'고 실려 있다.

[예문] 축록자불견산이라더니, 대통령이 정치적 목적에 집착한 나머지 국정은 안중에 없는 것은 아닌지 의문스럽다.

[출전] 허당록(虛堂錄), 〈회남자(淮南子)〉 설림훈(說林訓)

춘추오패
春秋五覇

봄 춘 | 가을 추 | 다섯 오 | 으뜸 패

중국 춘추시대 제후들의 맹주가 된 5인의 패자(覇者)를 이르는 말

[유래] 오백(五伯)이라고도 하는데, 제후(諸侯)를 모아 그 회맹(會盟)의 맹주(盟主)가 된 자를 패자라고 한다. 오패는 제(齊)나라의 환공(桓公), 진(晉)나라의 문공(文公), 초(楚)나라의 장왕(莊王), 오(吳)나라의 왕 합려(闔閭), 월(越)나라의 왕 구천(勾踐)을 가리킨다. 한편 진(秦)나라의 목공(穆公), 송(宋)나라의 양공(襄公)이나 오나라 왕 부차(夫差) 등을 꼽는 경우도 있다.

[예문] 각 후보들의 마음가짐이나 인재를 등용하는 용병술에 있어서는 춘추오패와는 거리가 너무나 멀다.

[출전] 〈순자(荀子)〉

춘추필법
春秋筆法

봄 춘 | 가을 추 | 붓 필 | 법 법

대의명분을 밝혀 세우는 사필(史筆)의 준엄한 논법을 비유하여 이르는 말

[유래] 공자(孔子)의 역사 비판에서 비롯된 말이다. 즉, 중국의 경서(經書) 〈춘추〉와 같은 비판적인 태도로 오직 객관적인 사실에만 입각하여 기록하는 역사 기술 태도를 의미한다.

[예문] 오월춘추의 원문을 훗날 누군가가 춘추필법에 의해

첨삭했을 가능성이 높다.

[유의어] 동호지필(董狐之筆), 춘추직필(春秋直筆)

[출전] 〈춘추좌씨전(春秋左氏傳)〉 선공2년조(宣公二年條)

출사표 出師表

날 출 | 스승 사 | 겉 표

중국 삼국시대 촉(蜀)나라의 제상 제갈량(諸葛亮)이 출병하면서 왕에게 적어 올린 글

[유래] 위(魏)나라 토벌을 위한 출진(出陣) 때, 촉제(蜀帝) 유선(劉禪)에게 바친 글로서, 전후 두 편이다. '선제(先帝)의 창업(創業) 아직 반(半)에 이르지 못하고 중도에 붕조(崩殂:崩御)하다'라는 서두로 시작된다. 국가의 장래를 우려한 전문(全文)은 제갈공명의 진정(眞情)을 토로한 정열적인 고금(古今)의 명문(名文)으로 알려져 있다.

[예문] 제갈량은 출사표를 통해 법치의 중요성과 법적용이 편향되거나 사사롭게 이뤄져서는 안 됨을 강조했다.

[출전] 〈문선(文選)〉, 〈삼국지(三國志)〉 제갈량전(諸葛亮傳)

출이반이 出爾反爾

날 출 | 너 이 | 돌이킬 반 | 너 이

자기에게서 나온 것이 자신에게로 되돌아온다는 뜻으로, 좋은 일과 나쁜 일이 모두 자기 자신으로부터 나온다는 말

[유래] 추(鄒)나라의 목공(穆公)이 노(魯)나라와의 전투 중에 백성들이 보여 준 비협조적인 태도를 못마땅하게 생각하고 맹자에게 이야기하자, 맹자는 증자(曾子)의 말을 인용하여 "일찍이 증자께서 말씀하시기를 '경계하고 또 경계하라. 네게서 나간 것은 네게로 돌아오는 것이니라.'라고 하셨습니다."라고 일깨웠다.

[예문] 출이반이라, 모든 문제는 자기 안에 있다고 생각하면 해결도 빠르다.

[유의어] 출호이자반호이(出乎爾者反乎爾), 자업자득(自業自得), 인과응보(因果應報)

[출전] 〈맹자(孟子)〉 양혜왕(梁惠王)

ㅊ

취모구자 吹毛求疵

불 취 | 털 모 | 구할 구 | 흠 자

남의 약점을 악착같이 찾아내려는 야박하고 가혹한 행동을 가리키는 말

[유래] '털어서 먼지 안 날 사람이 어디 있느냐'는 속담처럼 없는 먼지도 일부러 털어가며 일으키는 행위를 말한다. '털을 불어 작은 흉터를 찾는다'라는 구절에서 유래되었다. 구

(求)보다는 멱(覓)이 더 강하다.

[예문] 남의 약점을 찾아내서 자신의 이익에 보탬이 되려고 하는 취모구자는 사회 곳곳에 뿌리내려져 있다.

[유의어] 취모멱자(吹毛覓疵)

[출전] 〈한비자(韓非子)〉 대체편(大體篇)

치인설몽 癡人說夢

어리석을 **치** | 사람 **인** | 말씀 **설** | 꿈 **몽**

어리석은 사람이 꿈 이야기를 한다는 뜻으로, 허황된 말을 지껄임을 이르는 말

[유래] 서역의 고승인 승가(僧伽)가 농담으로 했던 말을 진실로 알아들은 이옹이 비문을 잘못 쓰는 우를 범했다. 〈냉재야화〉에서는 그 어리석음을 '이는 곧 이른바 어리석은 사람에게 꿈을 이야기한 것이다. 이옹은 결국 꿈을 참인 줄 믿고 말았으니 참으로 어리석은 사람이 아닐 수 없다'고 했다.

[예문] 국민들에게 감동을 주지 못한 말은 치인설몽에 불과하다.

[출전] 혜홍(惠洪)의 〈냉재야화(冷齋夜話)〉

ㅊ

칠거지악 七去之惡

일곱 **칠** | 갈 **거** | 어조사 **지** | 악할 **악**

여자가 가져서는 안 될 일곱 가지 악

[유래] 시부모에게 불손함, 자식이 없음, 행실이 음탕함, 투기함, 몹쓸 병을 지님, 말이 지나치게 많음, 도둑질을 함 따위이다.

[예문] 옳고 그름을 떠나서 칠거지악은 남성의 입장에서 재단하는 면에서 문제가 있다.

[출전] 〈공자가어(孔子家語)〉

칠보지재 七步之才

일곱 **칠** | 걸음 **보** | 어조사 **지** | 재주 **재**

일곱 걸음을 옮기는 사이에 시를 지을 수 있는 재주라는 뜻으로, 아주 뛰어난 글재주를 이르는 말

[유래] 중국 위나라의 시인 조식(曹植)이 형 조비(曹丕)의 명에 따라 일곱 걸음을 걸을 동안에 시를 지었다는 데에서 유래한다.

[예문] 우리나라에도 칠보지재라 할 만한 뛰어난 시인이 많다.

[유의어] 의마지재(倚馬之才), 오보시(五步詩)

[출전] 〈세설신어(世說新語)〉 문학편(文學篇)

칠신탄탄 漆身呑炭

옻 칠 | 몸 신 | 삼킬 탄 | 숯 탄

몸에 옻칠을 하고 숯을 삼킨다는 뜻으로, 복수할 것을 잊지 않기 위해 제 몸을 괴롭히는 것을 비유하여 이르는 말

[유래] 진(晋)나라 말기 나라가 어지러워지면서 공경(公卿)들의 세력 다툼이 벌어지는 과정에서 지백(智伯)이 죽었는데, 그의 신하 예양(豫讓)이 조양자를 죽여 주군(主君)의 원수를 갚으려고 하였다. 몇 번의 실패를 본 예양은 몸에 옻칠을 하여 문둥이처럼 하고, 이글거리는 숯을 삼키어 벙어리가 되어 걸식하면서 기회를 노렸다는 데에서 유래되었다.

[예문] 아무리 맺힌 한이 깊다 해도 칠신탄탄처럼 자학하는 한풀이는 좋지 않다.

[유의어] 와신상담(臥薪嘗膽)

[출전] 〈사기(史記)〉 자객전(刺客傳)

ㅊ

칠종칠금 七縱七擒

일곱 칠 | 놓을 종 | 일곱 칠 | 사로잡을 금

일곱 번 잡았다가 일곱 번 풀어준다는 뜻으로, 상대를 마음대로 다룸을 비유하거나 인내를 가지고 상대가 숙여 들어오기를 기다린다는 말

[유래] 중국 촉나라의 제갈량이 맹획(孟獲)의 마음을 사로잡기 위해 그를 일곱 번이나 사로잡았다가 일곱 번 놓아주었다는 데에서 유래한다. 오늘날에는 '상대편을 마음대로 요리한다'는 의미로 사용하고 있다.

[예문] 7차례 회담을 가졌지만 칠종칠금을 당한 꼴이 되고 말았다.

[출전] 〈삼국지(三國志)〉

침어낙안 沈魚落雁

잠길 **침** | 물고기 **어** | 떨어질 **락** | 기러기 **안**

물고기는 연못 속에 잠기고 기러기는 하늘로부터 떨어진다는 뜻으로, 아름다운 여자의 고운 얼굴을 최대한으로 형용하는 말

[유래] 진(晉)나라 헌공(獻公)의 애인 여희(麗姬)가 어찌나 아름다운지 그녀를 보면 그 아름다움에 압도되어 '물고기는 물속으로 깊이 숨어버리고, 기러기는 넋을 잃고 바라보다가 대열에서 떨어졌다'고 하기도 하고, 또 '환한 달은 구름 뒤로 모습을 감추고 꽃은 부끄러워 시들었다'고 하기도 했다. 즉, 여희의 미모를 극찬한 고사에서 온 말이다.

[예문] 세계 각국이 미녀들이 침어낙안의 자태를 자랑했다.

[유의어] 폐월수화(閉月睡花)

[출전] 〈장자(莊子)〉 제물론편(齊物論篇)

ㅊ

쾌도난마 快刀亂麻

쾌할 **쾌** | 칼 **도** | 어지러울 **란** | 삼 **마**

잘 드는 칼로 마구 헝클어진 삼 가닥을 자른다는 뜻으로, 어지럽게 뒤얽힌 사물을 강력한 힘으로 명쾌하게 처리함을 이르는 말

[유래] 북제(北齊)의 창시자 고환(高歡)은 선비족화(鮮卑族化)한 한족(漢族)으로, 하루는 아들들의 재주를 시험해보려고 한 자리에 불러들였다. 그는 아들들에게 뒤얽힌 삼실 한 뭉치씩을 나눠주고 추려내 보도록 했다. 다른 아이들은 모두 한 올 한 올 뽑느라 진땀을 흘리고 있었는데, 양(洋)이라는 아들은 잘 드는 칼 한 자루를 들고 와서 헝클어진 삼실을 싹둑 잘라버리고는 득의에 찬 표정을 짓으며 "어지러운 것은 베어버려야 합니다."라고 말했다.

[예문] 신임 회장은 산적한 문제들을 쾌도난마로 처리했다.

[출전] 〈북제서(北齊書)〉 문선제기(文宣帝紀)

타면자건 唾面自乾

침 타 | **얼굴 면** | **스스로 자** | **마를 건**

남이 내 얼굴에 침을 뱉으면 그것이 저절로 마를 때까지 기다린다는 뜻으로, 처세에는 인내가 필요함을 비유하여 이르는 말

[유래] 측천무후(則天武后) 때 누사덕이란 신하는 성품이 온후하여 아무리 무례한 일을 당해도 흔들림이 없는 사람이었는데, 그의 동생이 대주자사로 임명되자 처신을 물었다. 동생은 남이 얼굴에 침을 뱉더라도 화내지 않고 닦겠다고 했다. 누사덕은 "그가 네게 화났는데 그러면 더 크게 화를 내게 될 것이다. 침 같은 것은 닦지 않아도 그냥 두면 자연히 마르게 되니, 그런 때는 웃으며 그냥 침을 받아두는 게 제일이다."라고 충고했다.

[예문] 사표 수리를 기다리는 총리는 타면자건의 심경을 밝혔다.

[출전] 〈십팔사략(十八史略)〉

ㅌ

타산지석 他山之石

다를 **타** | 뫼 **산** | 어조사 **지** | 돌 **석**

다른 산에서 나는 보잘것없는 돌이라도 자기의 옥(玉)을 가는 데에 소용이 된다는 뜻

[유래] 〈시경〉의 '즐거운 저 동산에는 박달나무 심겨 있고 그 밑에는 닥나무 있네. 다른 산의 돌이라도 이로써 옥을 갈 수 있네'라는 시 구절에서 유래한 말로, 돌을 소인(小人)에 비유하고 옥을 군자에 비유하여 군자도 소인에 의해 수양과 학덕을 쌓아 나갈 수 있음을 이르는 말이다.

[예문] 실패와 위기를 극복한 나라들은 타산지석으로 삼을 만하다.

[유의어] 공옥이석(攻玉以石), 반면교사(反面教師), 절차탁마(切磋琢磨)

[출전] 〈시경(詩經)〉 소아편(小雅篇) '학명(鶴鳴)'

타압경원앙 打鴨驚鴛鴦

때릴 **타** | 오리 **압** | 놀랄 **경** | 원앙새 **원** | 원앙새 **앙**

오리를 매질하여 원앙을 놀라게 한다는 뜻으로, 한 사람을 잘못 벌줌으로써 다른 많은 사람을 놀라게 함을 비유하여 이르는 말

ㅌ

[유래] 송(宋)의 선주지사 여사룡은 항주에서 관기 한 명이 작은 허물을 범하자, 그녀를 매질하려고 했다. 그러자 관기는 '항주의 관기들이 편안할 수 있겠느냐'며 거역했고, 여사룡은 들었던 채찍을 버렸다. 매요신이 이 이야기를 소재로

해 '오리를 때려 원앙을 놀라게 하지 마라. 원앙은 막 연못 속으로 내려앉았으니 외로운 섬의 늙은 재두리와 비하지 못한다'라는 내용의 시를 지었다.

[예문] 타압경원앙의 고사는 교육현장에서 흔히 볼 수 있는 풍경이다.

[출전] 매요신(梅堯臣)의 시 '타압(打鴨)'

타초경사 打草驚巳

때릴 **타** | 풀 **초** | 놀랄 **경** | 뱀 **사**

풀을 두들겨서 뱀을 놀라게 한다는 뜻으로, 생각 없이 한 일이 뜻밖의 결과를 낳는 것을 뜻과 한 사람을 훈계하여 다른 사람을 깨우친다는 의미

[유래] 당나라 때, 지방의 한 현령(縣令)이 온갖 명목으로 세금을 거둬들여 사복을 채우자, 보다 못한 백성들은 일부러 현령에게 그 부하들의 부정부패 사실을 일일이 열거해 고발장을 올렸다. 그러자, 고발장을 읽어보던 현령은 '너희들이 비록 풀밭을 건드렸지만 이미 나는 놀란 뱀과 같다'라는 글을 적어 마음을 달랬다. 즉, 백성들이 우회적으로 자신의 비리를 고발하는 것이라고 생각해 지레 겁을 먹었던 것이다.

[예문] 결정짓지도 못할 사안을 미리 내놓아서 타초경사한 꼴이 되어버리고 말았다.

[출전] 〈수호전(水滸傳)〉, 단성식(段成式)의 〈유양잡조(酉陽雜組)〉

ㅌ

탐천지공 貪天之功

탐할 **탐** | 하늘 **천** | 어조사 **지** | 공훈 **공**

하늘의 공을 탐한다는 뜻으로, 남의 공을 도용함을 비유하여 이르는 말

[유래] 진(晉)나라 문공(文公)이 즉위한 후 논공행상을 할 때 그와 망명생활을 한 개자추가 빠져 있었는데, 다른 사람이 자신의 이름을 올리자 개자추가 불쾌히 여겼다. 모친이 이유를 묻자, 그는 "군주와 그간의 '공적을 다투는 것(貪天之功)'은 도둑질을 하는 것보다 더욱 수치스러운 행위입니다."라 답했고, 그를 이해한 모친은 그와 함께 면산(綿山) 깊숙이 들어가 은둔하였다. 뒤에 문공이 그를 나오게 하려고 면산에 불을 질렀지만, 개차주와 그의 모친은 나오지 않고 타 죽었다. 문공은 슬피 여겨 개자추의 제사를 지내고, 그날만큼은 불을 사용하지 않고 찬 음식을 먹게 했다고 한다. 이것이 바로 한식(寒食)의 유래다.

[출전] 〈춘추좌씨전(春秋左氏傳)〉

ㅌ

태산북두 泰山北斗

클 **태** | 뫼 **산** | 북녘 **북** | 말 **두**

태산과 북두칠성이라는 뜻으로, 모든 사람들이 존경하는 뛰어난 인물을 비유하는 말, 또는 학문이나 예술 분야의 권위자나 대가를 비유하여 이르는 말

[유래] 한유전(韓愈傳) 찬(贊)에 '당나라가 일어난 이래 한유는 육경의 문장으로 여러 학자들의 스승이 되었다. 그가 죽

은 뒤에도 그의 학설이 천하에 떨쳤으므로 학자들은 그를 태산북두(泰山北斗)처럼 우러러보았다'라는 한유에 대한 평가가 실려 있다.

[예문] 학자들도 그를 태산북두라 하며 우러러보았다.

[출전] 〈당서(唐書)〉 한유전(韓愈傳)

태산불사토양 泰山不辭土壤

클 태 | 뫼 산 | 아니 불 | 사양할 사 | 흙 토 | 땅 양

태산은 흙을 사양하지 않는다는 뜻으로, 사소한 의견이나 인물을 수용할 수 있는 자만이 큰 인물이 될 수 있음을 비유하여 이르는 말

[유래] 이사의 상소문에 나온 내용으로, "신이 듣건대, 땅이 넓으면 곡식이 많아지고, 나라가 크면 백성이 많으며, 병력이 강하면 병사가 용감해진다고 합니다. 태산은 본디 한 줌의 흙도 사양하지 않았으므로 그렇게 높을 수 있으며, 하해(河海)는 작은 물줄기라도 가리지 않았으므로 그 깊음에 이른 것입니다. 마찬가지로 왕은 백성들을 물리치지 않음으로써 그 덕망을 얻을 수가 있는 것입니다."라는 구절에서 유래되었다.

[예문] 태산불사토양은 남을 배려하는 사소한 마음에서부터 비롯되어야 한다.

[출전] 〈사기(史記)〉 이사열전(李斯列傳)

태산압란 泰山壓卵

클 태 | 뫼 산 | 누를 압 | 알 란

태산이 알을 누른다는 뜻으로, 큰 위엄의 힘으로 여지없이 누름을 이르거나 매우 강하여 상대가 없거나 일이 매우 용이함을 비유한 말

[유래] 제왕(齊王)의 모사(謀士)였던 손혜는 제왕이 차츰 교만해지자 은거했는데, 후에 동해왕(東海王) 월(越)이 군사를 일으키자 남악일사(南嶽逸士) 진비(秦秘)라는 가명으로 '그대의 깃발이 한번 휘날리면 오악(五岳)이 무너지고, 그대의 입김 한번이면 강물이 거꾸로 흐르니, 그대의 힘으로 역사의 흐름을 밀고 나아가 반역의 무리들을 토벌하고, 정의를 바로 잡으소서. 이는 실로 맹수가 여우를 삼키고, 태산이 계란을 깔아뭉개고, 작은 불씨가 바람을 타고 넓은 들을 태우는 것처럼 쉬운 일입니다'라는 편지를 보내 거병에 동조했다.

[예문] 그의 작품은 태산압란으로 부도의 1위 자리를 지키고 있었다.

[출전] 〈진서(晉書)〉 손혜열전(孫惠列傳)

태산퇴양목괴 泰山頹梁木壞

클 태 | 뫼 산 | 무너질 퇴 | 들보 량 | 나무 목 | 무너질 괴

태산이 무너지고 대들보가 꺾인다는 뜻으로, 한 시대의 스승이나 존경하는 인물의 죽음을 비유하여 이르는 말

[유래] 공자(孔子)가 아침 일찍 일어나 손을 등 뒤로 돌려 지

팡이를 끌고 문 앞을 거닐면서 '태산이 무너지려나, 대들보가 꺾이려나, 철인(哲人)이 병들려나'라고 노래하면서 자신의 죽음을 예견한 데에서 유래되었다.

[예문] 20세기를 풍미했던 태산북두들이 21세기에 들어 태산퇴양목괴로 마감했다.

[유의어] 태산퇴양목절(泰山頹梁木折)

[출전] 〈예기(禮記)〉 단궁(檀弓)

토사구팽 兎死狗烹

토끼 **토** | 죽을 **사** | 개 **구** | 삶을 **팽**

교활한 토끼가 잡히고 나면 충실했던 사냥개도 쓸모가 없어져 잡아먹게 된다는 뜻으로, 필요할 때 요긴하게 쓰고, 쓸모가 없어지면 가혹하게 버린다는 말

[유래] 유방이 천하를 얻은 후 한신이 도전할 것을 염려하여 한신을 처치하려고 하자, 한신이 "교활한 토끼가 죽고 나면 사냥개도 잡혀 삶아지며, 높이 나는 새도 다 잡히고 나면 좋은 활도 광에 들어가며, 적국이 타파되면 모신도 망한다. 천하가 평정되었으니 나도 마땅히 팽 당함이로다."라고 말한 데에서 유래되었다.

[예문] 적절한 때에 물러나와 토사구팽당하지 않았고, 명성에 구애됨 없이 은둔하며 살았다.

[원말] 교토사양구팽(狡兎死良狗烹)

[출전] 〈사기(史記)〉 회음후열전(淮陰侯列傳)

토포악발 吐哺握髮

토할 **토** | 뱉을 **포** | 쥘 **악** | 터럭 **발**

먹던 것을 뱉고, 감고 있던 머리를 거머쥔다는 뜻으로, 현사(賢士)를 얻기 위해 애씀을 비유하여 이르는 말

[유래] 중국의 주공이 식사 때나 목욕할 때 내객이 있으면 먹던 것을 뱉고, 감고 있던 머리를 거머쥔 채 황급히 영접하였다는 데에서 유래한다.

[예문] 자신이 좋아하는 것을 얻으려면 토포악발의 자세가 되어야 한다.

[유의어] 삼악삼토(三握三吐)

[출전] 〈한시외전(韓時外傳)〉

퇴고 推敲

밀 **퇴** | 문 두드릴 **고**

시문(詩文)을 지을 때 자구(字句)를 여러 번 생각하여 고치는 일

[유래] 당나라의 시인 가도(賈島)가 '승고월하문(僧推月下門)'이란 시를 지을 때 '推(퇴; 밀다)'를 '敲(고; 두드리다)'로 바꿀까 말까 망설이다가 한유(韓愈)를 만난 후 그의 조언으로 '敲'로 결정했다는 데에서 유래한다.

[예문] 재능이 없는 사람이라 하더라도 글을 잘 만질 수 있는 방법이 퇴고다.

ㅌ

[출전] 〈당시잡기(唐詩紀事)〉

투서기기 投鼠忌器

던질 **투** | 쥐 **서** | 꺼릴 **기** | 그릇 **기**

쥐에게 물건을 던져서 때려잡고 싶으나 옆에 있는 그릇을 깰까 꺼린다는 뜻으로, 임금 곁에 가까이 있는 신하를 제거하고 싶으나 임금에게 누(累)가 될까 꺼림을 비유하여 이르는 말

[유래] 서한(西漢) 경제(景帝)에게 정치가 가의가 황제의 측근에 위세를 부리는 한 무리의 신하들에 대해 "쥐를 때려잡고 싶지만 그릇을 깰까봐 겁낸다."는 이야기로 간언했다는 고사에서 유래되었다.

[예문] 최근 북한의 핵실험으로 투서기기의 처지에 놓인 것이 아닌지 걱정스럽다.

[출전] 〈한서(漢書)〉

투편단류 投鞭斷流

던질 **투** | 채찍 **편** | 끊을 **단** | 흐를 **류**

채찍을 던져 강의 흐름을 막는다는 뜻으로, 병력에 있어서의 강대함을 비유한 말

[유래] 전진(前秦)의 제3대 왕인 부견은 전연(前燕)과 전량(前凉)을 항복시켜 강북을 통일하였다. 이 기세로 천하를 통일하려 했는데 신하들이 출병을 반대하자, 그는 "우리 대

ㅌ

군의 채찍으로도 강의 흐름을 막을 수 있다."라고 호언장담하고 공격을 감행했다. 그러나 결국 멸망의 길로 들어선 꼴이 되고 말았다.

[예문] 제 아무리 투편단류의 막강함이 있다 하더라도 그럴수록 내실을 기하는 것이 좋다.

[출전] 〈진서(晉書)〉 부견재기(符堅載記)

투향 偷香

훔칠 투 | 향기 향

향을 훔친다는 뜻으로, 남녀 간에 사사로이 정을 통함을 비유하거나 악한 일을 하면 자연히 드러남을 비유하여 이르는 말

[유래] 진(晉)나라 가충의 딸이 향을 훔쳐서 미남인 한수(韓壽)에게 보내고 정을 통했다는 고사에서 유래되었다.

[예문] 요즘 정상적인 남녀 관계보다 투향의 산물인 불륜관계가 문제시되고 있다.

[출전] 〈요재지이(聊齋志異)〉, 〈진서(晉書)〉 가충전(賈充傳)

파경 破鏡

깨뜨릴 파 | **거울 경**

깨진 거울이란 뜻으로, 부부의 이별 또는 이혼을 비유하여 이르는 말

[유래] 옛날 어느 부부가 이별할 때 거울을 둘로 쪼개어 한 쪽씩 나누어 가지고 뒷날 다시 만날 증표로 삼았으나, 아내가 불의를 저질르자 거울이 까치로 변하여 남편에게 날아갔고, 결국 부부의 인연이 끊어졌다는 데에서 유래한다.

[예문] 주변 사람들의 노력에도 불구하고 결국 그들 부부는 파경에 이르렀다.

[반의어] 파경중원(破鏡重圓)

[출전] 〈태평광기(太平廣記)〉

파과지년 破瓜之年

깨뜨릴 **파** | 오이 **과** | 어조사 **지** | 나이 **년**

'瓜(과)'자를 세로로 나눠 '八(팔)'자 두 개로 보고 더해서 16, 곱해서 64로 여겨 여자의 나이 16세, 남자의 나이 64세를 가리킨다. 또는 초경(初經)이 있게 되는 나이를 비유하거나 처녀성을 잃게 됨을 비유하여 이르는 말

[유래] 손작이 지은 '푸른 구슬이 오이를 깰 때 님은 사랑을 못 이겨 넘어졌네. 님에게 감격하여 부끄러움도 모르고 몸 돌려 님의 품에 안긴다'라는 시 구절에서 유래되었다.

[예문] 그녀는 파과지년에 결혼을 했다.

[출전] 손작(孫綽)의 '정인벽옥가(情人碧玉歌)'

파부침선 破釜沈船

깨뜨릴 **파** | 가마솥 **부** | 잠길 **침** | 배 **선**

밥 지을 솥을 깨뜨리고 돌아갈 때 타고 갈 배를 가라앉힌다는 뜻으로, 살아 돌아오기를 기약하지 않고 결사적 각오로 싸우겠다는 굳은 결의를 비유하여 이르는 말

[유래] 진(秦)나라를 치기 위해 군사를 일으킨 항우(項羽)가 쥐루(鉅鹿)의 싸움에서, 출진(出陣)에 즈음하여 타고 온 배를 가라앉히고 사용하던 솥을 깨뜨렸다는 고사에서 온 말이다.

[예문] 우리는 파부침선의 심정으로 배수의 진을 쳤다.

[유의어] 기량침선(棄糧沈船), 파부침주(破釜沈舟)

[출전] 사기(史記) 항우본기(項羽本紀)

파사현정 破邪顯正

깨뜨릴 **파** | 간사할 **사** | 드러낼 **현** | 바를 **정**

그릇된 것을 깨고 바른 것을 드러낸다는 말

[풀이] 불교에서 나온 용어로, 부처의 가르침에 어긋나는 사악한 생각을 버리고 올바른 도리를 따른다는 뜻으로, 사악한 것을 깨닫는 것은 사고방식을 바꾸는 것을 의미하므로 얽매이는 마음을 타파하면 바르게 될 수 있다는 말이다. 이 용어는 특히 삼론종(三論宗)의 중요한 근본 교리 중 하나로 자리잡았다.

[예문] 파사현정의 정신으로 모든 압력과 유혹을 물리치고, 때로는 희생도 감수해야 한다.

파심중적난 把心中賊難

깨뜨릴 **파** | 마음 **심** | 가운데 **중** | 도적 **적** | 어려울 **난**

마음속의 도적을 부수기 어렵다는 뜻으로, 그 만큼 마음을 다스리기 어렵다는 말

[유래] 왕양명의 "산속의 도적을 부수기는 쉽지만, 마음속의 도적을 부수기는 어렵다."는 말에서 유래한다. 자신을 되돌아 성찰하는 일은 쉬운 일이 아니라는 말이다.

[예문] 파심중적난이니 만큼 각오를 단단히 해야 한다.

[출전] 〈왕문성공전서(王文成公全書)〉 '여양사덕설상겸(與楊仕德薛尙謙)'

파죽지세 破竹之勢

깨뜨릴 **파** | 대나무 **죽** | 어조사 **지** | 기세 **세**

대나무를 쪼갤 때의 맹렬한 기세라는 뜻으로, 세력이 강대해 감히 대적할 상대가 없음을 비유하여 이르는 말

[유래] 진(晉)나라의 진남대장군(鎭南大將軍) 두예가 진무제(晉武帝)로부터 출병 명령을 받아 20만 대군을 거느리고 오(吳)나라를 칠 때 "지금 우리 군사들의 사기는 하늘을 찌를 듯이 높다. 그것은 마치 대나무를 쪼갤 때의 맹렬한 기세와 같다. 대나무란 일단 쪼개지기만 하면 그 다음부터는 칼날을 대기만 해도 저절로 쪼개지는 법인데, 어찌 이런 절호의 기회를 놓칠 수 있단 말인가."라는 말로 휘하 장수들을 독려했다.

[예문] 아군은 파죽지세로 적군을 이 땅에서 몰아냈다.

[유의어] 세여파죽(勢如破竹), 영인이해(迎刃而解)

[출전] 〈진서(晉書)〉 두예전(杜預專)

파천황 破天荒

깨뜨릴 **파** | 하늘 **천** | 거칠 **황**

'천황'이란 천지가 아직 열리지 않은 때의 혼돈한 상태로 이것을 깨뜨려 새로운 세상을 만든다는 뜻

ㅍ

[유래] 중국 당나라의 형주(荊州) 지방에서 과거의 합격자가 없어 천지가 아직 열리지 않은 혼돈한 상태라고 했는데, 이를 천황(天荒)이라고 불렀다. 그런데 유세(劉稅)라는 사람

이 처음으로 합격하여 천황을 깼다는 데에서 유래한다.

[예문] 카이사르를 변호하는 안토니우스의 추도사야말로 그 꾀의 교묘함과 선동의 힘에서 연설 언어의 파천황이라 할 만하다.

[유의어] 미증유(未曾有), 전대미문(前代未聞)

[출전] 〈북몽쇄언(北夢鎖言)〉

패군지장불어병 敗軍之將不語兵

패할 **패** | 군사 **군** | 어조사 **지** | 장수 **장** | 아니 **불** | 말씀 **어** | 병사 **병**

싸움에 진 장수는 병법을 말하지 않는다는 뜻으로, 실패한 사람은 나중에 그 일에 대해 구구하게 변명하지 않는다는 말

[유래] 한신이 조나라에는 뛰어난 전략가인 이좌거(李左車)를 생포한 후, 극진히 예우하며 연(燕)과 제(齊)를 쉽게 공략할 수 있는 전략을 가르쳐달라고 했다. 그러자 이좌거는 '싸움에 패한 장수는 병법을 논하지 않는 법'이라며 입을 열지 않았다고 한다.

[예문] 패군지장불어병이라고 했으니 더이상 변명하지 마라.

[유의어] 패군장불가이언용(敗軍將不可以言勇)

[출전] 〈사기(史記)〉 회음후열전(淮陰侯列傳)

ㅍ

편장막급 鞭長莫及

채찍 **편** | 길 **장** | 아닐 **막** | 미칠 **급**

채찍이 길어도 말 배에는 미치지 못한다는 뜻으로, 세력이 강해도 미치지 못하는 곳이 있다는 말, 또는 아직은 능력이 미치지 못함을 비유하는 말

[유래] 송나라가 초나라 군대를 막으면서 진(晉)나라에 구원을 청하자, 진나라 대부 백종(伯宗)은 왕에게 "옛말에 이르기를 채찍이 길다 해도 말의 배까지는 닿지 않는다고 했습니다. 하늘이 초나라를 돕고 있으니, 그들과 싸워서는 안 됩니다. 진나라가 강하다고 하나, 어찌 하늘을 어길 수야 있겠습니까?"라고 하며 구원을 반대했다.

[예문] 중소기업들이 대기업을 흉내 내려 한다면 이는 편장막급과 다를 바가 없다.

[출전] 〈춘추좌씨전(春秋左氏傳)〉

평지파란 平地波瀾

평평할 **평** | 땅 **지** | 물결 **파** | 난초 **란**

평평한 땅에 바람과 물결이 일어난다는 뜻으로, 잘되던 일을 일부러 어렵게 만들거나 평온한 자리에서 뜻밖의 분쟁이 일어남을 비유하여 이르는 말

[유래] 유우석은 중국 중당(中唐)의 대표적 시인으로, 그가 지방관으로 있으면서 농민의 생활 감정을 '죽지사'란 시로 읊었는데, 전체 9수 중 첫 수인 '구당은 시끄러이 열두 여울인데 사람들은 말한다네, 길이 예부터 어렵다고 길게 한하는 사람들의 마음은 물과 같지 않아서 예사로이 평지에 파

ㅍ

란을 일으킨다'라는 구절에서 유래되었다.

[예문] 어디가나 평지파란을 일으키는 사람이 있다.

[유의어] 평지풍파(平地風波)

[출전] 〈악부시집(樂府詩集)〉 유우석(劉禹錫)의 '죽지사(竹枝詞)'

포락지형 炮烙之刑

지질 **포** | 지질 **락** | 어조사 **지** | 벌 **형**

불에 달군 쇠로 단근질하는 형벌로, 은(殷)나라 주왕(紂王) 때의 잔인한 사형 방법을 이르는 말

[유래] 은나라의 마지막 왕인 주왕은 원래는 현군이었으나 달기에게 마음을 빼앗긴 이후 폭군으로 변해 새로운 형벌을 만들어 실정(失政)에 대해 간하는 충간자를 잡아다가 모조리 그 형벌에 처하는 것을 즐기게 되었다. 새로운 형벌이란, 구리 기둥에 기름을 발라 숯불 위에 걸쳐놓고, 죄인으로 하여금 그 위를 맨발로 걸어가게 하여 발이 미끄러져 불 속으로 떨어지면 그대로 타죽게 하는 것으로, 이를 '포락지형'이라 불렀다.

[예문] 포락지형의 고사를 보면 인간이 얼마나 잔인한지 알 수 있다.

[출전] 〈사기(史記)〉 은본기(殷本紀)

포류지질 蒲柳之質

냇버들 **포** | 버들 **류** | 어조사 **지** | 바탕 **질**

갯버들 같은 체질이라는 뜻으로 몸이 쇠약하여 병이 잘 걸리는 체질을 비유한 말

[유래] 동진(東晋)의 진릉에 사는 고열(顧悅)은 인품과 신망이 뛰어나 양주자사 은호가 그를 차관으로 삼아 신임하게 되었다. 고열은 은호의 신임에 보답하기 위해 오랫동안을 무리하여 일을 했기 때문에 30세에 백발이 되고 점점 야위어갔다. 그를 왕이 보고 백발의 이유를 물었다. 고열은 웃으면서 "그것은 폐하께서는 백송이라 서리를 맞아도 곧 푸르게 되지만, 저는 '갯버들 같은 체질'이라 가을이 되면 금방 잎이 떨어져 버리기 때문입니다."라고 말했다.

[예문] 환경의 영향 때문인지 포류지질 때문인지 요즘은 젊은 사람들도 백발이 많다.

[출전] 〈세설신어(世說新語)〉 언어편(言語篇)

포복절도 抱腹絶倒

안을 **포** | 배 **복** | 끊을 **절** | 넘어질 **도**

배를 안고 넘어진다는 뜻으로, 매우 심하게 웃어대는 모습을 이르는 말

ㅍ

[유래] 포복절도는 웃지 않고는 도저히 견딜 수 없어 웃는 웃음이다. 즉, 이야기하는 사람의 입담과 몸짓이 하나로 어우러진 까닭에 아무리 웃지 않으려고 해도 자기도 모르는

사이에 배를 안고 넘어질 정도로 자지러지게 웃게 되는 웃음을 가리킨다. 이런 점에서 서민적인 냄새가 짙게 배어 있는 웃음이다.

[예문] 그는 엉터리 영어로 사람들을 포복절도하게 했다.

[유의어] 봉복절도(捧腹絕倒)

[출전] 〈사기(史記)〉 일자전(日者傳)

포정해우 庖丁解牛

부엌 포 | 고무래 정 | 풀 해 | 소 우

솜씨가 뛰어난 포정(백정)이 소의 뼈와 살을 발라낸다는 뜻으로, 신기(神技)에 가까운 솜씨나 기술의 묘(妙)를 칭찬할 때 비유하여 이르는 말

[유래] '포정(庖丁)'은 소를 잡아 뼈와 살을 발라내는 솜씨가 아주 뛰어났던 고대의 이름난 요리인의 이름이고, '해우(解牛)'는 소를 잡아 뼈와 살을 발라내는 것을 말한다. 그러므로 '포정해우'라고 하면 기술이 매우 뛰어남을 가리키게 되었다. 또한 이 말은 가포정이 문혜군(文惠君)을 위해 소를 잡을 때, 소에 손을 대고, 어깨를 기울이고, 발로 짓누르고, 무릎을 구부려 칼을 움직이는 동작이 모두 음률에 맞았다는 고사에서 유래되었다.

[예문] 리더가 되려면 포정해우의 경지에 이르러야 한다.

[출전] 〈장자(莊子)〉 양생주편(養生主篇)

포호빙하 暴虎馮河

사나울 **폭** | 범 **호** | 탈 **빙** | 강물 **하**

범을 맨손으로 때려잡고 황허강[黃河]을 걸어서 건넌다는 뜻으로, 죽음을 두려워하지 않는 무모한 용기를 비유하여 이르는 말

[유래] 자로가 삼군(三軍)을 통솔한다면 누구와 더불어 하겠느냐고 묻자, 공자는 "나는 맨손으로 범을 잡으려 하고 맨발로 황허강을 건너려다가 죽어도 후회함이 없는 자와 함께 하지 않을 것이니, 반드시 일에 임하여 두려운 생각을 가지고 즐겨 도모하여 일을 성공시키는 사람과 함께 할 것이다."라고 말했다.

[예문] 세상이 포호빙하를 허락할 만큼 그렇게 호락호락하지 않다는 것을 실패를 통해서 새삼 깨달았다.

[유의어] 포호빙하지용(暴虎馮河之勇)

[출전] 〈논어(論語)〉 술이편(述而篇)

풍마우불상급 風馬牛不相及

바람 **풍** | 말 **마** | 소 **우** | 아니 **불** | 서로 **상** | 미칠 **급**

바람난 말과 소라 할지라도 서로 미치지 못한다는 뜻으로, 서로 멀리 떨어져 있어 전혀 무관계함을 비유하여 이르는 말

ㅍ

[유래] 제(齊)나라 환공은 부인 채희와 물놀이를 갔다가 그녀의 장난 때문에 화가 나서 그녀가 온 채나라로 돌려보냈다. 채나라에서는 채희를 다른 사람에게 개가를 시켰는데,

그것에 화가 난 환공은 채나라를 공략했고, 그 기세로 초나라까지 공격하려 했다. 이에 초 성왕은 사신을 보내 "임금은 북해에 있고 과인은 남해에 있으니, '바람난 말이나 소라 할지라도 서로 미치지 못하거늘' 임금께서는 어찌 내 땅을 침범하시는 것이오?"라고 물어 환공의 마음을 떠보았다.

[예문] 본질에서 벗어난 채 풍마우불상급 같은 무의미한 대화들이 오갔다.

[출전] 〈사기(史記)〉 제환공기(齊桓公紀), 〈춘추좌씨전(春秋佐氏傳)〉 희공4년조(喜公四年條)

풍성학려 風聲鶴唳

바람 풍 | 소리 성 | 학 학 | 울 려

바람소리와 학의 울음소리라는 뜻으로, 겁을 먹은 사람이 하찮은 일이나 작은 소리에도 몹시 놀람을 비유하여 이르는 말

[유래] 중국 전진 때 진왕 부견(苻堅)이 비수(淝水)에서 크게 패하고 바람 소리와 학의 울음소리를 듣고도 적군이 쫓아오는 것이 아닌가 하고 놀랐다는 데에서 유래한다.

[예문] 그런 정책은 국민들에게 풍성학려로 받아들여지게 마련이다.

[유의어] 초목개병(草木皆兵)

[출전] 〈진서(晉書)〉 사현재기(謝玄載記)

풍수지탄 風樹之嘆

바람 풍 | 나무 수 | 어조사 지 | 탄식할 탄

나무는 조용히 있고 싶어도 바람이 멎지 않으니 뜻대로 되지 않는다는 뜻으로, 효도를 하려고 해도 부모가 살아 계시지 않는다는 말

[유래] 공자가 유랑하다가 몹시 울며 슬퍼하는 사람을 만났는데, 그 이유를 묻자, 그는 "저는 세 가지 잘못을 저질렀습니다. 첫째는 젊었을 때 천하를 두루 돌아다니다가 집에 와 보니 부모님이 이미 세상을 떠나신 것이요, 둘째는 섬기고 있던 군주가 사치를 좋아하고 충언을 듣지 않아 그에게서 도망쳐온 것이요, 셋째는 부득이한 사정으로 교제를 하던 친구와의 사귐을 끊은 것입니다. 무릇 나무는 조용히 있고자 하나 바람 잘 날이 없고, 자식이 부모를 모시고자 하나 부모는 이미 안 계신 것입니다. 그럴 생각으로 찾아가도 뵈올 수 없는 것이 부모인 것입니다."라고 대답한 후 마른 나무에 기대 죽고 말았다.

[예문] 풍수지탄을 인용해 '고객은 품질이 좋아질 때를 기다려주는 않는다'라는 메시지를 강조하고 있다.

[유의어] 수욕정이풍부지(樹欲靜而風不止), 풍목지비(風木之悲)

[출전] 〈한씨외전(韓氏外傳)〉

ㅍ

피지부존모장안부 皮之不存毛將安附

가죽 **피** | 어조사 **지** | 아닐 **부** | 있을 **존** | 털 **모** | 장차 **장** | 어찌 **안** | 붙을 **부**

'가죽이 없는데 털이 어찌 붙을 수 있겠는가'라는 뜻으로, 평소 친분이 없으면 조금의 도움도 받을 수 없다는 말, 또는 근본이 없으면 지엽의 노력도 효과가 없다는 말

[유래] 희공(喜公) 14년 겨울에 진(秦)나라에 기근이 들어 관계가 그리 좋지 않던 진(晉)나라에 사신을 보내어 도움을 청했으나 거절당했다. 그러자 진(秦)나라의 사신 경정(慶鄭)이 덕이 있는 처사가 아니라고 말했다. 그러나 진(晉)나라의 신하 괵석은 "가죽이 없는데 어찌 털이 붙을 수 있겠는가?"라며 또다시 차갑게 거절했다.

[예문] 피지부존모장안부라, 인간관계란 평소에 관계를 잘 맺어야 한다.

[출전] 〈춘추좌씨전(春秋左氏傳)〉

ㅍ

필부지용 匹夫之勇

변변찮을 **필** | 사나이 **부** | 어조사 **지** | 날쌜 **용**

좁은 소견으로 혈기만 믿고 함부로 날뛰는 행동을 비유하여 이르는 말

[유래] 맹자가 제나라 선왕과 용기에 대해 이야기하면서 "왕께서는 소용(小勇)을 좋아해서는 안 됩니다. 칼을 어루만지고 눈을 부라리며 너 같은 자는 나의 적수가 아니라고 하는 것은 '필부의 용기'로 기껏해야 한 사람을 상대하는 것밖에 안 됩니다. 청컨대 왕은 부디 좀 더 큰 용기를 가지십시오."라고 충고했다.

[예문] 사명당은 불쌍한 듯 필부지용만 가진 무식하고 젊은 가등청정을 가만히 바라본다. – 박종화, 〈임진왜란〉

[유의어] 소인지용(小人之勇)

[출전] 〈맹자(孟子)〉 양혜왕(梁惠王) 하편(下篇)

필부무죄 匹夫無罪

변변찮을 **필** | 사내 **부** | 없을 **무** | 죄 **죄**

보통 사람은 죄가 없다는 뜻으로, 착한 사람일지라도 그 신분에 어울리지 않는 물건을 갖고 있으면 재앙을 부르게 된다는 역설적인 의미의 말

[유래] 중국 춘추시대 때 우(虞)나라를 다스리던 우공(虞公)은 동생 우숙(虞叔)이 가지고 있는 명옥(名玉)을 몹시 탐냈다. 우숙은 처음에는 아까워서 주고 싶지 않았으나 곧 후회하고 "주나라의 속담에 '필부는 죄가 없어도 구슬을 가지고

있으면 그것이 곧 죄가 된다'고 했으니 내가 이것을 가져서 스스로 화를 불러들일 이유는 없습니다."라고 말하며 형에게 구슬을 바쳤다.

[예문] 필부무죄다. 그러나 세상의 욕심이 유죄로 만드는 것이다.

[유의어] 회벽유죄(懷璧有罪)

[출전] 〈춘추좌씨전(春秋佐氏傳)〉

ㅍ

하로동선 夏爐冬扇

여름 **하** | 화로 **로** | 겨울 **동** | 부채 **선**

여름의 화로와 겨울의 부채라는 뜻으로, 격이나 철에 맞지 않거나 쓸데없는 사물을 비유하는 말

[유래] 왕충(王充)은 〈논형〉에서 '이로울 것이 없는 재능을 바치고 보탬이 되지 않는 의견을 내는 것은, 여름에 화로를 바치고 겨울에 부채를 드리는 것과 같다'고 했다.

[예문] 하로동선이라는 말처럼 계획을 잘못 짜면 이처럼 우울한 것이 없는 게 휴가이기도 하다.

[출전] 왕충(王充)의 〈논형(論衡)〉 봉우편(逢遇篇)

하옥 瑕玉

티 하 | 구슬 옥

티가 있는 구슬, 즉 옥의 티라는 뜻으로, 공연한 짓을 하여 사태를 악화시키는 것을 가리킨키는 말

[유래] '쥐구멍이 있다고 하여 함부로 그것을 뜯어고치려고 한다면 동네 대문을 모두 부수게 되고, 여드름을 짜다 보면 뾰루지나 종기가 된다. 이것은 흠이 있는 진주와 티가 있는 구슬을 그대로 두면 온전할 것인데, 흠과 티를 제거하려다가 오히려 이지러뜨리고 깨뜨리는 것과 같은 일이다'라는 구절에서 유래한다.

[예문] 괜히 이야기를 해서 하옥이 되고 말았다.

[출전] 〈회남자(淮南子)〉 설림훈(說林訓)

하학상달 下學上達

아래 하 | 배울 학 | 위 상 | 통달할 달

아래를 배워 위에 달한다는 뜻으로, 낮고 쉬운 것을 배워 깊고 어려운 것을 깨달음

[유래] 〈논어〉 헌문(憲問)에 '군자는 위로 달하고, 소인은 아래로 달하느니라'라는 말이 나오는데, 이 말은 학문과 도를 좋아하고 지켜나가는 군자는 날이 갈수록 인격이 완성되어 가지만, 재물과 명리에만 마음을 둔 소인은 날이 갈수록 인간성이 허물어지고 타락할 뿐이라는 말이다. 즉, 군자는 점점 고상해지고 소인은 점점 천박해진다는 말이다.

[예문] 시험공부를 할 때도 하학상달의 방법으로 하면 더 효과적이다.

[유의어] 하학지공(下學之功)

[출전] 〈논어(論語)〉 헌문(憲問)

학경불가단 鶴脛不可斷

학 학 | 종아리 경 | 아니 불 | 옳을 가 | 자를 단

학의 다리가 길다고 자르지 말라는 뜻으로, 사물에는 각각 적절한 면이 있으므로 함부로 손익(損益)해서는 안 된다는 말

[유래] 〈장자〉의 '오리 다리가 짧다고 늘이지 말고, 학의 다리가 길다고 줄이지 말라'라는 구절에서 유래된다.

[예문] 학경불가단이라, 사물은 제 쓰임새를 타고나는 것인데 자꾸 변용을 해서 문제가 되는 것이다.

[출전] 〈장자(莊子)〉

한발 旱魃

가물 한 | 가물귀신 발

가뭄을 몰고 오는 신화 속 여신의 이름이자 가뭄을 뜻함

[유래] 복희(伏羲), 신농(神農), 황제(黃帝)를 말하는 삼황

중 황제 헌원씨는 바람과 비의 신을 거느린 치우와 싸우다 천상에 있는 딸 발(魃)이라는 여신을 불러내 치우의 항복을 받아냈다. 여신 발은 용모도 추하고 대머리였는데, 온 힘을 다해 싸우다 힘이 빠져 하늘에 올라갈 수가 없었다. 그런데 그녀가 땅 위에 있자 가뭄이 찾아왔다. 그녀가 있는 곳엔 비 한 방울이 내리지 않는 메마른 날씨가 계속되어 사람들은 그녀를 한발(旱魃)이라고 부르며 원망하게 되었다.

[예문] 올 가을은 유난히 한발이 심하다.

[출전] 〈삼황오제(三黃五帝)〉

한우충동 汗牛充棟

땀 한 | 소 우 | 채울 충 | 마룻대 동

소가 땀을 흘릴 만큼 실은 무게와 용마루에 닿을 만큼 쌓인 양이라는 뜻으로 책이 매우 많음을 이르는 말

[유래] 유종원의 '공자가 〈춘추〉를 지은 지 1,500년이 되었고 〈춘추전〉을 지은 사람이 다섯 사람, 온갖 주석을 한 학자들이 1,000명에 달한다. …(중략)… 그들이 지은 책을 집에 두면 대들보까지 차고, 밖으로 내보내면 소와 말이 땀을 낸다'라는 글에서 유래되었다.

[예문] 그 집에 가면 한우충동만큼 많은 책들이 있다.

[출전] 유종원(柳宗元)의 '육문통선생묘표(陸文通先生墓表)'

학철부어 涸轍鮒魚

물마를 **학** | 바퀴자국 **철** | 붕어 **부** | 고기 **어**

수레바퀴 자국에 괸 물에 있는 붕어라는 뜻으로, 곤궁한 처지나 다급한 위기를 비유한 말

[유래] 장자가 집이 가난하여 감하후(監河侯)에게 곡식을 빌리러 갔는데, 감하후는 봉읍을 받아서 나중에 빌려주겠다고 했다. 그러자 장자는 '수레바퀴 자국의 고인 물속에 있던 붕어 한 마리가 물을 가져다 달라고 해서 나중에 강물을 터주겠다고 했더니 차라리 건어물에 가서 자기를 찾으라했다'는 말을 감하후에게 들려주었다.

[예문] 내 신세가 학철부어인데 누굴 도울 수 있겠는가.

[유의어] 우제지어(牛蹄之魚), 철부지급(轍鮒之急), 학철지부(涸轍之鮒)

[출전] 〈장자(莊子)〉 외물편(外物篇)

한단지몽 邯鄲之夢

땅 이름 **한** | 조나라 서울 **단** | 어조사 **지** | 꿈 **몽**

한단에서 꾼 꿈이라는 뜻으로, 인생의 덧없음과 영화(榮華)의 헛됨을 비유하여 이르는 말

[유래] 서기 731년에 노생(盧生)이 한단이란 곳에서 여옹(呂翁)의 베개를 빌려 잠을 잤는데, 꿈속에서 80년 동안 부귀영화를 다 누렸으나, 깨어 보니 메조로 밥을 짓는 동안 꿈을 꾼 것이었다는 데에서 유래한다.

[예문] 한단지몽이라고 한 달 동안 있었던 일이 마치 하룻밤의 꿈처럼 느껴진다.

[유의어] 노생지몽(盧生之夢), 일취지몽(一炊之夢), 한단몽(邯鄲夢), 한단몽침(邯鄲夢枕), 한단지침(邯鄲之枕), 황량지몽(黃粱之夢)

[출전] 심기제(沈旣濟)의 소설 〈침중기(枕中記)〉

한단지보 邯鄲之步

땅 이름 **한** | 조나라 서울 **단** | 어조사 **지** | 걸음 **보**

한단의 걸음걸이라는 뜻으로, 제 분수를 잊고 무턱대고 남을 흉내 내다가 이것저것 다 잃음을 비유하여 이르는 말

[유래] 어떤 사람이 한단이란 도시에 가서 그곳의 걸음걸이를 배우려다 미처 배우지 못했는데, 본래의 걸음걸이도 잊어버려 기어서 돌아왔다는 데에서 유래한다.

[예문] 국어교육도 제대로 되지 않은 어린아이에게 영어교육을 집중시키는 것이야말로 한단지보라 하겠다.

[유의어] 한단학보(邯鄲學步)

[출전] 〈장자(莊子)〉 추수편(秋水篇)

함사사영 含沙射影

머금을 **함** | 모래 **사** | 쏠 **사** | 그림자 **영**

모래를 머금어 그림자를 쏜다는 뜻으로, 암암리에 사람을 해치는 것을 비유한 말

[유래] 허신(許愼)이 편찬한 〈설문해자〉에 전설 속의 괴물에 대해 수록되어 있는데, 청대의 학자 왕균이 이 기록에 '일명 사공(射工), 사영(射影), 축영(祝影)이라 한다. 등은 딱딱한 껍질로 되어 있고 머리에는 뿔이 있다. 날개가 있어 날 수 있다. 눈은 없으나 귀는 매우 밝다. 입안에는 활과 같은 것이 가로로 걸쳐 있는데, 사람의 소리를 들으면 숨기운을 화살처럼 뿜는다. 물이나 모래를 머금어 사람에게 쏘는데, 이것을 맞으면 곧 종기가 나게 되며, 그림자에 맞은 사람도 병이 나게 된다'는 주석을 달았다.

[예문] 함사사영의 테러집단 때문에 지구촌이 불안에 떨고 있다.

[출전] 〈박물지(博物志)〉, 〈설문해자(說文解字)〉, 〈수신기(搜神記)〉, 〈포박자(抱朴子)〉

함흥차사 咸興差使

다 **함** | 일어날 **흥** | 어긋날 **차** | 사신 **사**

함흥은 지명, 함흥에 갔던 어긋난 사신이란 뜻으로 한 번 간 사람이 돌아오지 않거나 소식이 없음을 비유하여 이르는 말

[유래] 조선 태조 이성계가 왕위를 물려주고 함흥에 있을 때

에, 태종이 보낸 차사를 죽이거나 잡아 가두어 돌려보내지 않았다는 이야기에서 유래한다.

[예문] 심부름을 보낸 지가 언젠데 아직도 함흥차사란 말인가.

[출전] 〈연려실기술(練藜室記述)〉 권2

항룡유회 亢龍有悔

목 항 | 용 룡 | 있을 유 | 뉘우칠 회

하늘 끝까지 올라간 용이 내려갈 길밖에 없음을 후회한다는 뜻으로, 부귀영달이 극도에 달한 사람은 쇠퇴할 염려가 있으므로 행동을 삼가야 함을 비유하여 이르는 말

[유래] 〈주역〉에서는 운세를 단계별로 용에 비유했는데, 잠룡(潛龍), 현룡(現龍), 비룡(飛龍)에 이어 절정의 경지에 이른 용을 항룡(亢龍)이라고 했다. 항룡은 하늘 끝까지 다다른 용으로, 곧 '승천한 용'인 셈이다. 그 기상이야 한없이 뻗쳐 좋지만, 결국 하늘에 닿으면 떨어질 수밖에 없는 존재이기도 했다. 이에 공자는 "항룡은 존귀하나 지위가 없고, 너무 높아 교만하기 때문에 자칫 민심을 잃게 될 수도 있으며, 남을 무시하므로 보필도 받을 수 없다."고 설명하면서, '일을 할 때에는 적당한 선에서 만족할 줄 알아야지 무작정 밀고 나가다가는 오히려 일을 망치게 되니 지위가 높을수록 겸손을 잃지 말 것'을 강조했다.

[예문] 지지율 10%대를 헤매고 있는 노무현 대통령으로서는 지금 항룡유회의 비애를 곱씹고 있을 것이다.

[출전] 〈역경(易經)〉

항산항심 恒産恒心

항상 **항** | 재산 **산** | 항상 **항** | 마음 **심**

생활이 안정되지 않으면 바른 마음을 견지하기 어렵다는 뜻

[유래] 맹자는 왕도정치에 대해 '경제적으로 생활이 안정되지 않아도 항상 바른 마음을 가질 수 있는 것은 오직 뜻있는 선비만 가능한 일이다. 일반 백성에 이르러서는 경제적 안정이 없으면 항상 바른 마음을 가질 수 없다. 항상 바른 마음을 가질 수 없다면 방탕하고 편벽되며 부정하고 허황되어 이미 어찌할 수가 없게 된다. 그들이 죄를 범한 후에 법으로 그들을 처벌한다는 것은 곧 백성을 그물질하는 것과 같다'는 견해를 펼쳤다.

[예문] 부자들이 더 인색한 것을 보면 항산항심이 꼭 옳은 것 같지는 않다.

[출전] 〈맹자(孟子)〉 양혜왕편(梁惠王篇)

해로동혈 偕老同穴

함께 해 | 늙을 로 | 같을 동 | 구멍 혈

살아서는 함께 늙고 죽어서는 같은 무덤에 묻힌다는 뜻으로, 생사를 같이 하는 부부의 사랑의 맹세를 이르는 말

[유래] '죽으나 사나 만나나 헤어지나, 그대와 함께 하자 언약하였지. 그대의 손을 잡고, 그대와 함께 늙겠노라'와 '살아서는 집이 다르나, 죽어서는 무덤을 같이 하리라. 못 믿겠다 이를진데, 밝은 해를 두고 맹세하리라'라는 시에서 유래되었다.

[예문] 예쁜 꽃병처럼 생긴 해면에 새우가 들어가 살다가 몸이 커지면서 빠져 나오지 못하고 평생을 해로동혈한다.

[출전] 〈시경(詩經)〉 격고편(擊鼓篇) · 대거편(大車篇)

해시지와 亥豕之訛

돼지 해 | 돼지 시 | 어조사 지 | 그릇될 와

한자(漢字)의 '亥'자와 '豕'자는 자체(字體)가 비슷하여 혼동하기가 쉽다는 뜻으로, 서적을 베끼거나 책을 간행할 때 비슷한 글자는 잘못 쓰기 쉽다는 말

[유래] 공자의 제자 자하가 진(晉)나라에 가다가 위(衛)를 지나가는데, 어떤 사람이 역사책을 '진의 군사가 삼시에 강을 건넜다'라고 읽는 것을 보고는, "삼시라는 말은 틀렸으니, 기해(己亥)가 옳다. 대저 '三'은 '己'자와 비슷하고, '豕'는 '亥'자와 비슷해서 혼동하기가 쉽다."라고 충고한 데에서 유래한다.

[예문] 공부를 제대로 안 하면 해시지와의 오류를 범하기 쉽다.

[출전] 〈여씨춘추(呂氏春秋)〉 찰전(察傳)

해어화 解語花

풀 해 | 말씀 어 | 꽃 화

말을 이해하는 꽃이란 뜻으로, 미인을 비유하여 이르는 말

[유래] 당나라 현종(玄宗)이 비빈(妃嬪)과 궁녀들을 거느리고 연꽃을 구경하다가 양귀비(楊貴妃)를 가리켜 "연꽃의 아름다움도 '말을 이해하는 이 꽃'에는 미치지 못하리라."고 했다는 고사에서 온 말로, '해어지화(解語之花)'라고도 한다. 우리나라에서는 기생을 '해어화'라고 불렀다.

[예문] 그녀를 보고 있으면 해어화가 저리 아름다웠을까 하는 생각을 하게 된다.

[출전] 왕인유(王仁裕)의 〈개원천보유사(開元天寶遺事)〉

해옹호구 海翁好鷗

바다 해 | 늙은이 옹 | 좋아할 호 | 갈매기 구

바닷가에 사는 노인이 갈매기를 좋아한다는 뜻으로, 사람에게 야심이 있으면 새도 그것을 알고 가까이하지 않는다는 말

[유래] 바다에 사는 어떤 사람이 항상 200마리도 넘는 갈매기들 갈매기와 놀았는데, 하루는 그의 아버지가 갈매기와 놀고 싶다며 잡아오라고 했다. 다음 날 바닷가에 가보니 갈매기들은 그 위를 맴돌 뿐 내려오지 않았다고 한다. 〈열자〉에는 그 이야기 말미에 '지극한 말이란 말을 떠나는 것이고, 지극한 행위란 작위(作爲)가 없는 것이다. 보통 지혜 있는 자들이 안다고 하는 것은 곧 천박한 것이다'라는 주석을 달아놓았다.

[출전] 〈열자(列子)〉 황제편(皇帝篇)

행불유경 行不由徑

다닐 행 | 아니 불 | 말미암을 유 | 지름길 경

길을 갈 때 지름길이나 뒤안길을 취하지 않고 큰길로 간다는 뜻으로, 행동을 공명정대하게 함을 비유하여 이르는 말

[유래] 자유가 노(魯)나라에서 벼슬하여 무성(武城)의 재상으로 임명되었을 때의 일이다. 공자가 제자를 방문해서 아랫사람 중에 훌륭한 사람이 있는지 물었다. 자유는 "성은 담대(澹臺), 이름은 멸명(滅明)이라는 사람이 있습니다. 이 사람이야말로 훌륭한 인물로, 언제나 천하의 대도를 갈 뿐,

ㅎ

결코 지름길이나 뒤안길을 가지 않습니다. 정말 존경할 만한 훌륭한 인물입니다." 하고 대답했다.

[예문] 말로는 행불유경이라 하지만 실제로는 빠른 뒷길로 가려는 사람들이 정치인이다.

[유의어] 군자대로행(君子大路行)

[출전] 〈논어(論語)〉 옹야편(雍也篇)

헌훤 獻喧

바칠 헌 | 떠들 훤

따뜻한 것을 바친다는 뜻으로, 남에게 크게 소용이 되지 않는 물건을 바치는 것을 뜻한다. 또한 남에게 물건을 줄 때의 겸손한 말이기도 하다.

[유래] 송나라의 농부가 해진 무명옷과 삼베옷을 입고서 근근이 겨울을 나는데, 따뜻한 햇볕을 쬐자 너무 좋아서 임금에게 알리면 상을 내릴 거라고 말했다. 이 말을 듣던 그 마을의 부자가 "자기가 맛있다고 생각한 음식을 고을의 귀한 신분의 사람에게 추어올린 사람이 있었는데, 그분은 그것들을 가져다 맛을 보았지만 입을 쓰게 만들고 배만 아프게 했다며, 그를 비웃고 원망하였소. 결국 그 사람은 크게 부끄러워했는데, 당신도 이런 부류의 사람이구려."라고 했다.

[예문] 헌훤의 의미가 살아나기 위해서는 다른 사람의 처지와 마음을 읽을 줄 아는 안목이 필요하다.

[출전] 〈열자(列子)〉 양주편(陽朱篇)

형설지공 螢雪之功

반딧불 **형** | 눈 **설** | 어조사 **지** | 공 **공**

가난한 사람이 반딧불과 눈빛으로 글을 읽어가며 고생 속에서 공부함을 일컫는 말

[유래] 진나라 차윤이 반딧불을 모아 그 불빛으로 글을 읽고, 손강이 가난하여 겨울밤에는 눈빛에 비추어 글을 읽었다는 고사에서 유래한다.

[예문] 그는 형설지공으로 공부에 매진했다.

[원말] 형창설안(螢窓雪案)

[출전] 〈진서(晉書)〉 차윤전(車胤傳) · 손강전(孫康傳)

형처 荊妻

가시나무 **형** | 아내 **처**

남에게 자기 아내를 낮추어 일컫는 말

[유래] 중국 후한 때에 양홍(梁鴻)의 아내 맹광(孟光)이 가시나무 비녀를 꽂고 무명으로 만든 치마를 입었다는 고사에서 유래한다.

[예문] 내 형처와 인사하게.

[유의어] 과처(寡妻), 형부(荊婦)

[출전] 황보밀(皇甫謐)의 〈열녀전(烈女傳)〉

혜전탈우 蹊田奪牛

지름길 혜 | 밭 전 | 빼앗을 탈 | 소 우

남의 소가 내 밭을 짓밟았다고 그 소를 빼앗는다는 뜻으로, 가벼운 죄에 대한 처벌이 혹독하다는 말

[유래] 진(陳)나라 대부 하징서가 영공(靈公)을 시해하자, 초(楚)나라 장왕(莊王)이 진(陳)의 수도를 공략하고 하징서를 죽임으로써 세상 사람들의 박수를 받았다. 장왕은 내친김에 진나라를 초나라의 한 고을로 만들어버렸다. 제나라 사신에서 돌아온 신숙시만이 축하의 말이 없자 장왕이 이유를 물었다. 신숙시는 "의리는 대단하나, 어떤 사람의 소가 내 밭을 짓밟았다고 해서 그 소를 빼앗을 수는 없습니다. 남의 소가 무단히 내 밭을 짓밟았다면 잘못된 일이지요. 그렇다고 남의 소를 빼앗는다면 지나친 처벌이 되지 않겠습니까?"라고 말했다.

[예문] 고리대금업자들의 혜전탈우의 횡포는 어제 오늘의 일이 아니다.

[출전] 〈사기(史記)〉

호가호위 狐假虎威

여우 호 | 거짓 가 | 범 호 | 위엄 위

여우가 호랑이의 위세를 빌려 다른 짐승을 놀라게 한다는 뜻으로, 남의 권세를 빌려 허세를 부림을 비유하여 이르는 말

[유래] 초(楚)나라 선왕(宣王)이 위나라를 비롯한 북방 제국

ㅎ

이 재상 소해휼(昭奚恤)을 두려워하는 것에 어찌 생각하냐고 묻자, 평소 소해휼을 싫어한 강을이 '여우가 호랑이를 앞세워 위세를 부린 것에 불과한 것'이라고 말했다는 데에서 유래한다.

[예문] 대통령의 이름을 팔며 호가호위하는 행태는 이제 사라져야 한다.

[유의어] 가호위호(假虎威狐)

[출전] 〈전국책(戰國策)〉 초책(楚策)

호구지계 狐丘之戒

여우 **호** 언덕 **구** 어조사 **지** 경계할 **계**

호구의 경계라는 뜻으로, 다른 사람으로부터 원망을 사는 일이 없도록 하라는 뜻

[유래] 호구에 사는 노인이 초나라 대부 손숙오에게 사람들이 가지는 세 가지 원망, 곧 '고관에 대한 세인의 질투, 현신에 대한 군주의 증오, 녹이 많은 고관에 대한 세인의 원망'이 있으니 이를 조심하라고 충고했다는 고사에서 비롯된 말이다.

[예문] 호구지계를 면하는 길은 두루 덕을 쌓는 것이다.

[유의어] 인유삼원(人有三怨)

[출전] 〈열자(列子)〉 설부편(說符篇)

호사다마 好事多魔

좋을 호 | 일 사 | 많을 다 | 마귀 마

좋은 일에는 마가 끼기 쉽다는 뜻으로, 좋은 일에는 방해가 있다는 뜻

[유래] 금(金)나라 때 동해원(董解元)이 지은 〈서상〉의 '참으로 이른바 좋은 시기는 얻기 어렵고, 좋은 일을 이루려면 많은 풍파를 겪어야 한다'는 구절에서 유래되었다.

[예문] 이제 여권이 이를 그저 호사다마로만 치부해 버리기도 어렵게 되었다.

[유의어] 호몽부장(好夢不長), 호사다방(好事多妨)

[출전] 〈서상(西廂)〉, 〈홍루몽(紅樓夢)〉

호시탐탐 虎視眈眈

범 호 | 볼 시 | 엿볼 탐

호랑이가 눈을 부릅뜨고 먹이를 노려본다는 뜻으로, 공격이나 침략의 기회를 노리는 모양, 또는 어떤 일에 대비하여 방심하지 않고 가만히 정세를 관망함을 비유하여 이르는 말

[유래] '거꾸로 길러지는 것도 길하다. 호시탐탐하여 그 욕심을 쫓아가면 허물이 없다'라는 구절에서 유래한다.

[예문] 적들은 호시탐탐 침략의 야욕을 불태웠다.

[출전] 〈주역(周易)〉 경문(經文)

ㅎ

호연지기 浩然之氣

넓을 **호** | 그럴 **연** | 어조사 **지** | 기운 **기**

맹자(孟子)의 가르침인 인격(人格)의 이상적 기상(氣象)으로, 하늘과 땅 사이에 가득 찬 넓고도 큰 원기를 이름

[유래] 맹자는 '기'를 통일적 의지와 상호 보충되는 도덕적 실천력의 문제로 다루고, '기'는 도의(道義)와 조화됨으로써 의기 당당한 활동이 가능하다 하였다. 지정의(知情意)와 더불어 총체적 · 자발적으로 도의를 실현하는 기상으로 '기'를 기를 것을 주장하여, 그 이상적 상태를 '그(浩然)의 기야말로 지대지강(至大至剛)하며, 바르게(直) 길러(養) 손상함(害)이 없다면, 하늘과 땅 사이에 충만(塞)한다'고 표현했다.

[예문] 산수가 뛰어난 곳에서 마음껏 즐기며 호연지기를 기르자.

[출전] 〈맹자(孟子)〉 공손축편(公孫丑篇)

호접지몽 胡蝶之夢

오랑캐 **호** | 나비 **접** | 어조사 **지** | 꿈 **몽**

나비가 된 꿈이라는 뜻으로, 물아일체(物我一體)의 경지, 또는 인생의 무상함을 비유하여 이르는 말

[유래] 중국의 장자(莊子)가 꿈에 나비가 되어 즐기는데, 깨고 보니 나비가 장자가 된 꿈을 꾼 것인지 장자가 나비가 된 꿈을 꾼것인지 분간하기 어렵다고 한 데에서 온 말이다. 약해서 '호접몽(胡蝶夢)'이라고도 한다.

[예문] 전통적으로 장수에 대한 염원과 더불어, 장자의 호접지몽처럼 현실과 꿈을 잇는 나비를 통해 미지로 향한 심상과 꿈이 투영돼왔다.

[유의어] 장주지몽(莊周之夢)

[출전] 〈장자(莊子)〉 제물론편(齊物論篇)

호중천지 壺中天地

병 호 | 가운데 중 | 하늘 천 | 땅 지

항아리 속의 하늘이라는 뜻으로, 별천지(別天地), 별세계, 선경(仙境) 등을 비유하여 이르는 말

[유래] 한대(漢代)의 선인(仙人)인 호공(壺公)이 하나의 항아리를 집으로 삼고 술을 즐기며 세속을 잊었다는 고사에서 비롯된 말이다.

[예문] 현세가 힘들기 때문에 호중천지 같은 별세계를 만들어온 것은 아닐까?

[유의어] 무릉도원(武陵桃源), 일호지천(一壺之天), 호중천(壺中天), 호천(壺天)

[출전] 〈후한서(後漢書)〉 방술전(方術傳)

ㅎ

홍일점 紅一點

붉을 홍 | 한 일 | 점 점

온통 푸른 숲 가운데 빨간 꽃이 한 송이 있다는 뜻으로, 많은 남자들 틈에 아름다운 여인이 한 명 있다는 말

[유래] '온통 새파란 덤불 속에 핀 붉은 꽃 한 송이, 사람의 마음을 들뜨게 하는 봄의 색깔은 굳이 많은 것을 필요로 하지 않는다'라는 시 구절에서 유래한다.

[예문] 그녀는 우리 과의 홍일점이다.

[원말] 만록총중홍일점(萬綠叢中紅一點)

[출전] 왕안석(王安石)의 '석류시(石瑠詩)'

화광동진 和光同塵

화할 화 | 빛 광 | 같을 동 | 티끌 진

빛을 부드럽게 하여 속세의 티끌과 같게 한다는 뜻으로, 자기의 재능을 감추고 속세의 사람들과 어울려 동화함을 이르는 말

[유래] '아는 사람은 말하지 않고, 말하는 사람은 알지 못한다. 그 이목구비를 막고 그 문을 닫아서, 날카로운 기운을 꺾고, 혼란함을 풀고, 지혜의 빛을 늦추고(和其光), 속세의 티끌과 함께하니(同其塵), 이것을 현동(玄同)이라고 말한다'라는 구절에서 유래한다.

[예문] 제발 화광동진하지 말아라.

[출전] 〈노자(老子)〉 도덕경(道德經)

ㅎ

화룡점정 畵龍點睛

그림 화 | 용 룡 | 점 점 | 눈동자 정

용을 그린 다음 마지막으로 눈동자를 그린다는 뜻으로, 가장 요긴한 부분을 마치어 일을 끝냄을 이르는 말

[유래] 용을 그리고 난 후에 마지막으로 눈동자를 그려 넣었더니 그 용이 실제 용이 되어 홀연히 구름을 타고 하늘로 날아 올라갔다는 장승요(張僧繇)의 이야기에서 유래한다.

[예문] 화룡점정이라고 문장의 가장 중요한 대목에서 단어 하나가 실로 큰 작용을 한다. – 〈조선말 대사전(1992)〉

[출전] 〈수형기(水衡記)〉

화서지몽 華胥之夢

빛날 화 | 서로 서 | 어조사 지 | 꿈 몽

화서의 꿈이란 뜻으로, 좋은 꿈이나 낮잠을 이르는 말

[유래] 고대 중국의 황제가 낮잠을 자다 꿈을 꾸었는데 화서라는 나라에 가서 그 나라의 어진 정치를 보고 깨어나 깊이 깨달았다는 데에서 유래한다.

[예문] 피곤할 때 화서지몽만큼 달콤한 것은 없다.

[유의어] 화서지국(華胥之國), 유화서지국(遊華胥之國)

[출전] 〈열자(列子)〉 황제편(黃帝篇)

화씨지벽 和氏之璧

화할 **화** | 각시 **씨** | 어조사 **지** | 둥근 옥 **벽**

화씨의 구슬이라는 뜻으로, 천하의 명옥(名玉)을 이르는 말, 또는 어떤 난관도 참고 견디면서 자신의 의지를 관철시키는 것을 비유하는 말

[유래] 초(楚)나라에 옥을 감정하는 화씨(和氏)는 초산(楚山)에서 옥돌을 발견하여 여왕, 무왕에게 바쳤다가 그냥 돌이라는 판명을 받아 두 발이 잘렸다. 문왕(文王)이 즉위한 후 화씨는 초산 아래에서 그 옥돌을 끌어안고 사흘 밤낮을 울었고, 이 소식을 들은 문왕이 옥돌을 다듬게 하니 천하에 둘도 없는 명옥의 모습이 드러났다.

[예문] 제 아무리 화씨지벽이라도 닦아야 빛이 난다.

[유의어] 변화지벽(卞和之璧), 연성지벽(連城之璧)

[출전] 〈한비자(韓非子)〉 화씨편(和氏篇)

화이부동 和而不同

화할 **화** | 말 이을 **이** | 아니 **부** | 같을 **동**

군자는 사람들과 친화하되 부화뇌동하지 않는다는 뜻

[유래] '군자는 화목하되 부화뇌동하지 아니하며, 소인은 동일함에도 불구하고 화목하지 못한다'는 구절에서 유래한다.

[예문] 음악이 만들어지는 과정에서 일어나는 화이부동의 선율이야말로 음악의 진정한 아름다움이라고 생각한다.

ㅎ

[유의어] 화이불류(和而不流)

[출전] 〈논어(論語)〉 자로편(子路篇)

화이부실 華而不實

꽃 화 | 말 이을 이 | 아닐 부 | 열매 실

꽃은 화려하지만 열매를 맺지 못한다는 뜻으로, 겉모습은 화려하지만 실속이 없음을 비유하여 이르는 말

[유래] 춘추시대 진(晉)의 대부(大夫) 양처보(陽處父)가 노(魯)의 영읍(甯邑)을 지나가게 되었다. 그는 한 객점에서 머물게 되었는데, 객점의 주인이 그의 인물됨에 반해 따라나섰다가 얼마가지 않아 집으로 다시 돌아온 후 아내에게 "양처보는 성격이 편협한 데다 겉만 번지르르하고 실속은 없으며, 쉽게 남을 불쾌하게 만들어 원망을 많이 사더군."이라고 말했다.

[예문] 대통령의 말이 화이부실로 끝나고 말았다.

[출전] 〈춘추좌씨전(春秋左氏傳)〉

화호유구 畵虎類狗

그림 화 | 범 호 | 같을 유 | 개 구

호랑이를 그리다가 이루지 못하면 도리어 개와 비슷하게 된다는 뜻으로, 섣불리 훌륭한 사람의 언행을 모방하려고 하면 도리어 경박한 사람이 된다는 것을 비유하여 이르는 말

[유래] 복파장군 마원이 조카들을 훈계하기 위해 '고니를 새기다가 이루지 못하더라도 거위와 비슷하게 될 것이다. 그러나 두계량의 흉내를 내다가 이루지 못하면 천하에 경박한 자가 될 것이다. 마치 호랑이를 그리려다 잘못 그리면 개를 닮게 되는 것과 같다'라는 내용의 편지를 썼다.

[예문] 잇따라 터져 나오는 주민들의 불만을 제대로 소화하지 못하면 화호유구식 전시행정으로 끝날 수 있다는 지적도 제기되었다.

[유의어] 화호불성(畵虎不成)

[출전] 〈후한서(後漢書)〉 마원전(馬援傳)

확금자불견인 攫金者不見人

움킬 확 | 쇠 금 | 놈 자 | 아니 불 | 볼 견 | 사람 인

돈을 움키면 사람을 보지 않는다는 뜻으로, 물욕에 눈이 어두우면 의리나 염치를 모름을 비유하여 이르는 말

[유래] 옛날 중국 제(齊)나라 사람 중에 금을 탐내는 사람이 있었다. 그 사람은 아침 일찍 일어나 시장으로 가서 금을

파는 곳을 찾아가 금을 훔쳤다. 시장 관리인이 그를 붙잡은 다음 '사람이 있는데 왜 도둑질을 했는지' 이유를 묻자, 그 사람이 "금을 가지고 갈 때에는 사람은 보이지 않고 금만 보였습니다."라고 대답했다.

[예문] 확금자불견인이라, 욕심이 지나쳐 의리나 염치를 모르는 것이 아니겠는가.

[유의어] 축록자불견산(逐鹿者不見山)

[출전] 〈열자(列子)〉 설부편(說符篇)

환골탈태 換骨奪胎

바꿀 **환** | 뼈 **골** | 빼앗을 **탈** | 아이 밸 **태**

뼈를 바꾸고 태를 빼낸다는 뜻으로 몸과 얼굴이 몰라볼 만큼 좋게 변한 것을 비유하는 말

[유래] 〈냉재야화〉에 '황산곡이 말하기를 시의 뜻은 무궁한데 사람의 재주는 한이 있다. 한이 있는 재주로 무궁한 뜻을 좇는다는 것은 불가능한 일이다. 그러나 그 뜻을 바꾸지 않고 그 말을 만드는 것을 가리켜 환골법(換骨法)이라 하고, 그 뜻을 본받아 형용(形容)하는 것을 가리켜 탈태법(奪胎法)이라 한다'는 이야기가 있다.

[예문] 환골탈태라고 하지만 사람이 달라져도 이렇게 달라질 수 있는 것인지 놀라울 뿐이었다.

[출전] 〈냉재야화(冷齋夜話)〉

ㅎ

회계지치 會稽之恥

모일 **회** | 상고할 **계** | 어조사 **지** | 부끄러워할 **치**

회계산의 치욕이란 뜻으로, 전쟁에 패한 치욕이나 뼈에 사무치는 치욕을 이르는 말

[유래] 중국 춘추시대 월왕(越王) 구천(勾踐)은 저장성(浙江省)의 회계산(會稽山)에서 오왕(吳王) 부차(夫差)에게 패하여 사로잡힌 몸으로 갖은 수모를 당하다가 겨우 본국으로 돌아갔다. 그후 20년간 상담(嘗膽)의 고생 끝에 오나라를 멸망시켜 회계산에서의 수치를 씻었다고 한다.

[예문] 회계지치 때문에 내가 죽어도 눈을 감을 수 없구나.

[출전] 〈사기(史記)〉 월세가(越世家)

회사후소 繪事後素

그림 **회** | 일 **사** | 뒤 **후** | 흴 **소**

그림 그리는 일은 흰 바탕이 있은 이후에 한다는 뜻으로, 본질이 있은 연후에 꾸밈이 있음을 말함

[유래] 자하가 공자에게 "선생님, '교묘한 웃음에 보조개여, 아름다운 눈에 또렷한 눈동자여, 소박한 마음으로 화려한 무늬를 만들었구나.' 하셨는데 무엇을 말하는 것입니까?"라고 물었다. 이에 공자는 "그림 그리는 일은 흰 바탕이 있은 후이다."라고 답했다. 이 말은 인(仁), 의(義), 예(禮), 지(智), 신(信)의 5가지 기본 덕목인 오상(五常) 중 가장 으뜸되는 기본 덕목은 인(仁)이라는 것을 강조하는 것이다.

[예문] 올해는 회사후소의 정신으로 나를 먼저 준비하고 닦아야 하겠다.

[출전] 〈논어(論語)〉 팔일편(八佾篇)

회자인구 膾炙人口

날고기 회 구운 고기 자 사람 인 입 구

회와 구운 고기처럼 널리 사람의 입에 오르내리는 것을 말함

[유래] 공손추(公孫丑)가 맹자에게 날고기와 구운 고기(膾炙)와 양조(대추) 중에 어느 것이 더 맛이 있는지 물으니 맹자가 날고기와 구운 고기가 더 맛있다고 했다. 공손추는 "증자는 어찌 날고기와 구운 고기는 먹으면서 양조는 먹지 않은 것입니까"라고 다시 물었고, 이에 맹자는 "날고기와 구운 고기는 사람들이 함께 좋아하는 것이고, 양조는 증석이 홀로 좋아한 음식이기 때문이다. 이름을 부르기를 꺼리고, 성을 부르기를 꺼리지 않는 것은 성은 다 함께 쓰는 것이지만 이름은 그 사람 혼자 쓰는 것이기 때문이다."라고 대답했다.

[예문] 분수에 맞지 않게 호사를 부리는 일부 여성들은, 오늘날 '된장녀'로 회자인구되고 있다.

[출전] 〈맹자(孟子)〉 진심장구(盡心章句)

ㅎ

획지위뢰 劃地爲牢

그을 **획** | 땅 **지** | 할 **위** | 우리 **뢰**

땅 위에 금을 그어놓고 감옥으로 삼는다는 뜻으로, 태평한 시대를 비유하거나 지정된 범위 안에서 행동을 제한하는 것을 비유

[유래] 사마천은 친구인 임안(任安)에게 보낸 편지 '보임소경서(報任少卿書)'에서 '선비는 땅에 금을 그어 만든 감옥이라 하여도 선비의 기세로 들어가서는 안 되며, 나무를 깎아 만든 형리일지라도 심문에 응한다고 대답하여서는 안 되는 것이니, 이는 미리 마음을 분명하게 정하였기 때문이다'라고 자신의 생각을 펼쳤다.

[예문] 획지위뢰가 말하고자 하는 것은 눈에 보이는 것보다 마음의 문제가 아닐까.

[출전] 사마천(司馬遷)의 '보임소경서(報任少卿書)', 〈무왕벌주평화(武王伐紂平話)〉

효시 嚆矢

울 **효** | 화살 **시**

어떤 사물이나 현상이 시작되어 나온 맨 처음을 비유적으로 이르는 말

[유래] 전쟁을 시작할 때 우는(소리 나는) 화살을 먼저 쏘았다는 데에서 유래한다.

[예문] 올해는 한국 신소설의 효시인 이인직의 〈혈의 누〉가 발표된 지 100년이 되는 해다.

[유의어] 시초(始初)

[출전] 〈장자(莊子)〉 재유편(在宥篇)

후목분장 朽木糞牆

나무 썩을 **후** | 나무 **목** | 똥 **분** | 담장 **장**

썩은 나무는 조각할 수 없고, 썩은 벽은 칠할 수 없다는 뜻으로, 지기(志氣)가 썩은 사람은 가르칠 수 없다는 뜻, 또는 그런 사람

[유래] 공자가 제자인 재여(宰予)가 낮잠을 자는 것을 보고 화가 나 그에게 '후목분장(朽木糞牆)'이라는 말로 꾸짖었다는 고사에서 유래한다.

[예문] 일을 하는 데 있어서 그는 정말 후목분장이다.

[출전] 〈논어(論語)〉 공야장편(公冶長篇), 〈한비자(韓非子)〉 현학편(顯學篇)

후생가외 後生可畏

뒤 **후** | 날 **생** | 옳을 **가** | 두려워할 **외**

뒤에 난 사람은 두려워할 만하다는 뜻으로, 후배는 나이가 젊고 의기가 장하므로 학문을 계속 쌓고 덕을 닦으면 그 진보는 선배를 능가하는 경지에 이를 것이라는 말

[유래] 공자가 "뒤에 태어난 사람이 가히 두렵다. 어찌 오는 사람들이 이제와 같지 않음을 알 수 있으랴. 40이 되고 50이 되어도 명성이 들리지 않으면, 이 또한 두려워할 것이

못 될 뿐이다."라고 말한 데에서 유래한다.

[예문] 후생가외라더니, 어느새 그 후배의 실력이 나를 앞지르고 있다.

[유의어] 청출어람(靑出於藍), 후생각고(後生角高)

[출전] 〈논어(論語)〉 자한편(子罕篇)

후안무치 厚顔無恥

두터울 **후** | 얼굴 **안** | 없을 **무** | 부끄러워할 **치**

뻔뻔스러워 부끄러움을 모름

[유래] 옛날 중국의 하나라 계(啓)임금의 아들인 태강은 정치를 돌보지 않고 사냥만 하다가 끝내 나라를 빼앗기고 쫓겨난다. 이에 그의 다섯 형제들은 나라를 망친 형을 원망하며 번갈아가면서 노래를 불렀는데, 그중 막내가 '만백성들은 우리를 원수라 하니, 우린 장차 누굴 의지할꼬. 답답하고 섧도다. 이 마음, 낯이 뜨거워지고 부끄러워지는구나'라는 내용의 노래를 불렀다.

[예문] 남의 나라 황후를 시해하고 장례식 기록까지 가져간 일본 제국주의의 후안무치함을 보라!

[유의어] 철면피(鐵面皮)

[출전] 〈서경(書經)〉 오자지가편(五子之歌篇)

흉유성죽 胸有成竹

가슴 흉 | 있을 유 | 이룰 성 | 대 죽

대를 그리기에 앞서 흉중에 이미 완성된 대나무가 있다는 뜻으로, 일을 처리하는 데 있어 흉중에 이미 성산(成算)이 있음을 비유하여 이르는 말

[유래] 문동(文同)은 중국 북송의 문인이자 화가로, 자는 여가(與可)다. 시문과 글씨, 죽화(竹畵)에 특히 뛰어났으며, 인품이 고결하고 박학다식하여 사마광(司馬光), 소식 등은 문동을 매우 존경했다고 한다. 하루는 문동에게 그림을 배우고 싶어 하는 청년이 조보지를 찾아와 문동의 그림에 대해 묻자, 조보지는 "그는 대를 그리고자 할 때, 흉중에 이미 성죽이 있다."라고 말해주었다.

[예문] 흉유성죽의 사세가 당신을 성공으로 이끌 것이다.

[출전] 소식(蘇軾) · 조보지(晁補之)의 시(詩)

흑우생백독 黑牛生白犢

검을 흑 | 소 우 | 날 생 | 흰 백 | 송아지 독

검은 소가 흰 송아지를 낳았다는 뜻으로, 재앙이 복이 되기도 하고 복이 재앙이 되기도 한다는 뜻

[유래] 이 말은 세상만사가 변전무상(變轉無常)하므로 인생의 길흉화복을 예측할 수 없다는 뜻을 가지고 있다. 즉, 길흉화복의 덧없음을 비유하여 이르는 말이다.

[유의어] 새옹지마(塞翁之馬)

[출전] 〈열자(列子)〉 설부편(說符篇)

ㅎ

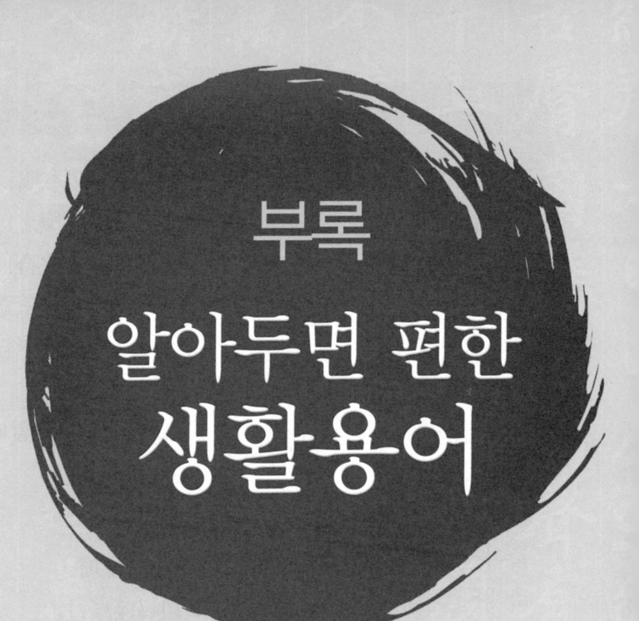

부록

알아두면 편한 생활용어

1. 경조문

개업(開業) 및 창립(創立)

축개업(祝開業)
축개점(祝開店)
축발전(祝發展)
축성업(祝盛業)
축번영(祝繁榮)
축창립(祝創立)
축창설(祝創設)
축창간(祝創刊)
축이전(祝移轉)
축개원(祝開院)
축개관(祝開館)
축만사형통(祝萬事亨通)

결혼(結婚)

축의(祝儀)
하의(賀儀)
축성전(祝盛典)
축성혼(祝聖婚)
축화촉(祝華燭)
축화혼(祝華婚)
경하혼인(慶賀婚姻)
금슬우지(琴瑟友之)
난봉화명(鸞鳳和鳴)
종고락지(鐘鼓樂之)
천작지합(天作之合)
축 화촉성전(祝 華燭盛典)
축 화촉지전(祝 華燭之典)

공사(工事–건축) 시작할 때

축기공(祝起工)
축준공(祝竣工)

공사 끝났을 때

축완공(祝完工)
축준역(祝竣役)

명절(名節)

세의(歲儀)
송구영신(送舊迎新)
중추가절(仲秋佳節)

문병(問病)

기완쾌(祈完快)
기쾌유(祈快癒)

부록

문상(問喪)

근도(謹悼)

근조(謹弔)

부의(賻儀)

위령(慰靈)

조의(弔儀)

조의(弔意)

천추영결(千秋永訣)

철인기위(哲人其萎)

사례(謝禮)

박례(薄禮)

박사(薄謝)

비품(菲品)

약례(略禮)

생신(生辰)

경하수연(慶賀壽宴)

축생신(祝生辰)

축생일(祝生日)

송별(送別)

석별(惜別)

전별(餞別)

전의(餞儀)

수연례(壽宴禮)

근하수연(謹賀壽宴)

남산비수(南山比壽)

다복다수(多福多壽)

대덕필수(大德必壽)

지남산수(如南山壽)

지덕연년(至德延年)

61세 회갑연(回甲宴)

근하회갑연(謹賀回甲宴)

수의(壽儀)

축수연(祝壽宴)

축회갑(祝回甲)

축희연(祝禧筵)

66세 미수연(美壽宴)

근하미수연(謹賀美壽宴)

70세 고희(古稀, 稀壽)

근하고희연(謹賀古稀宴)

부록

77세 희수(喜壽)

근하희수연(謹賀喜壽宴)

80세 산수(傘壽)

근하산수연(謹賀傘壽宴)

88세 미수(米壽)

근하미수연(謹賀米壽宴)

99세 백수(白壽)

근하백수연(謹賀白壽宴)

100세 (百歲)

근하기수연(謹賀期壽宴)

신년하례(新年賀禮)

하정(賀正)

축원단(祝元旦)

축정단(祝正旦)

공하신희(恭賀新禧)

근하신년(謹賀新年)

근하신정(謹賀新正)

이사(移徙)

축입택(祝入宅)

축전이(祝轉移)

자녀출산(子女出產)

축순산(祝順產)

딸 출산

축농와지경(祝弄瓦之慶)

아들 출산

축농장지경(祝弄璋之慶)

정년퇴직(停年退職)

송공(頌功)

송치사(頌致仕)

축치사(祝致仕)

국지노성(國之老成)

근위노공(謹慰勞功)

상유가경(桑榆佳景)

선인필수(善人必壽)

제사(祭祀)

존의(奠儀)

집들이

경축설산(慶祝設産)

퇴원(退院) 및 완쾌(完快)

축완쾌(祝完快)

축쾌상(祝快常)

축쾌차(祝快差)

학위취득(學位取得)

국문가현(國門可懸)

비연성장(斐然成章)

성중사임(聲重士林)

양성중외(揚聲中外)

풍행하이(風行遐邇)

2. 나이

10세 충년(沖年)

유년기를 지나 청소년의 첫 번째 고비를 맞게 되는 나이라는 의미

15세 지학(志學)

학문에 뜻을 두는 나이. 논어 위정편(爲政篇)의 '십유오이지천학(十有五而志于學)'에서 유래함

20세 약관(弱冠)

남자의 스무 살 또는 스무 살 전후를 이르는 말로서 약년(弱年)이라고도 함

* 20세 안팎의 여자는 묘령(妙齡), 방년(芳年)이라고 함

30세 이립(而立)

〈논어〉의 '삼십이립(三十而立)'에서 유래한 말로 모든 기초를 세우는 나이라는 뜻

40세 불혹(不惑)

공자가 40세에 이르러 세상일에 미혹되지 아니하였다는 데서 유래한 말로 사물의 이치를 터득하고 세상일에 흔들리지 않을 나이임을 뜻함

48세 상수(桑壽)

상(桑)자를 십(十)이 네 개와 팔(八)이 하나인 글자로 파자(破字)하여 48세로 봄

50세 지명(知命) = 지천명(知天命)

하늘의 뜻을 아는 나이라는 뜻

60세 이순(耳順)

인생에 경륜이 쌓이고 사려(思慮)와 판단(判斷)이 성숙하여 남의 말을 받아들이는 나이라는 뜻

61세 화갑(華甲)

화(華)자는 십(十)이 여섯 개이고 일(一)이 하나라고 해석하여 61세를 가리키며 일갑자인 60년이 돌아왔다고 해서 환갑(還甲), 또는 회갑(回甲)이라고도 함

62세 진갑(進甲)

환갑의 이듬해란 뜻으로 예순두 살을 이르는 말

70세 종심(從心) = 고희(古稀)

공자가 '칠십이종심소욕 불유구(七十而從心所欲 不踰矩; 70세가 되니 마음이 하고자 하는 것을 해도 법도에 어긋나지 않았다)'라고 한 데에서 유래함. 즉, 70세는 뜻대로 행하여도 도리에 어긋나지 않는 나이라는 뜻. 두보의 곡강시(曲江詩)의 한 구절인 '인생칠십 고래희(人生七十古來稀; 사람이 70까지 사는 것은 예부터 드물었다)'에서 유래하여 고희(古稀)라고도 함

77세 희수(喜壽)

'喜'자의 초서체가 七十七을 합쳐 놓은 것과 비슷한 데에서 유래함

80세 산수(傘壽)

산(傘)자를 팔(八)과 십(十)의 파자(破字)로 해석

88세 미수(米壽)

미(米)자를 팔(八)과 십(十)과 팔(八)의 파자(破字)로 해석

90세 졸수(卒壽), 구순(九旬)

졸(卒)자의 약자를 구(九)와 십(十)의 파자(破字)로 해석

91세 망백(望百)

91세가 되면 '100살까지 살 것을 바라본다'는 뜻

99세 백수(白壽)

백(百)에서 일(一)을 빼면 흴 백(白)자가 된다는 뜻

100세 상수(上壽)

사람의 수명을 상중하로 나눌 때 최상의 수명이라는 뜻

3. 결혼기념일

1주년 – 지혼식(紙婚式)
2주년 – 고혼식(藁婚式)
3주년 – 과혼식(菓婚式)
4주년 – 혁혼식(革婚式)
5주년 – 목혼식(木婚式)
7주년 – 화혼식(花婚式)
10주년 – 석혼식(錫婚式)
11주년 – 강철혼식(鋼鐵婚式)
12주년 – 마혼식(麻婚式)
15주년 – 동혼식(銅婚式)
20주년 – 도혼식(陶婚式)
25주년 – 은혼식(銀婚式)
30주년 – 진주혼식(眞珠婚式)

35주년 – 산호혼식(珊瑚婚式)
40주년 – 벽옥혼식(碧玉婚式)
45주년 – 홍옥혼식(紅玉婚式)
50주년 – 금혼식(金婚式)
60 · 75주년 – 금강혼식(金剛婚式)

4. 24절기

봄

입춘(立春) : 양력 2월 4일경 봄의 시작
우수(雨水) : 양력 2월 19일경 봄비가 내리고 싹이 틈
경칩(驚蟄) : 양력 3월 6일경 개구리가 겨울잠에서 깸
춘분(春分) : 양력 3월 21일경 낮이 길어지기 시작
청명(淸明) : 양력 4월 5 · 6일 봄 농사 준비
곡우(穀雨) : 양력 4월 20일경 농사를 위한 비가 내림

여름

입하(立夏) : 양력 5월 5 · 6일경 여름의 시작
소만(小滿) : 양력 5월 21일경 본격적인 농사 시작
망종(芒種) : 양력 6월 6 · 7일경 씨뿌리기
하지(夏至) : 양력 6월 21일경 낮이 연중 가장 긴 시기
소서(小暑) : 양력 7월 7 · 8일경 여름 더위의 시작
대서(大暑) : 양력 7월 23일경 더위가 가장 심한 시기

가을

입추(立秋) : 양력 8월 6~9일경 가을의 시작
처서(處暑) : 양력 8월 23일경 더위가 가고, 일교차가 커짐
백로(白露) : 양력 9월 9일경 이슬이 내리기 시작
추분(秋分) : 양력 9월 23일경 밤이 길어지는 시작
한로(寒露) : 양력 10월 8일경 찬이슬이 내리기 시작
상강(霜降) : 양력 10월 23일경 서리가 내리기 시작

겨울

입동(立冬) : 양력 11월 7 · 8일경 겨울의 시작
소설(小雪) : 양력 11월 23~4일경 얼음이 얼기 시작
대설(大雪) : 양력 12월 7 · 8일경 겨울 큰 눈이 옴
동지(冬至) : 양력 12월 22일경 밤이 연중 가장 긴 시기
소한(小寒) : 양력 1월 5일경 겨울 중 가장 추운 때
대한(大寒) : 양력 1월 20일경 겨울 큰 추위

5. 우편물 발송 시 서식

귀하(貴下) – 일반적으로 널리 씀
귀중(貴中) – 단체에 보낼 때
전(展), 견(卽見) – 손아래 사람에게 보낼 때
대형(大兄), 인형(仁兄) – 친하고 정다운 사이에게 보낼 때
선생(先生) – 은사, 혹은 사회 저명인사에게 보낼 때
여사(女史) – 일반 부인에게 보낼 때

좌하(座下) – 공경해야 할 어른, 조부모, 선배, 선생에게
보낼 때
화백(畵伯) – 화가인 친구에게 보낼 때
아형(雅兄) – 문학가인 친구에게 보낼 때
친전(親展), 친(親披) – 타인에게 보이지 않도록 할 때
직피(直披) – 남에게 보이지 않도록 할 때
(손아래 사람에게 보낼 때)
지급(至急), 대지급(大至急) – 지급을 요할 때
원고재중(原稿在中) – 원고가 들어 있을 때
원서재중(願書在中) – 원서가 들어 있을 때